素养导向的小学数学
单元整体教学与作业设计

孙圆圆 ◎ 著

吉林出版集团股份有限公司
全国百佳图书出版单位

图书在版编目（CIP）数据

素养导向的小学数学单元整体教学与作业设计 / 孙
圆圆著 . -- 长春：吉林出版集团股份有限公司，2023.7
　　ISBN 978-7-5731-4046-3

　　Ⅰ . ①素… Ⅱ . ①孙… Ⅲ . ①小学数学课 – 教学研究
Ⅳ . ① G623.502

中国国家版本馆 CIP 数据核字 (2023) 第 162391 号

素养导向的小学数学单元整体教学与作业设计

SUYANG DAOXIANG DE XIAOXUE SHUXUE DANYUAN ZHENGTI JIAOXUE YU ZUOYE SHEJI

著　　者　孙圆圆

出 版 人　吴　强

责任编辑　马　刚

助理编辑　李滨成

开　　本　787 mm × 1092 mm　1/16

印　　张　13

字　　数　285 千字

版　　次　2023 年 7 月第 1 版

印　　次　2023 年 9 月第 1 次印刷

出　　版　吉林出版集团股份有限公司

发　　行　吉林音像出版社有限责任公司
　　　　　（吉林省长春市南关区福祉大路 5788 号）

电　　话　0431-81629679

印　　刷　吉林省信诚印刷有限公司

ISBN 978-7-5731-4046-3

定　　价　48.00 元

如发现印装质量问题，影响阅读，请与出版社联系调换。

前　言

随着课程改革的不断发展，教师们对小学数学的认识也在不断地深入。课程标准从"双基双能"发展到"四基四能"；从核心素养的提出到具体的学科素养；从倡导单元整体教学到深度学习，可以说是经历了一个"拨开云雾见天日，守得云开见月明"的过程。无论是哪一种教育理念或观点的提出，其落脚点一定是关注儿童的发展，也就是核心素养所要求的 —— 发展学生的必备品格和关键能力。其中课堂便发挥了育人主阵地的作用，如何使学生在课堂上爱学、会学、真学，成为每一位教师都在思索的问题。因为学生喜欢在一个有趣的、有意义的问题情境中独立思考或合作交流，其需要借助自己的已有知识和经验探究未知的问题并因此积累更多的学习经验，并渴望知道数学知识背后的道理以满足自己的好奇心和求知欲。这时，一个好的数学活动便承载了这一切。

新一轮数学课程标准提出：数学素养是全民具备的基本素养，是促进个体终身学习和社会可持续发展的共同需要。促进学生核心素养培养与发展最有效的途径是依托单元教学设计的课堂教学，基于核心素养理念及前期分析构建核心素养理念下的小学数学单元教学设计的基本模型，丰富教学设计的内涵及外延，细化落实数学核心素养。深入课程改革，开发更加多元的数学核心素养评价体系，以促进教师的专业发展和学生核心素养的培养。

本书是小学数学素养教学方向的著作，首先从小学数学核心素养培养的概述介绍入手，针对基于核心素养的教学设计、教学目标及教学体系进行了分析研究；其次对小学数学教学过程、教学方案设计及单元整体教学模式构建做了一定的介绍；最后对小学数学作业设计提出了一些建议。本书旨在摸索出一条适合素养导向的小学数学单元整体教学与作业设计工作创新的科学道路，帮助相关工作者在应用中少走弯路，运用科学方法，以便提高效率。

目 录

第一章 小学数学核心素养培养的概述

第一节 小学数学核心素养培养的理论基础

数学教育作为教育学下位的具体学科教学论，其研究规律必然遵循教育学的一般原理。由于数学学科的特殊性，一般教育理论不可能对数学问题解决、数学思维培养等数学独有的研究内容涉及过细，这时数学教育教学的开展就需要有针对性更强的具体的数学教育理论为支撑。鉴于数学思维是数学素养生成的前提，而儿童的思维有着区别于成人的、独特的发展特点，故对小学数学核心素养培养的研究不能离开对生理学、心理学理论中关于思维发展的研究。

一、小学数学核心素养培养的生理学理论

小学数学素养培养的科学基础是脑科学研究。注意、感知、记忆、思维、想象等心理过程都是大脑的机能，脑是心理的器官，所有心理活动都产生于脑，因此离开脑这一物质基础，任何心理现象都不会发生。一个 10 岁儿童的大脑在重量和容量上都达到成人的 95% 左右，脑细胞间神经纤维的发育也接近完成。与此相应，儿童的心理水平也随之提高：从感觉阶段发展到表象阶段；从形象思维阶段发展到抽象思维阶段；从外部控制阶段发展到自我内部控制阶段。

儿童到 6 岁时，神经纤维的分支加深加长，各个细胞之间的联系也更加广泛。这时大脑半球的一切传导通路都已经髓鞘化，身体在接受外界的各种刺激后，可以迅速、准

确地沿着神经通路传导到大脑皮层的高级中枢,使大脑皮层间增加了暂时联系的可能性。儿童大脑皮层各区接近成年人的水平,它的成熟顺序是:枕叶→颞叶→顶叶→额叶。此时儿童对外来刺激的反应比较灵敏和准确、运动比较有规律、有意识的学习思维活动比较活跃,使大脑皮层之间频繁出现各种复杂的暂时联系,从而能形成比较稳定和巩固的条件反射。因此这个时期是儿童智力发展的重要阶段。儿童在7~8岁,神经细胞体积增大,细胞分化基本完成,细胞之间的轴突和树突间的联系更加密集,出现了许多新的神经通路,颞叶发育接近成人,额叶比较成熟,大脑皮层的抑制能力和分析综合能力加强,这个时期的儿童已经能够对语言文字形成条件反射,但是第二信号系统活动能力还不完善,表现在学习上对直观、形象的事物容易接受,模仿能力较强,但进行抽象、概括、思维的能力则较差。9~16岁的少年,大脑的重量没有大的变化,但大脑皮层的内部结构和功能进一步复杂化,神经联络纤维的数量增多,联络神经元的结构和功能以及皮层细胞的结构和功能都在迅速地发展,为他们进行联想、推理、概括、归纳等思维活动奠定了物质基础,从而使第二信号系统机能进一步发展,思维活动能力也逐渐提高。

大脑两半球基本上是以不同的方式进行思维,左脑倾向于用词语进行思维,右脑则倾向于以感觉形象直接思维。大脑两半球具有一种合作关系,即左脑负责语言和逻辑思维,而右脑则负责一些难以换成词语的工作。

小学阶段的儿童已经具备了思维训练的物质基础,教师要紧紧抓住这个作为思维发展的重要时期,及时开展观察、比较、分析、综合、想象、概括、推理等思维训练,会加速数学核心素养的形成。

二、小学数学核心素养培养的儿童认知发展阶段心理学理论

小学数学教育的核心问题是学生学习过程的优化,即怎样使学生主动地、有效地、合理地学习需要的数学。学习过程是一个心理活动过程,心理学的进步必然导致数学教学的改革。儿童认知发展表现为一种内部结构的变化,其通过这一内部结构与外部环境相互作用来认识客观世界。人类的智力发展是以时间为次序而有序进行,顺序不可更改。对于每个个体来说,智力的发展又是随着每个特有的遗传特征和环境特点而改变的。认知发展四个阶段是:感知运动阶段(从出生到大约2岁);前运算阶段(约2~7岁);具体运算阶段(约7~12岁);形式运算阶段(约11~15岁)。

婴儿期(0~2岁)是感知运动阶段,属于直观行动思维(感知动作思维)水平。这一阶段儿童的特点是只有动作活动而缺乏思维活动。儿童主要以感觉和动作为依托来认识周围世界,还不能对主体与客体做出分化,如果感觉和动作运动停止了,他们的认知也就停止。

幼儿期(2~7岁)是前运算阶段,主要是具体形象思维水平。儿童在这个阶段常以自我为中心,他们所进行的推理是从一个具体情况到另一个具体情况,不能同时考虑一个对象或者一种情况的两个方面,其思维是单向的、不可逆的。这个阶段快结束时,能对相信的事物给出理由,能按照一种具体特征给物体分类,并获得一些具体概念。

学龄初期(7 ~ 12 岁)是具体运算阶段,这种运算思维一般还离不开具体事物的支持。离开具体事物而进行纯粹的形式逻辑推理会感到困难;这些运算仍是零散的,还不能组成一个结构的整体或一个完整的系统。这一阶段的特点是守恒性和群集运算,是形象抽象思维水平。这个阶段儿童的认知结构中已有了抽象的概念,能借助于具体表象进行推理,此时思维的主要特征表现:一是思维的多维性。多维思维是指能同时考虑同一对象的不同特征,从多种角度对事物进行归类。二是思维的可逆性和守恒性（如数量守恒）。三是具体的逻辑推理。

少年期（12 ~ 15 岁 ）是形式运算阶段,即具体运算思维在经过不断同化、顺应和平衡,在旧的具体运算结构的基础上出现新的运算结构。所谓形式运算,就是可以在头脑中将形式和内容分开,可以离开具体事物,根据假设来进行逻辑推演的思维。在这个年龄段,青少年已经能运用某些形式运算结构来解决所面临的逻辑课题,诸如组合、包含、比例、排除、概率、因素分析等,是以经验型为主的抽象逻辑思维水平。要达到这一阶段,青少年不需要依赖于具体运算来描述或说明智力的抽象作用。他们能同时考虑许多观点,客观地看待自己的活动,从而对思维过程做出反应。形式运算阶段的学生能系统地阐述理论,提出假设和检验假设;能弄清定义、法则和定律的来龙去脉;会用归纳、演绎等方法推理论证;理解复杂的概念（如排列、组合、概率等）;想象无穷大和无穷小,与成人的思维相接近。

因此在小学阶段开展数学思维方法的训练,有助于促进学生掌握正确的思维方法,提高数学核心素养,为初中阶段以经验性为主的逻辑思维和高中阶段以理论性为主的抽象逻辑思维的形成打下基础。小学儿童思维的基本特点是从以具体形象性的思维为主要形式逐步过渡到以抽象逻辑思维为主要形式。但这种抽象逻辑思维在很大程度上,仍然是直接与感性经验相联系的,具有具体形象性。

儿童的学习和认知是与成人不同的,这种不同不是简单的表现为他们的学习和认知比成人的程度低,比成人的方法简单,而是表现为他们的学习和认知往往采用与成人完全不同的方式,这种区别是带有本质性的,即儿童并不是微型的成人,而是有着自己独特性的个体。这是心理学对教育学最重要的贡献。

三、小学数学核心素养培养的自然教育理论

脑科学是心理学研究的生理基础,心理学又使教育学成为一门科学。纵观西方教育思想史,教育就表现出一以贯之的自然教育的思想。早在古希腊时期,教育的目的就是发展人的自然禀赋。著名的"苏格拉底方法",指因人因事而异对人施教,它用讨论问题的问答方法与人谈话,但不直接把结论告诉他,而是指出问题并引导人最后得出正确的结论。它包括讥讽（不断提问题使对方陷入矛盾最终承认直接的无知）、助产（帮助对方得到问题的正确答案）、归纳（从各种具体事物中找到事物的共性和本质）、定义（个别事物归入一般概念）四个步骤,其中最大的特点是受教育者依据苏格拉底提出的问题并依靠自己已经掌握的知识进行独立思考,最终获得知识、发现真理。这种从个别

中、从表象中、从经验中得到普遍的东西，得到确定性概念的归纳方法，教会了人逻辑的思考，成为自然教育思想的源头。由于苏格拉底方法有助于启发学生的思维发展，因此被后世教育家们继承和发展，逐渐形成"启发式教学"。

人的自然本性是自由的，人必须遵循自然法则，正确运用自己的自由；人的另一个特点是理性，只有在"顺应自然"的教育下，人的理性才得到发展。因此教育要以自然的教育为中心，使事物的教育和人的教育服从于自然的教育，使三个方面圆满地配合并趋于自然的目标，才能使儿童受到良好的教育。自然教育是新旧教育的分水岭，在教育史上具有划时代意义。它第一次把教育的对象——儿童提到了教育中心的地位，并提倡教育要服从自然的永恒法则，要遵循儿童的自然发展顺序，符合儿童的天性发展，根据儿童的发展阶段实施教育。

人性具有无穷的应变能力；人的道德修养和知识造诣由他自己负责，而教育则应发展人的天性，使他能够独立思考问题。只有使教学过程与儿童心理的自然发展相一致，才能使儿童的天性和能力得到和谐发展。人的天赋能力及其发展是教育的基础，教育的任务就在于发展人的基本能力。教育要为儿童的天赋能力和充分发展提供条件，并通过激发内部兴趣、提供练习和促进思考等来推动这些能力的发展。教育应该与儿童心理发展的规律协调相一致，从各学科最基本的要素开始讲起，使儿童获得身体、智力和道德发展的自主性，也就是说，智力和才能的发展要有一个适合人类本性的、心理学的、循序渐进的方法。

努力把教育学建立在心理学的基础上，使教育学从经验层面上升到科学高度层面，真正成为一门科学。人的心理活动需要经过两个阶段，即"专心"和"审思"，教学的基础是多方面的兴趣，兴趣贯穿于整个教学过程。赫尔巴特把教学过程划分为四个阶段：清楚，在心理状态上是要求集中注意力；联合，在心理状态上表现为期待；系统，与此相适应的心理状态是探究；方法，与此相适应的心理状态是行动。由此揭示了教学过程的基本规律。

教育必须适应自然地进行教学，必须严格按照人的天性及其发展规律适应儿童年龄特征和个别差异，把心理学作为教育科学的基础。不信任人的天性，就不可能有适应自然的、成功的教育。教学的任务不仅是用各种知识充实儿童的头脑，而且要发展他们的智力和才能。教学的主体是学生，学生身心发展的特点是制定教学原则的主要依据，而且要把激发学生主动性的教学方法放在首要地位。

学校的教学应该能唤起儿童的思维，有助于培养他们的思维习惯和能力。具体的思维过程可以分成五个步骤：一是疑难的情境；二是确定疑难的所在，并从疑难中提出问题。三是通过观察和其他心智活动以及收集事实材料，提出解决问题的种种假设；四是推断哪一种假设能够解决问题；五是通过实验，验证或修改假设。它被后人称为"思维五步"，其顺序不固定。儿童只有处于直接的经验的情境，亲身考虑问题的种种条件，寻求解决问题的方法，才能称之为真正的思维。从"思维五步"出发，通过教学过程中相应的"教学五步"，对教师进行思维培养提出了针对性建议，其影响很大。

纵观自然教育的发展历史，感叹于历史上教育学家们前仆后继的努力。从宏观的教育遵循自然、适应人的天性到清晰化地描述适应学生的思维发展规律，再到具体的关于儿童思维发展规律的科学分析和具体实施的教育原则、教学建议。小学数学核心素养教学既然是致力于发展学生的终身发展，就应尊重学生的思维发展规律，按照不同年龄段学生身心发展的特点，设计教学各环节，寻找适应的教学策略。教师的教学表达要与学生思维的发展同步，教学生学会思考，发展学生的思维能力。自然教育思想成为本研究重要的理论基础。

四、小学数学核心素养培养的"再创造"数学教育原理

（一）核心观点

弗赖登塔尔所倡导的数学教育可以用三个词来加以概括：数学现实、数学化、再创造。

1. 数学现实

数学源于现实，也必须属于现实，并且用于现实。数学是系统化的常识，这些常识是可靠的，不像某些物理现象会把人引入歧途。而常识并不等于数学，其要成为数学，必须经过提炼和组织凝聚成一定的法则，而这些法则在高一层里又成为常识，再一次被提炼、组织，如此不断地螺旋上升，以至于无穷。这就是今天所说的抽象与逐级抽象，即数学的发展过程具有层次性。

2. 数学化

数学化就是数学地组织现实世界的过程，即人们在观察认知和改造客观世界的过程中，运用数学的思维和方法来分析和研究客观世界的种种现象并加以整理和组织，以发现其规律的过程。一般来讲，数学化的对象；一是数学本身；二是现实客观事物。它包括数学符号、各种观点、概念以及它的运算方法和规则等。

3. 再创造

学生应该在学习数学的过程中，根据自己的体验，用自己的思维方式，重新创造有关的数学知识。通过自身活动所得到的知识与能力是一种乐趣，不仅理解得透彻、掌握得快，还可以保持长久的记忆。因此通过"再创造"来进行学习就能引起学生的兴趣，从而使学生学习具有动力。

（二）特征

1. 高站位，从哲学视角看待数学教育

因为真正的教育活动意味着遵循自己的真诚信念去探索正确的教育途径，而教育科学首先是对这种真诚信念的合理性做出论证，所以可以把它称为哲学。"现实的数学"这一观点正是数学的"经验性"哲学观的基本观点，从而从哲学的角度俯视数学教育，跳出了具体的数学教学方法策略的范畴，对从事数学教育具体工作的人有启发的作用，

促进其进入数学研究的新境界。

2. 展个性，从学习者视角看待数学学习

数学的起点是现实的数学，数学学习有若干层级，因人而异。数学学习就是个人不断反思自己的活动，改变看问题的角度的"数学化"过程，"用数学的方法把实际材料组织起来"便是"数学化"。与其让学生学习数学，不如让学生学习数学化。

3. 重活动，从体验者视角看待数学学习方法

"再创造"是数学学习唯一的正确方法，只有经过自己的再创造获得的知识才能被真正掌握。数学是人的一种活动，所以要经历从现实的数学出发作为数学的过程，而不能像数学家表述自己研究成果时往往把结果作为出发点那样，成了"教学法的颠倒"，掩盖了思维的本来过程。数学现实要经历提炼为数学规则才能内化为学生的数学知识结构过程，这个过程需要学生通过自己的努力获得，绝不能生搬硬套地灌输。正确把握"现实的数学＋再创造"的教育思想，有利于更好地进行小学数学核心素养培养的研究。

五、小学数学核心素养培养的理论支撑框架

依据生理学理论，发现 6～12 岁儿童的大脑发育基本完成，具备了思维训练的物质基础；小学阶段属于认知发展阶段的具体运算阶段，这时儿童的思维是具体形象思维向抽象逻辑思维过渡时期，把握好契机将促成学生思维发展的飞跃，加速数学素养的形成。

数学是思维的体操，要体现数学对学生思维启发的独特作用，教学的重点就要落在对学生思维的点拨上。学生的学习方式是教师教学的基础，学习方式变革促使教学方式变革。但万变不离其宗，教师教学应该激发学生内心深处对新内容的渴望，促使学生主动认知，如重点不在于讲怎么做，要在于讲怎么思考的，以及怎么想到这么做的。

第二节　小学数学核心素养模型的理论建构

一、小学数学核心素养的内涵

核心素养被誉为基础教育的 DNA。核心素养体系的层级化，又必然要求各学科在落实综合性核心素养的同时，彰显本学科独特的育人价值，确立学科自身的核心素养。小学数学核心素养就是一种学科核心素养，即凸显学科本质，具有独特、重要育人价值的素养。它是指小学生应具备的、能够适应终身发展和社会发展需要的在数学学习中表现出来的必备品格和关键能力，是关于小学生数学知识、技能、情感、态度、价值观等方面要求的综合表现。

（一）小学数学核心素养的界定原则

1. 小学数学核心素养要带有鲜明的学科特征

如果说培养学生的数学核心素养是小学数学学科的根本任务，那么培养学生的数学思维能力就是实现数学核心素养发展的途径。小学阶段正是数学学习的启蒙阶段，此时要有意识地培养学生用数学的眼光看待身边的事物，逐渐学会用数学思维思考问题，感受有序思维在行为处事方面带给人们的便捷。因此，某种素养一旦被称为数学核心素养，其必然有鲜明的数学特征，即紧紧围绕数学思考展开。必须牢记历史给予的重要教训：如果完全脱离专业学习去强调所谓的"个人品质与气质"等一般性素养，就意味着教育事业的严重倒退；不仅未能真正实现"对于专业化的必要超越"，而且如果缺乏足够自觉性的话，就很可能由（初步的）"专业化"又重新回到了"无专业"这样一种较为原始的状态。

2. 小学数学核心素养要有小学的特质

不同阶段的数学核心素养应该有不同的表述。中国学生在数学学习中应培养好数学抽象、逻辑推理、数学建模、数学运算、直观想象、数据分析六大核心素养，这是对一个即将作为独立个体出现的准成人的数学核心素养要求，不适宜面对所有阶段的学生。对义务教育阶段尤其是小学阶段的学生，数学应以感知为主，数学学习要有"童趣"，宜把数学看作人类文化中的一部分去让小学生理解。小学阶段的数学应突出体现基础性、普及性和发展性。也就是说，小学数学核心素养要为后续数学学习打下坚实基础，以及为后续数学素养的养成提供有利条件。因此小学数学核心素养必须带有小学特质。

（二）小学数学核心素养的特性

数学素养的本质属性：境域性、个体性、综合性、外显性和生成性，其指出数学素养离不开情境，离不开具有主体性的人，用任何一种单一特征均无法描述。数学素养不同于数学知识技能的传授，要关注学生对数学的体验、感悟和反思。对居于下位的小学数学核心素养，基础性、发展性和实践性则应该是其最根本的特性。

首先，基础性。小学数学核心素养应是最基本、最朴素的数学素养，是奠定儿童数学长远发展的基础，体现大道至简、返璞归真；而且它应有很强的"亲和力"，让小学生经过必要的努力可以达到，是教育学常说的"跳一跳可以够得着的桃子"。其次，发展性。数学核心素养在不同的阶段，具有不同的培养方式和培养目标，是一个循序渐进、不断深化的过程。小学数学素养内涵的目标，是随着人生阅历的丰富和社会的进步而变化和发展的。最后，实践性。小学数学核心素养借助于现实数学的学习和小学生自己的主体性实践而获得发展，数学学习应赋予数学具体、生动、形象的情境，使小学生在数学探究和问题解决中去发展数学素养。

（三）小学数学核心素养的定位

小学数学核心素养的提出必然与教育的目标紧密相关，并反映着教育目标的具体指向，核心素养的内容将是教育目标的观测点。小学数学课堂不似中学数学课堂那样有突出的学科特征，要深刻理解以学生为本基础上的数学理解、数学判断、数学修养及品行培育等教育目标。准确定位小学数学核心素养，有必要厘清以下四组关系。

1. 小学数学核心素养与素质教育的关系

素质教育要重视法制教育、社会公德和职业道德教育、艺术陶冶、心理健康教育，培养学生开拓进取、自强自立、艰苦创业的精神和健全人格，增强其承受挫折、适应环境的能力，旨在提高学生思想道德和科学文化素质，培养合格人才。科学素养、文化素养、信息素养、技术素养、阅读素养、数学素养等一大批素养概念的产生，充分表明了人们对素养的高度重视，也反映了人们从关注到过程与结果并重的转变。但同时人们也发现，有关素质教育的理论还不够成熟，实践性和可操作性还比较薄弱，一些曲解和误解现象依然存在。这也许是素质教育的目标不够清晰，培养素质的真正过程有所缺失，评价素质的标准莫衷一是所造成的。所以，平日的修炼和养成乃是素质目标达成的关键环节。

教育的热点从素质教育到核心素养，二者在实质上是高度一致的，都重在培养全面发展的人。但"素质"更倾向于"事物本来的性质、人的本性"，而"素养"更强调人的后天养成，这更加契合教育的可塑性和发展性。至于"核心素养"，已经超越了"知识"与"能力"之争，回归教育改革的原点，倡导教、学、评的一体化。数学教育的根本目的应该是发挥学生的数学潜能，全面提高学生的数学素质，而不是单纯的传授知识。根据学生的不同特点，让每个学生都有提升自身数学素养的机会；数学核心素养进一步关注学生的数学潜能，是可全面提高的数学素质。可见，"核心素养"解释了素质教育的内涵，使得小学数学教育教学有据可依、素质教育有了"抓手"，从而落在实处。

2. 小学数学核心素养与"三维目标"的关系

教师教学观念与方式发生转变；学生学习表现出合作、探究与交流的学习行为；学校追求多元性、过程性和发展性评价方式。这些可喜的变化与小学数学教育培养的知识与技能、过程与方法、情感态度价值观"三维目标"的要求有直接关系。基础教育的"三维目标"在数学课程中具体化为知识与技能、数学思考、解决问题、情感态度价值观四个课程总目标。按照学生获得的先后顺序和难易程度，数学素养的表现水平可以由低到高分成三个层次：数学知识与技能、数学过程与方法和数学情感态度价值观。

数学思考、问题解决、情感态度的发展离不开知识技能的学习，知识技能的学习必须有利于其他三个目标的实现。与此相应的数学评价也提出"要关注学生学习的结果，也要关注学习的过程；要关注学生数学学习的水平，也要关注学生在数学活动中所表现出来的情感与态度，帮助学生认识自我、建立信心"的理念。数学教育以"三维目标"为可测点，践行以学生的发展为本，即面向全体、尊重差异、主动参与、体验成功，关注面向全体与关注个体的统一，这些与提出小学数学核心素养的初衷是一致的。说明数学素养在"三维目标"的基础上生成，实现了"三维目标"，也就培养了学生良好的数学核心素养。

3. 小学数学核心素养与"四基四能"的关系

义务教育阶段的数学学习，学生要能获得适应社会生活和进一步发展所必需的数学的基础知识、基本技能、基本思想、基本活动经验。由原来的基础知识、基本技能这"两基"变为"四基"。义务教育阶段的数学学习，学生要能"运用数学的思维方式进行思考，增强发现和提出问题的能力、分析和解决问题的能力"。由原来的分析和解决问题的能力这"两能"扩展为"四能"。对"四基四能"的关注使得"人人都能获得良好的数学教育，不同的人在数学上得到不同的发展"成为可能，为数学核心素养的实现提供了物质上的保障。数学核心素养依托于数学知识与技能，又高于数学知识与技能，凌驾于数学思想与数学方法之上，数学核心素养是数学思想与数学方法的上位概念。反过来，基础知识的深入理解与掌握离不开核心素养，基本技能的提升也体现出核心素养，特别是数学基本思想更是具体体现在基于核心素养之中，基本活动经验的目的也在于培养学生数学核心素养。

人们由对数学学习内容的关注上升到数学核心素养目标的高度，表明数学教育的理念已经超越学科的自身逻辑，而在数学育人上做出的一种价值判断和价值追求体现了更强的时代精神和要求，即倾力打造公平的、优质的、均衡的、和谐的、可持续发展的数学教育。在这样一种诉求下，小学数学核心素养的凝练就顺理成章。因此说，提出数学核心素养并不是否定"四基四能"，而是要对"四基四能"进一步细化和明朗化，使之再次提升和概括。

4. 小学数学核心素养与十个"核心词"的关系

在设计试题时，应该关注并且体现本标准的设计思路中提出的十个核心词：数感、符号意识、空间观念、几何直观、数据分析观念、运算能力、推理能力、模型思想、应用意识、创新意识。这就是小学数学"核心词"的出处。小学数学课程设计的这十个核心词不仅与具体的课程内容相联系，而且是课程目标的重要组成元素，对于它们的理解和认识有助于教师更好地把握课程目标、深刻地理解课程内容，同时对于数学课程内容的选择和教学方法的改革也有重要的指导意义。

（四）小学数学核心素养的构成要素

数学育人的核心是发展学生的理性思维，因此应把理性思维置于数学素养的核心地位。学生的理性思维是通过培养其数学思考能力而形成的，因此可以当之无愧地宣告：数学核心素养的首选就是"数学思考"。对于不同学段的学生，数学思考应有不同的侧重和展现，因而形成各学段具体的数学核心素养。数学素养具体到高中阶段的数学学科中，就包括学生对数学本质的理解、对数学概念结构的把握、对数学学习的态度和信念、对数学精神与思想和方法的领悟、对数学思维的掌握与运用等内涵。

1. 构成要素不同界定

第一，小学数学的核心素养，即数感、符号意识、空间观念、几何直观、数据分析观念、运算能力、推理能力、模型思想、应用意识和创新意识。这些表述是数学知识技能上位的东西，与数学能力相关，但又不限于数学能力，很大程度上反映了数学思想，是关于数学的整体理解与把握，把这十个表述称为数学核心素养是恰当的。

第二，小学学生在数学学习中应培养好数学抽象、逻辑推理、数学建模、数学运算、直观想象、数据分析六大核心素养的观点，数学核心素养有两个层次、六大核心：抽象、推理、模型、运算能力、空间观念、数据分析观念；在此基础上具体化为数学抽象、逻辑推理、数学建模、运算能力、直观想象、数据分析，其中将空间观念又换回直观想象，并另增加了"个人修养"指标，强调了人的主观能动性对数学核心素养的作用；用数学交流替换了抽象，形成新的以数学交流、数学推理、运算能力、空间观念、数据分析能力、数学建模构成为主的数学核心素养。

第三，小学数学学科六大关键能力是核心素养的重要组成部分，包括数学理解与数学表征能力、数学建模能力、数学逻辑思维能力、数学问题解决能力、数学推理与论证能力、数学交流与表达能力。

第四，小学数学核心素养的构成要素为数学人文、数学意识、数学思想。素养首先要从"德"养起，其次是兴趣，最重要的是能把学到的知识用到其他地方去。

第五，小学数学核心素养的构建包括数学交流、数学建模、智能计算思维和数学情感四个核心素养成分。

第六，小学数学核心素养包括关键能力和基本思想两部分，其中数学的关键能力素养包括运算能力、几何直观能力、数据分析能力和问题解决能力，数学的基本思想素养包括抽象思想、推理思想和建模思想。

综上可以得出以下几个方面：

（1）核心素养的提出是直击教育的最本质内容，对于学科核心素养而言是该学科最根本的目标和任务，宜把最能体现出必备品格和关键能力的要素找出来。核心素养应该是在十个核心词上的进一步凝练。

（2）由于面对的学生群体不一样，不同时期学生也有各自不同的生理、心理发展规律，不同的教育对象怎么会有同样的核心素养目标呢？可以让同一核心素养的各要素在不同学段有不同的侧重，那么就等于说某一构成要素在某一学段并不居于核心地位，与其如此，不如各学段明确指出各学段自己的核心素养。

（3）小学数学核心素养的构成要素居于各学段核心素养构成要素的根基，应由几个最根本的要素逐渐衍生出新的要素，进而形成与不同学段对应的不同的核心素养。因此初中的数学核心素养应该由小学的数学核心素养发展而来，即使同属于义务教育阶段，小学与初中的数学核心素养也应有所不同，这也是核心素养发展性的要求。

（4）按照概念间的逻辑关系，核心素养隶属于数学素养，是其子集。十个核心词均是学生发展必备的数学素养，这一点毋庸置疑。因此核心素养在这十个数学素养中间孕育而生是自然和必然之事。按照集合元素间互异的要求，核心素养各要素不能有互相"推出"关系。

2. 小学数学核心素养构成要素提出的依据

小学数学核心素养的构成要素可由四个方面构成：应用意识、运算能力、推理能力、几何直观。

第一，数学素养的形成来自数学思考，有了思考才有人的意识的觉醒，才有个人对事物的独特看法。数学思考使学生在数学运算时不会墨守成规，而会主动探究运算的"捷径"，例如，有无运算的简便方法等；数学思考直接促进推理能力发展；数学思考使学生在遇到问题时主动寻找解决办法，在小学阶段几何直观是行之有效的基础办法；只有愿意数学思考的学生才会有数学应用意识。

第二，应用意识含义广泛，当学生将数学和生活联系起来时，不可避免地涉及在具体形象的实物与抽象的数学符号图形之间来回转换，抽象思想与模型思想往往伴随左右；在抽象思想与模型思想发展的同时，数据分析能力也随之发展起来，这就促进了问题解决能力的提高。此外，对于小学生，在生活中拥有主动进行数学思考解决问题的意识要比能力培养更重要，更称得上"素养"二字，而且如果小学生自己主动发出应用意识，那他的数学兴趣自然不会弱，积极的数学情感和学习态度必然伴随左右。故数学兴趣来源于应用意识，进一步可提高数学审美能力，促进数学人文精神形成，这使得学生对数学的认识更加完整，且立体化的感知拓展了学生视野，自然有益于数学创新意识的形成。

第三，重视运算能力使得学生数字敏感度提升，有益于数感的形成；当算术发展为代数学时，符号意识就逐渐发展起来，数学是符号的语言，符号化思想使得数学问题解决能力提升了新的台阶。

第四，推理能力是数学逻辑能力的重要体现，也是数学培养人理性思维的重要手段。小学阶段是由具体形象思维逐渐发展到抽象逻辑思维的时期，应重视推理能力的训练，进而发展学生良好的数学语言表达能力。当学生能够条理地按数学的方式表达自己的观点时，就具有了较好的数学素养。同时良好的数学表达大大提高了数学交流合作的有效性和数学问题解决能力。

第五，几何直观是小学阶段解决问题的有效方法，直接促进了空间观念的发展。由于几何直观并不局限于立体图形，因此它对学生的影响是全方位的，即可以发展学生的逻辑思维。

第六，数学问题解决能力高低是学生理性思维强弱的突出体现，当一个人既具有了数学的理性思维又兼怀数学的人文精神时，他就具备了优秀的数学素养及拥有创新意识的前期条件。

可见，由这四个基本要素可以推出其他要素，即将应用意识、运算能力、推理能力和几何直观地作为小学数学核心素养的基本构成要素是可行的。

3. 小学数学核心素养构成要素解析

（1）应用意识

数学本身就是一个与现实世界不断进行交流的开放体系，其价值就在于它的应用，可以说数学的应用过程就是数学价值的实现过程。数学广泛的应用性与高度的抽象性、严谨的逻辑性都称为数学的三大特征。课堂上不讲数学的实际来源和应用方法，"掐头去尾烧中断"，理论联系实际的口号喊了几十年，到头来连应用的影子都不见了，这是令人痛心的事情。改变要从小学开始，并要培养一种应用数学知识的意识和欲望，使数学融入人的整体素质，成为世界观的一部分。

小学数学应从启蒙开始一步步教导小学生如何应用数学，建立数学与生活的联系，比如"明明的爸爸要做一个小木盒子，他拿来一根细木条，将它锯成6段。明明发现，爸爸每锯断一次要用2分钟。爸爸做完这件工作要花多少时间？"之类。无论从数学的产生还是从数学的发展来看，数学与现实生活都有着密不可分的关系。小学数学教学应注重培养学生的应用意识和能力，从生活实际引入新知识有助于学生体会数学知识的应用价值，为学生主动从数学的角度去分析、解决问题提供示范。此外，还要鼓励学生从数学的角度描述客观事物与现象，寻找其中与数学有关的因素，主动运用数学知识和方法去解决实际问题。

（2）运算能力

一切数学素养发展的基础是运算。可能有人会提出不同意见：在多年前掌握运算技能可能是一个重要的数学素养，但随着今天计算机技术的发展，这种运算技能的重要性随着对笔算的需求降低而逐渐发生了显著的变化，运算能力还有必要称核心素养吗？首先，面对的是小学生，培养的是最基本的数学素养。运算能力是数学其他能力和素养发生发展的基础保证，在普通人眼中，数学好首先表现在算术好，数学早年的学习内容只有算术就是例证。而且，我国数学基础教育令世人瞩目，扎实的运算能力功不可没。其次，运算能力不等同于运算技能，二者着眼点不同，内容也不同。运算能力还应包括运算前的选择与运算后的反思。

运算能力不可能独立存在和发展，而是与思维能力、空间想象力及观察力、记忆力、理解力、想象力等一般能力互相渗透、互相支持。学生不熟悉各种数据和公式就无法正确、迅速地进行各种运算；如果对数学概念和基础知识的理解不透彻，或者根本不理解，运算时就必然带有盲目性；学生不善于观察，不能发现算式的特点，就不可能对算式进行有效的分解、组合等变形，也就不能选择合理的运算方法进行有效运算，甚至对显然不合理的运算结果也觉察不出；如果缺乏想象力学生就很难把竖式的运算和图形等其他数学表示形式联系起来，其运算过程就会显得僵硬死板，特别是运算过程既体现了根据数学原理、公式、法则对算式进行变换操作所表现的正确、灵活和熟练的程度，又体现了深刻理解算理的基础上能根据问题的条件寻求合理、简便的运算途径的水平。这与思维能力紧密相连。由于运算能力这种综合性特点，使得在现今教育形势下，没有准确计算的能力同样奢谈数感、空间观念。离开计算基础谈数学都是空谈。

（3）推理能力

"数学是思维的体操"，数学的一个明确任务是提高学生的思维能力。数学学科具有高度的抽象性，要学好数学必须具有抽象思维能力；数学学科还具有高度的逻辑严谨性，数学学习中要求概念准确、判断推理严密、结论精确。这些都与逻辑思维紧密联系。

推理作为思维的基本形式之一，在人们学习和生活中经常用到，但这是零散的。推理之成为论理的体系者，限于数学一科，这是数学的教育价值所在。小学数学核心素养的内涵中，推理能力不可或缺，这是数学素养的首要"品格"。

（4）几何直观

从"修养"角度来讲，小学数学核心素养还应包含遴选鉴别的能力，突出表现就是当小学生遇到疑难问题时选择数学方法的能力。一个人成熟的表现就是学会了选择，在数学上的表现也是如此。能够自主选择数学方法，说明他已经学会了独立思考，已经能够初步体会数学的思想和基本思维方式。在小学经常借助几何直观，通过几何的手段，达到直观的目的，实现描述和分析问题的目标。这里的几何手段主要是指利用图形；直观的目的主要是将复杂、抽象的问题变得简明、形象，有助于探索解决问题的思路、预测结果。几何直观是数形结合思想的体现，也是对应思想、化归思想等重要的数学思想的反映，是小学阶段行之有效的解决问题方法，对小学生理解数学发挥着重要作用，对整个数学学习过程的顺畅开展发挥着重要的推动作用。从实物直观到几何直观是学生数学素养形成的标志，利用几何直观可以巧妙地解决数学的疑难问题。

可见，几何直观将抽象的数学语言与直观的图形结合起来，使抽象的数学问题直观化、繁难的数学问题简捷化。它使原本需要通过抽象思维解决的问题，有时借助形象思维就能够解决；使抽象的数学问题转化成学生易于理解的方式呈现，为此提供了非常好的教学方法和解决方案；使抽象思维和形象思维在解题中交互运用，有利于抽象思维和形象思维的协调发展和优化解决问题，从而培养学生思维的灵活性、形象性。它体现了代数与几何的对立统一和完美结合。

综上所述，尽管数学素养有多姿多彩的内涵，但作为基础地位的小学数学核心素养应聚焦于应用意识、运算能力、推理能力、几何直观四个方面。

由此，能成为核心素养的构成要素必然是精中取精，取其根本和基础，以上四要素的提法有其合理性。

（五）小学数学核心素养的表征

小学数学核心素养是知识、能力、情感态度与价值观的融合，可在智力因素和非智力因素两方面观测。在智力因素上表现为数学的视角观察、数学的方法思考、数学的语言表达。

1. 数学的视角观察

这是指具有主动应用数学的意识。当儿童面对生活现象时，会自觉地运用数学的眼光观察，敏锐捕捉其中的数学信息，发现数学问题。把一切事物的一切知识教给一切人，顺利地发展智慧，使儿童学会用他自己的眼睛去观察世界，而不是用别人的眼睛去观察世界，并因此学会观察周围环境的所有事物，正确地认识一切，正确地完成一切好的事情。

2. 数学的方法思考

智育的任务并不在于教儿童一大堆知识，而在于使儿童有精确的和清楚的观念，培养他们的学习兴趣和掌握学习研究的方法。提出数学问题后，学生能用自己的智慧去理解事实，能有逻辑地思考解决问题的方法，能自觉地回想学过哪些数学方法（如数形结合、化归等），提出建议并尝试解决。这是数学素养的标志。

3. 数学的语言表达

这是指问题解决后能有条理地陈述解决问题的思路，同时会倾听他人的不同观点，质疑不同意见，能将自己头脑中初步的数学思考清晰地表达出来，进行有效的数学交流。这是数学核心素养内化于心的重要表现。

4. 积极的数学情感

这是在非智力因素方面的表现，是对小学数学核心素养评价不能忽视的指标。从回避数学到不排斥数学，再到喜欢数学，这是一个艰难的心理转换过程，而喜欢数学与愿意挑战数学疑难问题，以及遇到挫折不认输，不解决问题不罢休的状态，两者又有本质上的差别。

二、小学数学核心素养模型的建构

（一）小学数学核心素养模型的建构原理

1. 数学活动是小学数学核心素养孕育的母基

数学素养不是凭空掉下来的，小学数学素养的形成更离不开丰富的数学体验，这就必须改变传统数学教学轻"过程性知识"、重"结果性知识"，造成学生基本活动经验薄弱的错误方式，使过程性知识蕴含在精心设计的数学活动中。没有人能硬性教会学生数学素养，它是学生在数学活动中获得的，要把学习数学的主动权交还给学生。

学生的数学活动，一般有两类：一类是外部数学活动；另一类是内部数学活动。能孕育数学素养的活动需要内部活动、外部活动兼而有之，从而使数学活动有丰富内涵。数学是一种艺术，也是一种能应用的工具，能够帮助解决问题。小学生数学学习是数学活动学习，是主动并富有个性的学习过程。在做中学、玩中学，表面上孩子们玩得趣味盎然、乐此不疲，背后则蕴含着教师精心的设计。设计时往往以发展学生核心素养为目标指向，以数学知识的发展过程为逻辑线索，精心选择学习素材，构建学习情境，设计系列的数学学习活动，使学生在掌握数学知识技能的过程中，培养数学能力，从而达成核心素养发展目标。

小学数学的活动分外部操作活动和内部思维活动两种，外部操作活动一般为学生喜欢参与的摆一摆、拨一拨、分一分、折一折、画一画、描一描、涂一涂、量一量、剪一剪、拼一拼等动手活动。操作活动经验是数学思维活动的重要基础，内部思维活动是头脑的深层次参与，主动性更强。

需要强调的是：数学活动来源于两方面的设计。一方面数学活动要有数学特征，体现的是数学问题解决的学习，学生需经历认真听讲、积极思考、动手实践、自主探索、合作交流等来发现问题、提出问题、分析问题、解决问题的全过程。小学生是数学学习活动的主体，主体作用的发挥离不开教师的主导作用。为此教师需要创设适合小学生年龄特征的问题情境，既蕴含丰富的数学元素，又为儿童所喜闻乐见。凭借精心的策划，这个问题一经提出亮相就能迅速抓住小学生的兴趣点，使之产生探索的欲望。比如，"用完全相同的四块直角三角形木板同时拼成 2 个正方形"就是一个有趣又有浓厚数学意蕴的活动。第一，拼摆木块突破了常规思维，2 个正方形一实一虚，很多学生想不到，结果出来后惊奇不已；第二，拼摆方法不唯一，培养了开放式思维；第三，不论哪一种拼摆图形，都能推导出"勾股定理"，再次显示了数学的神奇；第四，再推导"勾股定理"时，已经是演绎推理，但由于有活动铺垫和强烈的好奇心支撑，小学生并没有觉得难懂。在每一届数学教学开展这个活动结束时都让学生恋恋不舍。

另一方面小学数学活动学习要浸润在数学文化中进行。有文化背景的数学活动更容易让学生对数学有美好的切身体验。在数学活动组织中，应同时兼顾这两方面的有机融合。事实证明，由问题解决和数学文化合二为一的数学活动才有意义。

2. 小学数学核心素养的再次提升

数学知识技能、思想方法和情感态度是小学数学核心素养再次提升的平台。学生在活动中积累各种心得体验，这些零散的体验逐渐系统化为做数学研究的基本活动经验，进一步凝练成相应的数学知识技能、数学思想方法和数学情感态度。对数学思想的感悟和经验的积累，都是非常隐性的东西，不是靠教学能够得到的，都需要学生在积极参与教学活动的过程中，通过独立思考、合作交流，逐步感悟，需要在"做"的过程和"思考"的过程中积淀。数学思辨、计算推理等智力因素提升的同时，获得了精神层面的感受，比如有的人享受着突破困难获得成功的愉悦，激发了出自内心的对数学的欣赏。数学思考提升了人的悟性和灵性，同时也培养了数学学习兴趣、提高意志力等非智力因素。所以说数学知识技能、数学思想方法、数学情感态度都孕育在数学活动当中，数学活动是数学知识技能、数学思想方法、数学情感态度获得的前提基础。这几个方面不是相互独立和割裂的，而是一个密切联系、相互交融、相互支撑的有机整体，它们构成数学思维与数学素养形成的物质基础和精神基础，对学生的全面、持续、和谐发展有着重要的意义。

3. 数学思考是小学数学核心素养形成的决定因素

数学活动仅是数学核心素养形成的外部条件和环境基础，而真正促进数学素养形成的是数学思考。数学思考才是促进数学知识技能、思想方法和情感态度进一步提升为数学核心素养的内因和必要条件。在整个数学活动中，数学思考应贯穿数学活动的始终，让学生经历观察、实验、猜测、计算、推理、验证等数学思考活动，以及经历数学知识发生的过程，形成数学核心素养。离开数学思考谈数学核心素养只是一纸空文。

（二）建构模型

1. 小学数学素养的生成模型

小学数学素养的提出缘起于对学生全面发展和长远发展培养的理念，扎根于对小学数学培养总目标的深入思考，是对知识与技能、过程与方法、情感态度与价值观三维目标的再次提升。在小学数学学习中，核心素养的养成与基础知识、基本技能、基本思想、基本活动的学习紧密相关。由于小学生数学学习内容具有双逻辑结构，既要遵循数学自身规律，又要适应儿童的年龄、心理特点，因此小学数学学习需要蕴含在丰富的数学活动之中，这种数学活动不仅要有理性的数学问题解决策略学习，还要有感性的数学文化浸润，两种因素与小学生的参与活动交织在一起、融为一体，构成儿童喜闻乐见的数学活动。基本的数学活动经验由此诞生，在数学思考的助力下，逐渐转化为数学的知识技能、数学的思想方法，同时积极的数学情感态度孕育于数学活动中，成为数学素养形成的催化剂。

当漂浮于学生头脑中的零星碎片化的数学思考逐渐固态化、系统化、成熟化，学生对数学的认知日趋完整，对数学知识的发展规律有了清醒理性的认识，则数学思考就上升为数学思维。当有宽厚的数学知识技能支撑，有透彻的数学思想方法引领，又在积极的数学情感的辅助下，数学素养就形成了。

2. 小学数学核心素养的整体模型

小学数学素养有丰富的内涵，义务教育阶段所关注的十个核心词都会有所体现。作为数学教育的启蒙阶段，数学核心素养的界定既要兼顾学科特征和小学特质，又要保证较好的数学基础和后续发展的动力。由此，扎实的计算能力、灵活的几何直观方法、初步的推理能力和敏锐的应用意识将构成小学数学核心素养的内容。

具备良好的小学数学核心素养学生的最形象的表征是这样的：在面对生活问题时，首先他们会有意识地（随着素养的提升，会成为一种下意识）用数学的视角观察，抽象出数学问题；其次努力思考各种策略，寻求数学的方法解开问题；最后能用数学的语言条理清晰地表达出来。在这个数学学习过程中，他虽能体会数学钻研的艰辛，但更享受解开问题时的快乐，作为教师能真切感受到他们在陈述自己观点时的那份喜悦和自信。小学生的这些表现也是小学数学教育工作者们孜孜以求的教育理想愿景。

第二章 基于核心素养的教学设计

第一节 以核心素养立场解读教材

　　教师应放手让学生通过提问、列式、计算等形式，自主探索出计算"连减"的几种简便方法。可是，有部分教师可能会在学生说出连减的性质后就停止今天的新授，因为教材只要求教到这个地方，学生会解决实际问题已经达成了知识技能的目标。但是，任何教材在内容的安排上都有两条主线：一是数学基础知识与技能，这是一条明线；二是数学思想方法，这是一条暗线。可以说，数学思想无处不在，一些看似简单的知识背后却隐藏了重要的数学思想。因此，教师让学生运用学过的知识主动探究新知，尤其引导学生相互补充，让学生在有效的交流中表达自己的解题思路，利用与同伴交流、比较异同的方式引导学生理解知识，逐步培养、优化。这样，不仅很好地完成了教学任务，而且更好地提高了学生的思维能力，使比较、归纳这些数学思想方法的培养得以落实。当然，要做到这一点与教师对教材的理解和分析是分不开的。教师应该充分挖掘教材中的素养内涵，并有效地呈现于课堂，只有这样，才能通过教学不断地提升学生的核心素养。

一、理论精要

　　教材解读，并非仅是"读"教材的教学内容，而是一个全方位、立体化，源于内容实质与联系的内容、方法、过程的整体建构。以核心素养立场解读小学数学教材，应再次认真研读数学课程标准，应始于儿童的认知规律与知识的展开逻辑，应起于对数学内容实质的理解，找到其背后蕴含的丰富的数学思想，整体把握教材，读懂教学的起点和后续知识，落实核心素养的重点和难点。

以核心素养立场解读小学数学教材，从再读数学课程标准开始。数学课程标准是确定数学课程水平及课程结构的纲领性文件，是数学教材编写、教学、评估和考试命题的依据。按理说，它应该是每位从事小学数学教育工作者案头必备并且熟知的工具书。然而在数学教学实践中，由于对数学课程标准理解上的偏差，总有教师将标准束之高阁，置于教学之外，导致数学课为习题讲解课的问题成了数学教学的弊端。要想改变这一现状，数学教师就要在教学实践中认识标准，尤其在解读教材时，要以标准为依据，坚持贯彻、认真落实标准，从而达到全面提高学生数学素养的目的。

以核心素养立场解读小学数学教材，要求教师以数学核心内容为载体，凸显数学学科实质。"核心内容"是指学科中的主要内容、关键内容。数学核心内容往往是一组内容或一类内容组成的知识群。如数的认识、符号的认识、数的运算、数量的关系、图形的认识、图形的度量、数据的收集等，都可以看作一个核心内容群。每组核心内容都蕴含了一个基本的、反映数学学科本质的特征。而这些本质特征往往能反映数学学习方法，是发展核心素养的关键。

以核心素养立场解读小学数学教材，要求教师看到教材背后蕴含的丰富的数学思想。从学生学习数学的角度来说，从特殊的知识点抽象概括成一般的概念、原理，再上升到思想方法，更加有利于实现学习迁移。所谓举一反三、闻一知十、融会贯通，也是这个道理。当下学生学习数学存在的比较普遍的现象是，教师在教完新知识之后进行变式练习时，部分学生却存在困难，原因就是在教学中"一是一，二是二"的解题式教学。如果数学知识是写在教材上的一条明线，那么数学思想就是隐含其中的一条暗线。明线容易理解，暗线不易看明。

以核心素养立场解读小学数学教材，要以学生的思维及自身独有的特点和规律为基础，挖掘教材所凸显的数学思想，将严谨而准确的数学知识转换为学生容易接受的教育形态，将学生积极主动的思考状态呈现出来，在加深学生对知识理解的同时启迪学生获得数学的灵感。

以核心素养立场解读小学数学教材，要整体把握教材。核心素养虽然是在数学学习过程中形成的，但不是用一节课或几节课就能形成的，因而教师要具有联系发展观，将知识形成一个整体，明确各个知识点在整个知识体系中的价值。由此，在设计教学环节时才能够找准教学的起点，连接学生的知识原点，重温与新知识相关的基础知识，重点分析新知识和旧知识之间的联系，让他们更好地同化或理解新知识，从而满足学生的学习需求并激发起自主学习的积极性与自觉性，使其核心素养得到有效的发展。

总之，以核心素养立场解读小学数学教材，要端正自己的态度，秉承正确的教材观。要看教材知识体系，领悟教材编排意图，认真对待教材的每个细节，赋予教材细节更深的知识内涵和更广的思维空间，要以发展的眼光解读。全国教材种类繁多，有人教版、鲁教版、粤教版、苏教版等教科书。虽然教材版本不同，但是理念是相同的，都可以追溯到学生发展核心素养的相关理念、标准及要求。这是教师上好课的前提条件，也是学生进行有效学习从而提高核心素养的前提条件。

二、实践指南

以核心素养立场解读小学数学教材，要注意以下几个问题：

（一）研读数学课程标准

数学课程标准提出数学教学中应特别重视十个核心词，即数感、符号意识、空间观念、几何直观、数据分析观念、运算能力、推理能力、模型思想、应用意识和创新意识，并把这十个核心词理解为学生学习数学应达成的重要思维品质和关键能力。因此，把它们理解为数学核心素养是恰当的。

（二）聚焦核心内容

把数学的核心内容作为培养学生核心素养的重要载体，是因为核心内容不只是单一的知识点，这样更是代表一组内容或一个知识群。对于核心内容的理解与把握，不只是对一节课所涉及的内容本身的把握，更是通过学习对课程内容所代表的一类问题的理解。

因此，核心内容的学习过程有助于对学生核心素养的培养，而教师解读教材时抓住核心内容，站在高度把握核心内容的特质，则使核心素养的培养更为有效。

（三）透视数学思想

数学作为培养人的思维能力的学科，它的地位和作用是举足轻重、无可替代的。无论是作为技术功能还是思维功能，数学的功能都不仅仅是数学知识和技能在发挥作用，更重要的是数学思维方法在发挥作用。数学素养的核心之处正是数学思想。以苏教版教材为例，在低年级中，教材主要利用加、减、乘、除四则运算的关系解决与常见的量有关的简单实际问题，其中蕴含了分类、比较、模型、归纳、对应、推理、符号化、假设、类比等数学思想。从三年级起，通过安排专门的解决问题单元，学习从条件想、从问题想、列表、画图、枚举、转化、替换等策略，教师着重渗透抽象、归纳、推理、模型、转化、数形结合等数学思想。与此同时，教材还结合学生实际，通过提供丰富的现实素材和有效地数学探究活动，引导学生经历从实际问题到数学建模的抽象过程，让学生掌握数学基本思想。可以说，在教材中，数学基本思想与知识、技能、方法等交织在一起，无处不在。因此，教材为教师在教学过程中实现基本思想的教学、发展学生核心素养的目标提供了丰富的资源。

学生所学的数学知识，大多在进入社会后几乎没机会应用，因此这种作为知识的数学，通常在走出校门后不到两年就忘掉了。然而不管他们从事什么样的工作，唯有深深铭刻于头脑中的数学思想和方法等随时地发挥作用，使他们终身受益。富有思想的课堂是充满生机与活力的课堂，其为学生的终身学习和社会发展奠定了基础。教师在课堂中不仅要教给学生知识，而且要充盈学生的思想，启迪学生的智慧，发展学生的核心素养。

（四）整体把握教材

在分析教材和理解教材时，既要注意对各个知识点的理解，又要注意对整体的理解。整体是本源，将整体分解为各个知识点，教师只有理解各个知识点与整体的关系，才能形成学生知识的整体性。

（五）把"教材"转化为"学材"

以核心素养立场解读教材，应该站在核心素养的立场，时时刻刻把培养和发展学生的核心素养放在首位，努力发掘教材中的核心素养并加以整合。例如，"学会学习"是核心素养的重要组成部分，基于核心素养的课堂应当是学生自主学习的课堂。因此，教师必须为学生提供最适合自主学习的材料。学生在课堂上自主学习的材料，包括教材、学习辅导材料，它们在学习材料中占有最重要的地位。研究表明，现行教材大部分并不具备自主学习式教材的特点。教师要解读教材，就要思考如何把学生的学习方式放在首位，对教材进行二度开发；就要花大力气进行处理，为学生提供更加简略化、结构化、简易化、丰富化的学习材料，融"教材"为"学材"，由"教材"走向"学材"。总之，教师解读教材的着眼点是为了真正实现学生的可持续发展和终身发展而努力将核心素养的培养切实有效地落实到课堂教学中来。

第二节 以核心素养视角取舍和确定教学内容

在不同领域、不同内容的教学中，教师在关注具体的知识技能时，更应当关注这些知识技能中所蕴含的核心素养，关注学生所需要的核心素养，以及可以培养的核心素养。例如，教学片段中的"数感"。之所以在整数、小数、分数等数的认识和运用的过程中培养数感，是因为对这些内容的深刻理解离不开学生数感的正确建立。数学教学若要有效地发展学生的核心素养，就要根据学生的实际，通过研读课程标准和解读教材，准确地把握和确定教学内容，把隐藏在教材中的教学价值挖掘出来。只有这样，才能真正地实现学生核心素养的发展。

一、理论精要

教学内容，即学生的学习内容。它既包括在教学中对现成教材的沿用，又包括教师对教材内容的重构，即处理、加工、改编乃至增删、更换；既包括对课程内容的执行，又包括在课程实施中教师对课程内容的创生。

以核心素养视角确定教学内容，首先，教师必须认真解读和研究核心素养的总体框架。教师不但要熟悉了解学生发展核心素养的三个方面、六大素养、十八个具体要求，而且要研究它们之间的关系。为此，教师必须发挥自己的专业优势，自觉地进行学理上的审视并借鉴先进的教学理论，走出教学内容设计的困境。

其次，要依据课程标准和教材。已经修订的课程标准和即将修订颁布的义务教育阶段各学科的课程标准，是依据核心素养所做的顶层设计，其提出的教学内容、教学目标，都是教师设计教学内容的依据。教师必须认真解读和研究新的课程标准，使自己设计的教学内容达到课程标准所提出的基本要求。数学教材是实现数学课程目标、实施数学教学的重要资源。它是数学课程理念的基本物化形式，是学生学习数学、教师教授数学的最基本蓝本，是连接"数学课程目标"与"数学课堂教学"的最主要桥梁。教师要对教材进行深入的研究及合理的发掘。例如，对数学文化进行还原、拓展、延伸、补充，放大教材负载的育人功能，让学生在习得知识的同时受到数学文化的浸润。

再次，要依据学生的学情。课堂是否有效、是否高效、是否能够发展学生的核心素养，只有从学生的角度判断才有实际意义。因为教师所从事的一切教育教学行为和经历的一切教育教学细节，其终极目标只有一个：帮助学生获得，促进学生发展。换言之，"教"的本义在于指导"学"，最终达到使学生"虽离师辅而不反也"。教学要基于学生原有的知识基础和身心发展水平。教师只有立足学生实际，分析学生的情感特点和认知特点，分析学生已具备的与本课程相联系的知识与技能、解决问题的方法，以及生活经验，才能做到有的放矢，才能让数学课堂教学变得更为有效。以核心素养视角确定教学内容，必须从学生的学习需要、学习兴趣、情感体验和学习思维综合考虑，确定适宜的学习内容，有效落实核心素养的发展。

最后，要开发创造课程资源。除用活教材、活用教材之外，还要对教材进行二度开发，充分利用各种教学资源，正确地选择学习材料，从而丰富数学教学内容。同时，要对教材内容进行必要的拓展，关注时代发展的脉搏，收集学生生活中鲜活的素材，增加一些具有地区特色的教学内容。

二、实践指南

（一）关注学生核心素养的全面发展

核心素养从人的全面发展的角度出发，提出了三个方面、六大素养、十八个具体要求的整体框架。核心素养的内涵既包括传统教育领域的知识、技能，又包括现代教育领域的情感、态度、价值观，其所涉及的内容并非在单一的维度，而是多元的维度。核心素养是知识、技能、情感、态度、价值观等方面的综合表现，这些方面对学生的一生发展是缺一不可的。因此，教师在选择教学内容时，必须综合考量核心素养内涵的各个方面，不仅不可有所偏颇，而且要把这些方面的教学内容融合在一起。

（二）有效落实课标要求，确定教学内容

数学素养是现代社会每个公民应该具备的基本素养。作为促进学生全面发展教育的重要组成部分，数学教育既要使学生掌握现代生活和学习中所需要的数学知识与技能，又要发挥数学在培养人的思维能力和创新能力方面不可替代的作用。这就要求指向核心

素养的小学数学课堂，既要体现立德树人的育人理念，又要彰显数学学科的魅力。当离开课堂时，学生即使遇到了可能不是明显的数学问题也依然能从数学的角度看待问题，能用数学的思维方法思考问题，甚至用数学的方法解决问题，这才是数学课堂教学的归宿。

教师根据学生的年龄特征，鼓励学生自己尝试发现和提出问题，并引导学生将多个问题进行聚焦，从而确定本节课要探究的重点。在这一教学过程中，学生学会了由几个特殊图形的研究走向一类图形的研究，问题意识、研究意识均得到培养与提升。尤其是着重从数学的角度看待生活中的"密铺"问题，培养学生的数学思维方式，这与数学课程标准的要求是一致的。

在这段教学中，教师引导学生经历观察、实验、猜测、计算、推理、归纳等活动，促进学生从"经历"走向"经验"。在这个过程中，学生体会到有序思考的重要性，并养成倾听、有条理地表达想法的习惯和意识，感受数学的乐趣。在这样的数学课堂里，过程不断展现，思维不断碰撞，方法不断内化，这些不仅增强了学生学习数学的信心，而且发展了学生的数学素养。

总而言之，教师要依据数学课程标准的要求来挖掘教学内容的实用价值、理性价值与发展价值，并结合学生实际来确定和设计学习内容。只有这样，才能使教学获得更好的效果，从而促进学生有效地学习，使核心素养的培养真正落到实处。

（三）根据学生核心素养的发展需要，调整教学内容

以核心素养的视角确定教学内容，一定要根据学生的发展需要。适宜的教学内容，不仅能体现教学目标的落实，还能促进学生的发展。教师要根据学生的实际情况和学生发展核心素养的需要，选择适合学生实情的、对发展学生核心素养有切实帮助的教学内容。这样，不仅能帮助学生掌握核心素养发展所具备的知识，而且能够有效达成核心素养提出的要求。

（四）发掘课程潜能，丰富教学内容

从教材本身的来源看，可以发掘大量的、有价值的课程潜能。虽然教材是教学内容的重要载体，但是它不是唯一的课程资源。核心素养视角下的教学内容确定，教师不应是被动地贯彻、执行教材，而应是教材的创造者、开发者。一方面，教师要学好、用好文本教材；另一方面，教师要开发和利用好书本以外的各种资源，挖掘课程潜能。当围绕学生的心理逻辑、学生的兴趣和发展进行课程资源的挖掘时，教师则将更多的注意力放在了如何关注学生的发展上。

例如，可以充分利用并开发实物材料和设备，如计数器、钉子板、立体模型、校园设施等，供学生开展实践活动。

可以开发视频资料，如录制生活中的一些场景作为与学习内容相适应的问题情境，录制数学在科学技术中的应用，录制数学家的生平或故事等。

可以充分发挥"互联网+"的优势，收集一些学习素材，下载一些与课程直接相关

的内容在教学中应用。这样，可以为学生的学习和发展提供丰富多彩的教育环境和有力的学习工具；为所有学生提供探索复杂问题、多角度理解数学思想的机会，开阔学生数学探索的视野；为一些有需要的学生提供个体学习的机会，以便于教师为有特殊需要的学生提供帮助。

可以将数学与其他学科密切联系起来，从其他学科中挖掘可以利用的资源，如自然现象、社会现象和人文遗产来创设情境，利用数学解决其他学科中的问题。

可以展现细胞分裂的过程（1 个分裂成 2 个，再逐步分裂成 4 个、8 个、16 个……），使学生更好地理解平方的概念。

可以开展数学课外小组活动，向学生提供一些阅读材料。内容可以包括数学在生活中的应用、趣味数学、数学史和数学家的故事、扩展性知识等，用来拓宽学生的学习领域，激发学生学习数学的兴趣。

……

教材中的学习资源是有限的，而教师以此创造出的学习资源却是无限的。只有当学生的生活世界，特别是他们的经验、智慧、理解、感受、情感、价值观等能够与获得的书本知识和解题技能等一并进入课程的时候，学生才会真实地感受到教学过程是他们的人生过程和他们生命的有机组成部分，教学才有可能真正地促进学生的健康成长和健全发展，而这些正是核心素养理念对学生学习提出的具体要求。

第三节　以核心素养发展为指向设定科学的教学目标

一、理论精要

教学目标设计是对教学所要达到的预期结果的预测，是教学设计中重要的一个环节。科学合理的教学目标是保证教学活动顺利进行的必要条件。以核心素养发展为指向的课堂教学，无论是教学内容、教学活动还是教学评价，都牢牢地指向学生核心素养的发展，并确保其有效达成。为此，教师必须设计好指向学生核心素养发展的教学目标。

以核心素养发展为指向的课堂教学目标离不开三维目标。核心素养的提出是对课程改革提出的三维目标的升级。核心素养既来自三维目标又高于三维目标，它不是三维目标的叠加，而是"合体"。所以，培养核心素养依然离不开知识与技能、过程与方法、情感态度与价值观的支持和支撑。

以核心素养发展为指向的课堂教学目标，也要突出"思维素养"目标。对于数学教师而言，"为思维而教"这句话在一定程度上揭示了数学教育的意义。数学学习的一个主要价值就是有利于人们思维方式的改进，并使人们能逐步学会更清晰、更合理、更深入地思考问题。可见，思维既是数学能力之"核"，又是数学素养之"魂"。当然，这种思维不是一般意义上的"思考"，它更倾向于学生自发而为的、更具"超能"的、较高水平的思维品质。当一个人的思维成为习惯时，就会有很强的主动性，就能在不知不觉中将长期学习所形成的各种思维能力应用到生活的方方面面和各种问题的解决之中。当然，这样的素养必须依赖于一次又一次的思维活动来历练、滋养、培育、升华，最终实现"在思考中学会思维"。所以，以核心素养发展为指向的小学数学课堂教学，应着重于学生"思维素养"的培养。在教学目标的设置上，要考虑如何通过数学运算、直观想象、数据分析等数学内容，培养学生数感、符号意识、空间观念、几何直观、数据分析观念、运算能力、推理能力、模型思想、应用意识、创新意识等数学素养，帮助学生形成并建立最高层级的素养——"思维素养"。

以核心素养发展为指向的课堂教学目标，还要关注"跨学科素养"目标。小学数学教学不仅教授学生数学知识与技能，还能使其提高数学思维水平，发展数学能力，形成理性精神及数学素养，与其他学科教学共同承担育人的职能。所以，设定教学目标不能完全从学科知识本位的角度考虑，也不能"只扫门前雪"，应该站在学生发展核心素养的高境界思考问题，即数学学科应该承担哪些公共责任和义务，如合作交流、创意表达、人文情怀、感悟鉴赏、科学素养、自我管理、健康意识、国际意识等。

二、实践指南

（一）落实三维目标

传统教学的教学目标往往定位于知识与技能，这样的目标定位是不能有效指向核心素养的，对以培养核心素养为指向的课堂教学不能发挥导向、控制和激励功能。以核心素养为指向设计教学目标，首先，必须转变观念，明确核心素养的内涵；其次，明确以核心素养发展为指向的课堂教学，必须真正突出三维教学目标的全面性，要将三个方面相互渗透，融为一体。以"知识与能力"为主线，将"传授知识、培养能力"与"改变思维、启迪智慧、点化生命"同时落实，使课堂教学真正做到为提升思维、启迪智慧而教。教学目标设计，必须以教材特点与学生实际为根据，以便全面落实三维教学目标。

需要强调的是，恰恰是情感态度和价值观才是三维目标中最能体现"以人为本"的目标。就数学教学来讲，如果情感、态度、价值观的聚焦体现数学学科的精神、意义、文化，反映数学学科之美，并与"数学知识"融为一体，这样的情感、态度、价值观目标是否才有终极意义？所以，要强调情感、态度、价值观目标，并将之努力内化为学生的品格，努力落实三维目标，将数学教学与育人有机融合。这才是数学教育内涵的提升，更是数学教育对人的真正回归，是素养的真正意义所在。

（二）聚焦思维素养

核心素养最应该聚焦的是思维素养。数学学科的思维素养和数学学科的特点密切相关，是学生在学习活动中慢慢形成的。因此，在日常教学中，要特别关注数学学习内容中所蕴含的数学思维，通过设定科学的教学目标、有效的教学设计以促进学生建立逻辑思维、理性思维、抽象思维、模型思维等。

（三）关注跨学科素养

数学教学的过程承担着数学学科目标的实现和关注学生一般发展的双重任务。因此，设定教学目标既要关注学科的核心素养，又要关注跨学科的素养。

教学目标设定中要关注"合作交流"。当面对一个有挑战的任务时，学生既要学会独立思考，又要学会在团队中与人合作分工，如教学"9加几"的计算方法，教师以"9+3"为重点，通过学生的操作来理解算理。教师准备一个布袋，先让一个同学放进9个球，再让另一个同学放进3个球，扎起口袋后问学生里面共有几个球。学生首先摆学具，独立思考；然后分小组讨论，与同伴交流。有的学生用数数的方法得出12个；有的同学不同意，争论起来，说这个方法太笨，他们先从3中拿出1和9合成10，10加上3中剩下的2就是12。通过争论，最后大家一致同意用合成10的方法计算简便。在这个学习过程中，学生必须学会独立思考，主动探索，合作交流，与他人建立良好的关系，学会共处，能交流沟通、交流表达和交流信息等。

教学目标设定中要关注"创意表达"。学生不仅会做，还要会说；不仅会解题，还要会表达"为什么"。当面对同一个问题时，教师倡导学生要有不同的理解与表达；当面对同一个数学关系时，教师要鼓励学生用不同的方式来表达。这些都是数学教学中应该关注的素养。

数学教学过程中要关注"人文情怀"。虽然数学属于理科，但是绝不因此缺少人文。数学的学习素材可以融入人文，学习数学的过程本身也可以充满人文。就像有人用"永远的永远"来描述圆周率、用"成语"来理解百分数的意义。

数学教学过程中要关注"感悟鉴赏"。学生要感悟数学知识的美妙，感受数学精神的润泽。数学可以很丰富，数学的视野可以很开阔。

数学教学过程中要关注"科学素养"。学生要体会数学与自然及人类社会的密切联系，在数学课上找到其他学科的影子，在其他学科上找到数学的模型。

素养是具有综合性的，很难说某一种素养会直接与数学课或某一个教学环节对应起来。但是，如果仅仅因为这个原因，每位数学教师都不去关注学生在数学教学中哪些素养得到了更多的培养，那么核心素养的培养将只是空谈。所以，科学地设定以核心素养发展为指向的小学数学课堂教学目标，不仅要关注培养那些已经熟悉的数学素养，还要多关注培养一些跨学科的素养，并以此不断地催问自己：以核心素养发展为指向的小学数学课堂教学目标的设定，是为了培养学生哪些方面的素养？如何让素养培养的过程更有意义？只有在每个普通的数学课堂上，一点一滴地开始关注，核心素养才会落地生根。

第四节 着眼于学生"学会学习"，设计学习策略指导

以核心素养发展为指向的教学策略设计，要着眼于学生"学会学习"，要强化对学生的学习策略指导，把教师的教学策略转化为学生的学习策略。

一、理论精要

"学会学习"与"人文底蕴""科学精神""健康生活""责任担当""实践创新"并列作为六大核心素养。"学会学习"要求学生能正确地认识和理解学习的价值，具有积极的学习态度、浓厚的学习兴趣和良好的学习习惯，这样才会对学习状态进行自我管理，从而根据不同的情境和自身的实际，选择或调整自己及对应学习内容的学习策略和方法，学会独立思考与判断、辩证分析问题，让自己的思维有进步，去适应现代信息社会的新型学习要求，主动适应"互联网＋"等信息发展趋势……总之，"学会学习"要求学生不仅要掌握学习知识和学习技能，还要通过不同方面的努力，全面提高学习生活品质，促使知识、身心在学习中获得发展，不断超越自我"去成为人"。

学习策略是指学生在学习活动中有效学习的程序、规则、方法、技巧及调控方式，是学生为了完成学习任务而积极进行的认知操作，也是衡量会不会学的重要标志。学习策略指导，主要是指教师指导学生理解、掌握学习策略，帮助学生形成良好地运用学习策略进行学习的习惯，实现学生学会学习目标的教学活动。其本质是要求学生在获取知识的同时，要掌握学习策略与学习方法。首先，教师对学生的学习策略指导有助于学生形成自主、合作、探究的学习方式。因为重视学生的学习策略，就是承认学生在创造性学习过程中的主体性，强调学生在创造性学习活动中的积极作用。学生要想做到自主探究学习，就要掌握一定的学习策略，即"会学"。其次，学习策略指导有利于培养学生自主探究的意识。学习策略与学习方法有着一定的联系。学习策略是学习方法的条件化，它借助于学习方法表现出来。在实际的学习策略指导中，最终会将策略指导落实在学习方法的灵活选取和应用上，让学生明确在什么情况、什么条件下选取何种学习方法最优化。因而，学习策略指导本身就使学生具备了"自主选择方法"的意识。但是，学习策略又不同于学习方法。学习方法解决的是"战术"上的问题，学习策略解决的是"战略"上的问题，它决定何时学、何地学和学什么，具有宏观性。从这个角度来看，学习策略指导的过程不仅保证了学生对"方法"的自主选取，还保障了学生对学习的时间、环境及内容几个维度的自主选择。因此，学习策略指导在某些维度上培养的正是学生的自主

探究学习意识。最后，学习策略指导有助于培养学生的创造性思维。如元认知策略的实质是监控，有利于培养学生的批判性；精加工策略中的自我提问，实质上是把握本质和多方面获取新信息、监控、评价，有利于培养学生思维的深刻性、批判性、敏捷性、灵活性。只有重视学习策略的指导，致力于学生学会学习、学会思维，提高学习活动的有效性，才能发展学生的核心素养。也就是说，找到了一个落实学生"学会学习"的媒介，即"学习策略指导"。其流程是教师进行学习策略指导—帮助学生学会学习—核心素养的落地。

　　然而，传统教学视野下的教师课堂教学主要是"备学生、备教材、备教法"。传统的"三备"突出了教师在教学中不容置疑的权威地位和主导作用，许多教师更愿意在自己的教学策略设计上下功夫，而忽视对学生学习策略的指导。这种教学境况产生的危害是：学生作为"人"的主体性被忽略，课堂教学失去了应有的生机和活力，三维目标无法真正地落实。因此，着眼于学生"学会学习"来设计学习策略，注重于把教师的教学策略转化为学生的学习策略，对于核心素养在课堂教学中的落地具有不可忽视的价值与作用。

二、实践指南

　　课堂教学中对学生进行学习策略指导，要注意以下几个问题：

（一）要注意各项学习策略的协调发展

　　在数学学习过程中，学习策略不是独立存在的。在一个学习活动中，可能会同时使用两种或两种以上的策略。例如，在学习乘法口诀时，认知策略就多用一些，学生可以调动自己的认知，利用记忆的方法掌握口诀；还可以用精加工策略，采用比较、列表等方法研究前后两句口诀之间的关系，找寻生活用语。如"不管三七二十一""唐僧取经经历了九九八十一难"等，加深对口诀意义的理解和记忆。再如，课后督促自己每天背一些口诀，并不断通过口算训练、自我记分来达到熟记乘法口诀的目的，通过自我监控提高学习效率，这样又运用了元认知策略。当学生在生活中观看数学绘本，通过网络了解到一些记忆口诀的好方法时，如"用手指巧记 9 的乘法口诀"，就在不知不觉中又运用了学习资源的利用策略。可见，在学习乘法口诀的过程中，认知策略是主要的，而元认知策略、学习资源的利用策略在熟记、运用乘法口诀方面的功能也不容忽视。

（二）学习策略要融入具体的数学学习过程中

　　把学习策略单独列出来，脱离课堂的讲授和训练收效甚微。教师要将学习策略融入教学过程中，结合教学内容有意识地进行学习策略的训练，才能达到事半功倍的效果。

　　在教学过程中，教师渗透了如何小结策略的指导，有意识地将指导过程安排在全课总结处。通过教师的指导，将学生获得的信息进一步加工提炼，以一种新的方式帮助学生生成知识点清晰、内容连贯的知识结构。从而，教师引导学生认识到将零碎的知识点串起来，构建完整的知识网络图将有助于学生有效地掌握新知识。而结合教学知识不露痕迹地进行学习策略指导，不仅使学生认识到这一点，而且确立了温故知新、归纳总结的认知策略。

（三）学习策略的选用要注意匹配性与适切性

不同的学习任务、学习内容与学习要求，都有与之相匹配的学习策略。没有哪一种学习策略是万能的，能够适合所有的学习任务、学习内容、学习要求。开展学习策略指导，必须让学生学会根据不同的学习内容、学习要求、学习任务以及自己的个性特点，选择与之最匹配的、最有效的学习策略，开展个性化的有效学习活动。注意策略选用的匹配性与适切性，要关注以下两个问题：第一，不同策略对目标的达成有不同作用。如理解、领会策略对目标达成有直接作用，而注意策略则对目标达成有间接作用。第二，不同策略使用的范围也往往不同。如复述、记忆、小结、问题解决等学习策略几乎可以用于一切学习材料，而有些策略只能用于少数学习材料。

教师通过学生反复出现的学习问题去引导学生采用选择性注意策略，即优先考虑、优先集中注意力，注意对象可以是难点、重点、弱点等。这样的学习策略对培养学生解决问题的能力是适切有效的。

（四）学习策略的使用要充分考虑学生已有的经验和实际能力

学生的认知能力是随着年龄的增长而增长的，学习策略的形成也因年龄段的不同及策略的复杂程度而有所不同。高年级学生能够有效应用的学习策略并不能为低年级学生有效地加以利用。因此，设计学习策略指导的内容要选取最适合学生自己所接受和掌握的，或者对学生正在学习的策略进行适当的修正，使之符合特定学生的特点。

（五）学习策略在应用中要注意实效性

学习策略不仅仅是对学生所讲，事实上学生在学习过程中更需要教师的指导，教师指导下的学习策略更有效。例如，对于陈述性知识的学习，有一项叫作"错题整理"的生成技术广为数学教师所推崇。它包括摘抄、评注、反思等，并有助于学生对学习材料进行归类。学生把错题写下来并阅读，有助于知识的深加工，有利于培养学生全面提取和加工信息的能力。所以，"错题整理"在一定程度上能够增强学习效果。但是，"错题整理"的作用取决于整理的方法。一般来说，当整理的错题能完整反映出错误产生的原因时，更有可能促进学生的学习；当错题能找到错误纠正的方法时，学生的学习效果更佳；当错题整理笔记中有自己的思考和见解时，学生从中受益匪浅；当学生对错题内容进一步加工和整理时，这种学习方法产生的作用更大。但是，在学习过程中，要使错题真正地促进学习的技能、策略而不是成为单纯的信息记录，教师要做以下指导：留出错题整理本每页右边的四分之一或三分之一；记下每个单元的错题；整理错题，进行归类；在整理本的留出部分写边注、反思、纠正方法等。其中，最后一步尤为重要，因为这些边注、反思、纠正方法等不仅可以促进学生对知识的理解，还为日后的学习提供线索。所以，当学生在整理错题时不会如上操作，教师可以采用一些指导性的做法来提高学生的整理质量，如教师示范整理、评价学生的整理作品、强调要点等。

（六）学习策略要主动适应社会信息化发展趋势

学生"学会学习"还体现在能否适应现代信息社会的新型学习的要求，如是否具有数字化生存能力、是否主动适应"互联网＋"等社会信息化发展趋势。在技术改变学习的"数字化学习"时代悄然来临时，学校里将会出现许多模糊了课堂边界的学习活动，学生面向资源自主控制学习进程，基于信息环境的协作式的任务解决等支持个性化学习、合作学习、创新学习的新型学习形态将层出不穷。着眼于学生"学会学习"，可以利用信息化资源，帮助学生掌握更多的学习策略。在教学中，教学难点单纯地依靠讲解是很难突破的，教师可以从设计信息化的学习策略出发，根据需要去搜集或制作相关的可供学生自主操作的课件，并尽量选择和学生正在学习的软件或已经学过的软件同步。作为范例，教师也可以引导有兴趣的学生将教师的课件或学生的作品再进一步地改进完善，充实数字化的学习内容。对学有余力的学生，教师还应该提供高于课堂学习难度的拓展空间，使他们的潜能得到最大限度的发挥。课后，教师可以通过网络平台发送作业，学生借助网络数字化系统巩固知识，拓展知识，并且通过系统及时反馈，以最快时间了解自己的学习情况。如在教学"植树问题"时，首先，通过学校的网络数字化系统为学生发送微课和预习单，学生在家中预习自学，学生通过网络平台把疑问发送给教师，教师提前了解学情。课堂上教师和学生共同探究，学生在网络数字化系统下运用平板电脑，根据教师提供的素材探究三种植树情况，通过画线段图或摆小棒等方法——对应的思维进行探究，初步得出对两端都植树、两端都不植树、一端植树的三种情况的解决办法。其次，小组开始讨论进行分类、整理组内的发现，通过网络把讨论的结果传到教师端。再次，师生借助数形结合的思想，进一步认识棵数与间隔数的联系，归纳出植树模型的三种情况，进而联系生活实际寻找、识别植树问题。最后，利用网络数字化系统下的测试功能，当堂检测学生应用模式解决问题的能力。在网络数字化系统的引领下，学生经历了"实际问题—建构模型—解释应用"的数学活动过程，使学习策略更切合实际、灵活多样，知识理解、思维能力、情感态度均得到发展。

第三章 小学数学教学目标

第一节 教学目标的概述

在明确什么是"教学目标"之前，一定要明确什么是"教学"。教学是学校工作中由教师的教和学生的学共同组成的活动；是学校进行智育、德育、美育和体育的主要途径；是学校的中心工作。通过教学，学生在教师有目的、有计划和有组织的指导下，掌握各类知识和技能，发展智力和体力，陶冶性情和审美情趣，形成良好的思想品德。

一、教学目标的定义

教学目标是课程教学目的或者整个教育阶段教育目的的分解。通俗地说，教学时，想要学生学有所得，想要学生习得的东西作为教学的结果，对学生习得的结果的预设其实就是教学目标。但在此要注意的是，教学目标最终的设计者和落实人虽然是教师，原则上说应该是教师个人的目标，但实际上教学目标的制定并不是教师个人随意设置的，而是主要依据国家的学科课程标准，再辅以教师教学用书、教科书来制定的，另外还要依据学校的具体教学要求来制定。

因此，可以这样给"教学目标"下一个定义：教学目标是教师依据学科课程标准，参考教科书、教师教学用书和其他课程资源，按照所教学生的当前状况为学生设定的预期学习结果。

二、教学目标的边界

（一）"教学活动"与"教学目标"

教学活动，是达到教学目标的一个途径，而教学目标则是教学活动之后的一个结果（经过明智的选择并被适当使用的教学活动使目标得以实现），二者的意义是不同的。例如，"用长方体、正方体体积公式解答三道练习题"，这就是教学活动，而非教学目标。这种表述明显指向让学生去做什么，而通过练习最终要达到什么效果和目的却并没有说出来。所以，它不是教学目标。再如，"探究三角形的内角和"，这也是教学活动或者说是教学任务，而非教学目标。

当目标不是明确地加以陈述时，目标通常内隐于教学活动之中。所以，面对以上的教学活动，可以追问设计者一句："通过做这些练习题，你究竟希望学生学得些什么？""通过探究三角形的内角和，你希望学生收获些什么？"这个学生学得的、收获的"什么"才是教学目标。例如，"能描述长、正方体的体积公式，并能利用公式解决一些实际问题""通过量、剪、拼、折等直观操作活动，能探索并发现三角形内角和等于 180 度"，这样的描述才是"教学目标"。

（二）"教学评价"与"教学目标"

教学评价，是依据教学目标实施教学之后，对是否达成教学目标进行考量的一种途径。同样的，"教学评价"也不是"教学目标"。例如，"什么是垂直和平行？""两位相乘的估算方法是什么？"这些都是教学评价而非教学目标。虽然通过了相关测试就是达成目标，但是关于教学目标自身，这两个描述是什么信息也没有提供的。因此评价本身就不能够成为目标。

三、教学目标的重要意义

教学目标对教师的教学和学生的学习都具有重要的意义。因此，教师的课时教学目标的设计具有两重作用。

首先是把国家、地方和学校的（当然也是关于学生学习的）指定目标转化为教师教学的个人目标，教师经过个人内化和合理加工后自然地将这个教学目标引入课堂教学系统，从而实施自己的教学，逐步完成"落实课程标准"的任务，这一点是非常重要的。其次教师的教学目标对于学生的学习来说，需要学生将其转化为自己的学习目标，从而使得学生进入学习的过程，并完成学习任务，学生只有达成学习目标才能得到发展。教师的教学目标设计要促进这样两个转化。因此才有教师设计教学目标时的两个分析：教学任务分析——对课程标准、教科书、教师教学用书、学校教学要求等的分析；教学需求分析——对学生学习背景、学习起点、学习要求等的分析。只有在做好这两个分析的基础上，才能设计出合适的课时教学目标。

教学目标是学生通过学习需要获得的最终结果，因此教学目标的重要意义就在于教师的所有教学活动、教学评价，都一定要围绕教学目标来组织，并依据目标做出教学反馈。

四、教学目标的功能

教学目标在教学中有三种功能：导向、评价、指导。

（一）导向功能

教学目标一旦确定，教学设计者可根据教学目标选用适当的教学方法、技术、媒体。如果教学目标侧重知识或结果，宜于选择接受学习，教学方法以讲授为主；如果教学目标侧重于过程或探索知识的经验，宜于选择发现学习，教学方法以发现为主。离开目标，难以比较教学方法的优劣。

（二）评价功能

教学目标可以指导对教学结果的测量与评价。教学结果的测量必须是针对目标的测量；评课也必须考虑课时的目标。教学过程是否在教学目标的三个维度上都有所体现。

（三）指导功能

学生的学习一般是有目标指导的学习。目标能引起学生的注意，目标导向的教学评价与测量会提供学生如何学习的重要信息。在教学过程开始时，明确告诉学生教学目标，能引起学生的注意，激发学生对学习内容的期待和达到教学目标的欲望。

关于如何向学生呈现目标，教师应根据学生年龄和教学内容的特点，灵活采用不同的方式、方法。例如，对小学低年级学生，教师不要生硬地在上课开始时宣布预先写好的几条目标，应以生动的语言告诉学生，某个课题或教学单元学完以后，他们将会获得什么新本领，获得哪些新知识，以鼓励学生努力完成学习任务。对中学生，教师可以直接向他们宣布教学目标，明确告诉他们学完某个课题或教学单元之后，应掌握哪些技能，会做什么事，会分析、说明什么问题。而且，应该使学生明确，教师宣布的目标在课程完成以后一定要检查，不能达标的要进行补教与补学，促使学生养成按时完成学习任务的习惯、养成学习的自觉性。

（四）评析

目标陈述根据的是这节课的学习任务：认识复式统计表；会用简单的复式统计表呈现整理数据的结果，会填写、会看懂复式统计表；会用复式统计表中的数据，从多角度提出不同的数学问题，能解决问题，能用这些数据做出一些合乎情理的说明、解释，以及简单的建议、推理、判断或预测。

从学习方法来看，这节课教学的重、难点是如何认识和运用复式统计表。这个学习过程需要学生参与整个统计活动，并学习使用初步的统计方法收集和整理数据。

从学习的态度、情感来看，这节课是在认识复式统计表的过程中感悟统计的特点，领略数据统计在处理问题时的价值。

所以，这个教学目标的陈述侧重在描述学习过程中怎样学习知识、生成什么样的技能，以及在学习中应具备的态度和情感，从而形成什么样的价值观。

用这样的方式陈述教学目标能起到"导学、导教、导测评"的作用，能让学生和教师在教学后反馈和评价学习的效果。

五、教学目标的分类

（一）教学目标分类理论

关于教学目标分类的理论很多，在国内比较流行的是美国心理学家布卢姆提出的分类系统，将教学目标分成三个领域。

布卢姆将教学目标分为：认知领域、情感领域和动作技能领域。

1. 认知领域

认知领域分为六个层级：①知道；②领会（转换、解释和推断）；③运用；④分析（要素分析、关系分析、组织原理分析）；⑤综合；⑥评价。

2. 情感领域

情感领域分为五个层级：①接受（察觉、积极接受、有选择地注意）；②反应；③价值化；④组织化；⑤价值体系性格化（泛化心向、性格化）。

3. 动作技能领域

动作技能领域分为七个层级：①知觉；②定向（心理定向、生理定向、情绪准备）；③有指导的反应（模仿、尝试错误）；④机械动作；⑤复杂的外显反应；⑥适应；⑦创作。

为了克服上述这种教学目标分类的局限性，根据我国的具体情况和数学学科的特点，《课程标准》中使用了一种较为简便的目标分类，将教学目标分为两种类型：结果目标和过程目标。根据行为目标的陈述方式，结果目标将认知领域内的教学目标分为四种水平：了解、理解、掌握和灵活运用（表 3-1）；将动作技能领域内的教学目标分为三种水平：经历、体验、探索（表 3-2）。相对来说，数学教学目标的水平按照这种分类方法比较符合我国数学教学的实际情况。

表 3-1 规范陈述认知领域目标的行为动词

教学目标	特征	行为动词
了解（事实）	对信息的回忆	为……下定义、列举、说出（写出）……的名词、复述、背诵、辨认、回忆、描述、标明、指明
理解（概念）	用自己的语言解释信息	分类、叙述、解释、鉴别、选择、转换、区别、估计、引申、归纳、举例、说明、猜测、改写
掌握（原理）	将知识运用到所学的情境中	运用、计算、阐述、解答、证明、比较、判断
灵活运用（问题解决）	将知识运用到所学的情境中	分析、综合、归纳、总结、评析、编写、设计、创造

表 3-2　规范陈述动作技能领域目标的行为动词

教学目标	特征
经历或感受	在特定的数学活动中，获得一些初步的经验
体验或体会	参与特定的数学活动，在具体情境中初步认识对象的特征，获得一些经验
探索	主动参与特定的数学活动，通过观察、实验、推理等活动发现对象的某些特征或与其他对象的区别和联系

这个目标分类的特点是：具有层次性、累积性、独立性，即每一个后继行为有不同于前面行为的创新成分，它比前面行为复杂，且包含了前面的行为。

因此，在设计或陈述教学目标时，要避免使用"了解并理解……""理解并掌握……"；同样地，也要避免使用"经历并体验……""体验并探索……"。

归纳一下，在通常情况下，设计数学教学目标时可以采用下面的分类方法：

第一，按照数学教学目标的内容可以分为五类：①数学事实；②数学概念；③数学原理；④数学问题解决；⑤态度。

第二，按照数学教学目标的水平可以分为四个层级：①了解；②理解；③掌握；④灵活运用。

（二）良好陈述的目标的标准及呈现方式

1. 良好陈述的目标的标准

第一，教学目标陈述的是学生的学习结果。教学目标不应该陈述教师会做什么，应陈述通过教学后学生会做什么，或会说什么。第二，教学目标的陈述应力求明确、具体，可以观察和测量，应尽量不用含糊不清或不切实际的语言。第三，教学目标的陈述反映学习结果的层次性。认知领域教学目标一般能反映记忆、理解与运用（包括简单运用和综合运用）三个层次；动作技能领域的教学目标，一般应反映经历（感受）、体验（体会）和探索三个层次；态度领域的教学目标，应尽可能体现接受、反应和评价三个层次。

由于《课程标准》对教学目标的实现所指向的表现方式通常是指学生通过一段时间的学习后所产生的行为变化的最低表现水准或学习水平，用以评价学习表现或学习结果所达到的程度。所以，目标行为的主体是学生而不是教师。

2. 教学目标的结构

根据"目标学"，教学目标是课程目标的明确化、清晰化和细化。《课程标准》有四个课程目标：知识技能，数学思考，问题解决，情感态度。因为小学一线教师对教学目标按什么方式陈述存在困惑，所以有必要对课程标准下的教学目标的维度进行分析。

教学目标分为三个领域：知识与技能，过程与方法，情感态度与价值观。在进行目标陈述时，往往需要运用过程与方法目标对知识与技能目标、情感态度与价值观目标进行整合，以发挥目标结构的整体功能，促进学生发展。

《课程标准》中提出的四个课程目标中，"数学思考"可理解为方法目标，"问题解决"可理解为过程目标，即在问题解决的过程中运用数学思考解决问题。所以，这四个课程目标也可以按三个维度陈述，即知识与技能目标，过程与方法目标，情感态度与价值观目标。

第二节 课程标准与教学目标

一、课程标准概述

课程标准是国家课程的基本纲领性文件，是国家对基础教育课程的基本规范和质量要求。它体现国家对不同阶段的学生在知识与技能、过程与方法、情感态度与价值观等方面的基本要求，规定各门课程的性质、目标、内容框架，提出教学和评价建议，是教材编写、教学、评估和考试命题的依据，也是评价管理和评价课程的基础。

（一）课程性质

义务教育阶段的数学课程是培养公民素质的基础课程，具有基础性、普及性和发展性。数学课程能使学生掌握必备的基础知识和基本技能；培养学生的抽象思维和推理能力；培养学生的创新意识和实践能力；促进学生在情感态度与价值观等方面的发展。义务教育的数学课程能为学生未来生活、工作和学习奠定重要的基础。

（二）课程基本理念

第一，数学课程应致力于实现义务教育阶段的培养目标，要面向全体学生，适应学生个性发展的需要，使得人人都能获得良好的数学教育，不同的人在数学上得到不同的发展。

第二，课程内容要反映社会的需要、数学的特点，要符合学生的认知规律。它不仅包括数学的结果，也包括数学结果的形成过程和蕴含的数学思想方法。课程内容的选择要贴近学生的实际，有利于学生体验与理解、思考与探索。课程内容的组织要重视过程，处理好过程与结果的关系；要重视直观，处理好直观与抽象的关系；要重视直接经验，处理好直接经验与间接经验的关系。课程内容的呈现应注意层次性和多样性。

第三，教学活动是师生积极参与、交往互动、共同发展的过程。有效地教学活动是学生学与教师教的统一，学生是学习的主体，教师是学习的组织者、引导者与合作者。

数学教学活动应激发学生兴趣，调动学生积极性，引发学生的数学思考，鼓励学生的创造性思维；要注重培养学生良好的数学学习习惯，使学生掌握恰当的数学学习方法。

学生学习应当是一个生动活泼的、主动的和富有个性的过程。除接受学习外，动手实践、自主探索与合作交流同样是学习数学的重要方式。学生应当有足够的时间和空间经历观察、实验、猜测、计算、推理、验证等活动过程。

教师教学应该以学生的认知发展水平和已有的经验为基础，面向全体学生，注重启发式和因材施教。教师要发挥主导作用，处理好教师讲授与学生自主学习的关系，引导学生独立思考、主动探索、合作交流，使学生理解和掌握基本的数学知识与技能、数学思想和方法，并获得基本的数学活动经验。

第四，学习评价的主要目的是全面了解学生数学学习的过程和结果，激励学生学习和改进教师教学。应建立目标多元、方法多样的评价体系。评价既要关注学生学习的结果，也要重视学习的过程；既要关注学生数学学习的水平，也要重视学生在数学活动中所表现出来的情感与态度，帮助学生认识自我、建立信心。

第五，信息技术的发展对数学教育的价值、目标、内容以及教学方式产生了很大的影响。数学课程的设计与实施应根据实际情况合理地运用现代信息技术，要注意信息技术与课程内容的整合，注重实效；要充分考虑信息技术对数学学习内容和方式的影响，开发并向学生提供丰富的学习资源。把现代信息技术作为学生学习数学和解决问题的有力工具，有效地改进教与学的方式，使学生乐意并有可能投入现实的、探索性的数学活动中去。

（三）课程设计思路

义务教育阶段数学课程的设计，充分考虑了本阶段学生数学学习的特点，符合学生的认知规律和心理特征，有利于激发学生的学习兴趣，引发数学思考；充分考虑了数学本身的特点，体现数学的实质；在呈现作为知识与技能的数学结果的同时，重视学生已有的经验，使学生体验从实际背景中抽象出数学问题、构建数学模型、寻求结果、解决问题的过程。

按以上思路具体设计如下。

1. 学段划分

为了体现义务教育数学课程的整体性，应统筹考虑九年的课程内容。同时，根据学生发展的生理和心理特征，将九年的学习时间划分为三个学段：第一学段（1～3年级）；第二学段（4～6年级）；第三学段（7～9年级）。

2. 课程目标

义务教育阶段数学课程目标分为总目标和学段目标，从知识技能、数学思考、问题解决、情感态度四个方面加以阐述。

数学课程目标包括结果目标和过程目标。结果目标使用"了解、理解、掌握、运用"等术语表述，过程目标使用"经历、体验、探索"等术语表述。

3. 课程内容

在各学段中，安排了三个部分的课程内容："数与代数""图形与几何""统计与概率"。

"数与代数"的主要内容：数的认识、数的表示、数的大小、数的运算、数量的估计；字母表示数、代数式及其运算；方程、方程组、不等式、函数等。

　　"图形与几何"的主要内容：空间和平面基本图形的认识；图形的性质、分类和度量；图形的平移、旋转、轴对称、相似和投影；平面图形基本性质的证明；运用坐标描述图形的位置和运动。

　　"统计与概率"的主要内容：收集、整理和描述数据，包括简单抽样、整理调查数据、绘制统计图表等；处理数据，包括计算平均数、中位数、众数、极差、方差等；从数据中提取信息并进行简单的推断；简单随机事件及其发生的概率。

　　在数学课程中，应当注重发展学生的数感、符号意识、空间观念、几何直观、数据分析观念、运算能力、推理能力、模型思想、应用意识和创新意识。为了适应时代发展对人才培养的需要，数学课程还要特别注重发展学生的应用意识和创新意识。

　　数感主要是指关于数与数量、数量关系、运算结果估计等方面的感悟。建立数感有助于学生理解现实生活中数的意义，理解或表述具体情境中的数量关系。

　　符号意识主要是指能够理解并且运用符号表示数、数量关系和变化规律；知道使用符号可以进行运算和推理，得到的结论具有一般性。建立符号意识有助于学生理解符号的使用是数学表达和进行数学思考的重要形式。

　　空间观念主要是指根据物体特征抽象出几何图形，根据几何图形想象出所描述的实际物体；想象出物体的方位和相互之间的位置关系；描述图形的运动和变化；依据语言的描述画出图形等。

　　几何直观主要是指利用图形描述和分析问题。借助几何直观可以把复杂的数学问题变得简明、形象，有助于探索解决问题的思路，预测结果。几何直观可以帮助学生直观地理解数学，在整个数学学习过程中都发挥着重要作用。

　　数据分析观念包括：了解在现实生活中有许多问题应当先做调查研究，并收集数据，通过分析做出判断，体会数据中蕴含的信息；了解对于同样的数据可以有多种分析的方法，需要根据问题的背景选择合适的方法；通过数据分析体验随机性，一方面对于同样的事情每次收集到的数据可能不同，另一方面只要有足够的数据就能从中发现规律。

　　运算能力主要是指能够根据法则和运算规律正确地进行运算的能力。培养运算能力有助于学生理解运算的算理，寻求合理简洁的运算途径以解决问题。

　　推理能力的发展应贯穿在整个数学学习过程中。推理是数学的基本思维方式，也是人们学习和生活中经常使用的思维方式。推理一般包括合情推理和演绎推理。合情推理是从已有的事实出发，凭借经验和直觉，通过归纳和类比等方式推断某些结果；演绎推理是从已有的事实（包括定义、公理、定理等）和确定的规则（包括运算的定义、法则、顺序等）出发，按照逻辑推理的法则证明和计算。在解决问题的过程中，合情推理用于探索思路，发现结论；演绎推理则用于证明结论。

　　模型思想的建立是学生体会和理解数学与外部世界联系的基本途径。建立和求解模型的过程包括：从现实生活或具体情境中抽象出数学问题，用数学符号建立方程、不等式、函数等表示数学问题中的数量关系和变化规律，以求出结果，并讨论结果的意义。

这些内容的学习有助于学生初步形成模型思想，提高学习数学的兴趣和应用意识。

应用意识有两个方面的含义，一方面有意识利用数学的概念、原理和方法解释现实世界中的现象，解决现实世界中的问题；另一方面认识到现实生活中蕴含着大量与数量和图形有关的问题，这些问题可以抽象成数学问题，用数学的方法予以解决。在整个数学教育的过程中应该培养学生的应用意识，则综合实践活动是培养应用意识很好的载体。

创新意识的培养是现代数学教育的基本任务，应体现在数学教与学的过程之中。学生自己发现和提出问题是创新的基础；独立思考、学会思考是创新的核心；归纳概括得到猜想和规律，并加以验证，是创新的重要方法。创新意识的培养应该从义务教育阶段做起，贯穿于数学教育的始终。

二、小学数学课程标准与教学目标的关系

义务教育阶段中小学数学课程标准的课程目标包括数学课程的总目标和学段目标。要具体地实施教学，就必须首先使教学总目标具体化和明确化为每一个学段的学段目标，课程标准已经完成了这项工作。当然，学段目标也不是教学实际中能直接使用和实施的目标，它仍旧需要进一步具体化和明晰化，也就是需要通过课程标准中的"课程内容"对学段目标进行进一步的分解，从"数与代数""图形与几何""统计与概率""综合与实践"这四部分内容逐步分解为若干个子部分，先得到单元目标，然后分解为课时目标，即每一课的教学目标。简单来说，国家课程标准是教学目标制定的依据，而教学目标则是国家课程标准的具体化。

（一）课程目标

1. 总目标

通过义务教育阶段的数学学习，学生能获得以下几个方面技能：

第一，获得适应社会生活和进一步发展所必需的数学的基础知识、基本技能、基本思想、基本活动经验。

第二，体会数学知识之间、数学与其他学科之间、数学与生活之间的联系，运用数学的思维方式进行思考，增强发现和提出问题、分析和解决问题的能力。

第三，了解数学的价值，提高学习数学的兴趣，增强学好数学的信心，养成良好的学习习惯，具有初步的创新意识和实事求是的科学态度。

总目标（如表3-3）从以下四个方面具体阐述：

表3-3　教学总目标

识技能	①经历数与代数的抽象、运算与建模等过程，掌握数与代数的基础知识和基本技能 ②经历图形的抽象、分类、性质探讨、运动、位置确定等过程，掌握图形与几何的基础知识和基本技能 ③经历在实际问题中收集和处理数据、利用数据分析问题、获取信息的过程，掌握统计与概率的基础知识和基本技能 ④参与综合实践活动，积累综合运用数学知识、技能和方法等解决简单问题的数学活动经验
学思考	①建立数感、符号意识和空间观念，初步形成几何直观和运算能力，发展形象思维与抽象思维 ②体会统计方法的意义，发展数据分析观念，感受随机现象 ③在参与观察、实验、猜想、证明、综合实践等数学活动中，发展合情推理和演绎推理能力，清晰地表达自己的想法 ④学会独立思考，体会数学的基本思想和思维方式
题决	①初步学会从数学的角度发现问题和提出问题，综合运用数学知识解决简单的实际问题，增强应用意识，提高实践能力 ②获得分析问题和解决问题的一些基本方法，体验解决问题方法的多样性，提高创新意识 ③学会与他人合作交流 ④初步形成评价与反思的意识
感态度	①积极参与数学活动，对数学充满好奇心和求知欲 ②在数学学习过程中，体验获得成功的乐趣，锻炼克服困难的意志，建立自信心 ③体会数学的特点，了解数学的价值 ④养成认真勤奋、独立思考、合作交流、反思质疑等学习习惯，形成实事求是的科学态度

　　总目标的这四个方面，不是相互独立和割裂的，而是一个密切联系、相互交融的有机整体。在课程设计和教学活动组织中，应同时兼顾这四个方面的目标。这些目标的整体实现，是学生受到良好数学教育的标志，它对学生的全面、持续、和谐发展有着重要的意义。数学思考、问题解决、情感态度的发展离不开知识技能的学习，且知识技能的学习必须有利于其他三个目标的实现。

2. 学段目标

（1）第一学段（1～3年级）

①知识技能

　　A. 经历从日常生活中抽象出数的过程，理解万以内数的意义，初步认识分数和小数；理解常见的量；体会四则运算的意义，掌握必要的运算技能；在具体情境中，能进行简单的估算。

　　B. 经历从实际物体中抽象出简单几何体和平面图形的过程，了解一些简单几何体和常见的平面图形；感受平移、旋转、轴对称现象；认识物体的相对位置；掌握初步的测量、识图和画图技能。

　　C. 经历简单的数据收集、整理、分析的过程，了解简单的数据处理方法。

②数学思考

A.在运用数及适当的度量单位描述现实生活中的简单现象，以及对运算结果进行估计的过程中，发展数感；在从物体中抽象出几何图形、想象图形的运动和位置的过程中，发展空间观念。

B.能对调查过程中获得的简单数据进行归类，体验数据中蕴含的信息。

C.在观察、操作等活动中，能提出一些简单的猜想。

D.会独立思考问题，表达自己的想法。

③问题解决

A.能在教师的指导下，从日常生活中发现和提出简单的数学问题，并尝试解决。

B.了解分析问题和解决问题的一些基本方法，知道同一个问题可以有不同的解决方法。

C.体验与他人合作交流解决问题的过程。

D.尝试回顾解决问题的过程。

④情感态度

A.对身边与数学有关的事物有好奇心，能参与数学活动。

B.在他人的帮助下，感受数学活动中的成功，能尝试克服困难。

C.了解数学可以描述生活中的一些现象，感受数学与生活有密切联系。

D.能倾听别人的意见，尝试对别人的想法提出建议，知道应该尊重客观事实。

（2）第二学段（4~6年级）

①知识技能

A.体验从具体情境中抽象出数的过程，认识万以上的数；理解分数、小数、百分数的意义，了解负数；掌握必要的运算技能；理解估算的意义；能用方程表示简单的数量关系，能解简单的方程。

B.探索一些图形的形状、大小和位置关系，了解一些几何体和平面图形的基本特征；体验简单图形的运动过程，能在方格纸上画出简单图形运动后的图形，了解确定物体位置的一些基本方法；掌握测量、识图和画图的基本方法。

C.经历数据的收集、整理和分析的过程，掌握一些简单的数据处理技能；体验随机事件和事件发生的可能性。

D.能借助计算器解决简单的应用问题。

②数学思考

A.初步形成数感和空间观念，感受符号和几何直观的作用。

B.进一步认识到数据中蕴含的信息，发展数据分析观念；感受随机现象。

C.在观察、实验、猜想、验证等活动中，发展合情推理能力，能进行有条理的思考，也能比较清楚地表达自己的思考过程与结果。

D.会独立思考，体会一些数学的基本思想。

③问题解决

A.尝试从日常生活中发现并提出简单的数学问题,则运用一些知识加以解决。

B.能探索分析和解决简单问题的有效方法,了解解决问题方法的多样性。

C.经历与他人合作解决问题的过程,尝试解释自己的思考过程。

D.能回顾解决问题的过程,初步判断结果的合理性。

④情感态度

A.愿意了解社会生活中与数学相关的信息,主动参与数学学习活动。

B.在他人的鼓励和引导下,体验克服困难、解决问题的过程,相信自己能够学好数学。

C.在运用数学知识和方法解决问题的过程中,认识数学的价值。

D.初步养成乐于思考、勇于质疑、实事求是等良好品质。

(二)内容标准

1.第一学段(1～3年级)

(1)数与代数

①数的认识

A.在现实情境中理解万以内数的意义,能认、读、写万以内的数,能用数表示物体的个数或事物的顺序和位置。

B.能说出各数位的名称,理解各数位上的数字表示的意义;知道用算盘可以表示多位数。

C.理解符号"<,=,>"的含义,能用符号和词语描述万以内数的大小。

D.在生活情境中感受大数的意义,并能进行估计。

E.能结合具体情境初步认识小数和分数,能读、写小数和分数。

F.能结合具体情境比较两个一位小数的大小,能比较两个同分母分数的大小。

G.能运用数表示日常生活中的一些事物,并能进行交流。

②数的运算

A.结合具体情境,体会整数四则运算的意义。

B.能熟练地口算20以内的加减法和表内乘除法,能口算百以内的加减法和一位数乘除两位数。

C.能计算三位数的加减法,一位数乘三位数、两位数乘两位数的乘法,三位数除以一位数的除法。

D.认识小括号,能进行简单的整数四则混合运算。

E.会进行同分母分数(分母小于10)的加减运算以及一位小数的加减运算。

F.能结合具体情境进行估算,并会解释估算的过程。

G.经历与他人交流各自算法的过程。

H.能运用数及数的运算解决生活中的简单问题,并能对结果的实际意义作出解释。

③常见的量

A.在现实情境中，认识元、角、分，并了解它们之间的关系。

B.能认识钟表，了解 24 时计时法；结合自己的生活经验，体验时间的长短。

C.认识年、月、日，并了解它们之间的关系。

D.在现实情境中，感受并认识克、千克、吨，能进行简单的单位换算。

E.能结合生活实际，解决与常见的量有关的简单问题。

④探索规律

探索简单的变化规律。

（2）图形与几何

①图形的认识

A.能通过实物和模型辨认长方体、正方体、圆柱和球等几何体。

B.能根据具体事物、照片或直观图辨认从不同角度观察到的简单物体。

C.能辨认长方形、正方形、三角形、平行四边形、圆等简单图形。

D.通过观察、操作，初步认识长方形、正方形的特征。

E.会用长方形、正方形、三角形、平行四边形或圆拼图。

F.结合生活情境认识角，了解直角、锐角和钝角。

G.能对简单几何体和图形进行分类。

②测量

A.结合生活实际，经历用不同方式测量物体长度的过程，体会建立统一度量单位的重要性。

B.在实践活动中，体会并认识长度单位千米、米、厘米，知道分米、毫米，能进行简单的单位换算，能恰当地选择长度单位。

C.能估测一些物体的长度，并进行测量。

D.结合实例认识周长，能测量简单图形的周长，探索并掌握长方形、正方形的周长公式。

E.结合实例认识面积，体会并认识面积单位平方厘米、平方分米、平方米，能进行简单的单位换算。

F.探索并掌握长方形、正方形的面积公式，会估计给定简单图形的面积。

③图形的运动

A.结合实例，感受平移、旋转、轴对称现象。

B.能辨认简单图形平移后的图形。

C.通过观察、操作，初步认识轴对称图形。

④图形与位置

A.会用上下、左右、前后描述物体的相对位置。

B.给定东、南、西、北四个方向中的一个方向，能辨认其余三个方向，知道东北、西北、东南、西南四个方向，会用这些词语描绘物体所在的方向。

（3）统计与概率

①能根据给定的标准或者自己选定的标准，对事物或数据进行分类，感受分类与分类标准的关系。

②经历简单的数据收集和整理过程，了解调查、测量等收集数据的简单方法，并能用自己的方式（文字、图画、表格等）呈现整理数据的结果。

③通过对数据的简单分析，体会运用数据进行表达与交流的作用，感受数据蕴含的信息。

（4）综合与实践

①通过实践活动，感受数学在日常生活中的作用，体验能够运用所学的知识和方法解决简单问题，获得初步的数学活动经验。

②在实践活动中，了解要解决的问题和解决问题的办法。

③经历实践操作的过程，进一步理解所学的内容。

2. 第二学段（4～6年级）

（1）数与代数

①数的认识

A. 在具体情境中，认识万以上的数，了解十进制计数法，会用万、亿为单位表示大数。

B. 结合现实情境感受大数的意义，并能进行估计。

C. 会运用数描述事物的某些特征，进一步体会数在日常生活中的作用。

D. 知道2、3、5的倍数的特征，了解公倍数和最小公倍数；在1～100的自然数中，能找出10以内自然数的所有倍数，能找出10以内两个自然数的公倍数和最小公倍数。

E. 了解公因数和最大公因数；在1～100的自然数中，能找出一个自然数的所有因数，能找出两个自然数的公因数和最大公因数。

F. 了解自然数、整数、奇数、偶数、质数和合数。

G. 结合具体情境，理解小数和分数及百分数的意义；会进行小数、分数和百分数的转化（不包括将循环小数化为分数）。

H. 能比较小数的大小和分数的大小。

I. 在熟悉的生活情境中，了解负数的意义，会用负数表示日常生活中的一些量。

②数的运算

A. 能计算三位数乘以两位数的乘法，三位数除以两位数的除法。

B. 认识中括号，能进行简单的整数四则混合运算（以两步为主，不超过三步）。

C. 探索并了解运算律（加法的交换律和结合律、乘法的交换律和结合律、乘法对加法的分配律），会应用运算律进行一些简便运算。

D. 在具体运算和解决简单实际问题的过程中，体会加与减、乘与除的互逆关系。

E. 能分别进行简单的小数、分数（不含带分数）加、减、乘、除运算及混合运算（以两步为主，不超过三步）。

F. 能解决小数、分数和百分数的简单实际问题。

G.在具体情境中，了解常见的数量关系：总价＝单价 × 数量、路程＝速度 × 时间，并能解决简单的实际问题。

H.经历与他人交流各自算法的过程，并能表达自己的想法。

I.在解决问题的过程中，能选择合适的方法进行估算。

J.能借助计算器进行运算，解决简单的实际问题，探索简单的规律。

③式与方程

A.在具体情境中能用字母表示数。

B.结合简单的实际情境，了解等量关系，并能用字母表示。

C.能用方程表示简单情境中的等量关系，了解方程的作用。

D.了解等式的性质，能用等式的性质解简单的方程。

④正比例、反比例

A.在实际情境中理解比例及按比例分配的含义，并能解决简单的问题。

B.通过具体情境，认识成正比例的量和成反比例的量。

C.会根据给出的有正比例关系的数据在方格纸上画图，并会根据其中一个量的值估计另一个量的值。

D.能找出生活中成正比例和成反比例关系量的实例，并进行交流。

⑤探索规律

探索给定情境中隐含的规律或变化趋势。

（2）图形与几何

①图形的认识

A.结合实例了解线段、射线和直线。

B.体会两点间所有连线中线段最短，知道两点间的距离。

C.知道平角与周角，了解周角、平角、钝角、直角、锐角之间的大小关系。

D.结合生活情境了解平面上两条直线的平行和相交（包括垂直）关系。

E.通过观察、操作，认识平行四边形、梯形和圆，知道扇形，会用圆规画圆。

F.认识三角形，通过观察、操作，了解三角形两边之和大于第三边、三角形内角和是180°。

G.认识等腰三角形、等边三角形、直角三角形、锐角三角形、钝角三角形。

H.能辨认从不同方向（前面、侧面、上面）看到的物体的形状图。

I.通过观察、操作，认识长方体、正方体、圆柱和圆锥，认识长方体、正方体和圆柱的展开图。

②测量

A.能用量角器量指定角的度数，能画指定度数的角，会用三角尺画30°、45°、60°、90°角。

B.探索并掌握三角形、平行四边形和梯形的面积公式，并能解决简单的实际问题。

C.掌握面积单位：平方千米、公顷。

D.通过操作，了解圆的周长与直径的比为定值，掌握圆的周长公式；探索并掌握圆的面积公式，并能解决简单的实际问题。

E.会用方格纸估计不规则图形的面积。

F.通过实例了解体积（包括容积）的意义及度量单位（立方米、立方分米、立方厘米、升、毫升），能进行单位之间的换算，感受立方米、立方厘米以及升、毫升的实际意义。

G.结合具体情境，探索并掌握长方体、正方体、圆柱的体积和表面积以及圆锥体积的计算方法，还能解决简单的实际问题。

H.体验某些实物（如土豆等）体积的测量方法。

③图形的运动

A.通过观察、操作等活动，进一步认识轴对称图形及其对称轴，能在方格纸上画出轴对称图形的对称轴；能在方格纸上补全一个简单的轴对称图形。

B.通过观察、操作等，在方格纸上认识图形的平移与旋转，能在方格纸上按水平或垂直方向将简单图形平移；能在方格纸上将简单图形旋转90°。

C.能利用方格纸按一定比例将简单图形放大或缩小。

D.能从平移、旋转和轴对称的角度欣赏生活中的图案，并运用它们在方格纸上设计简单的图案。

④图形与位置

A.了解比例尺；在具体情境中，会按给定的比例进行图上距离与实际距离的换算。

B.能根据物体相对于参照点的方向和距离确定其位置。

C.会描述简单的路线图。

D.在具体情境中，能在方格纸上用数对（限于正整数）表示位置，知道数对与方格纸上点的对应。

（3）统计与概率

①简单数据的统计过程

A.经历简单的收集、整理、描述和分析数据的过程（可使用计算器）。

B.根据实际问题会设计简单的调查表，能选择适当的方法（如调查、试验、测量）收集数据。

C.认识条形统计图、扇形统计图、折线统计图；能用条形统计图、折线统计图直观、有效地表示数据。

D.体会平均数的作用，能计算平均数，能用自己的语言解释其实际意义。

E.能从报纸杂志、电视等媒体中，有意识地获得一些数据信息，并能读懂简单的统计图表。

F.能解释统计结果，根据结果作出简单的判断和预测，并能进行交流。

②随机现象发生的可能性

A.结合具体情境，了解简单的随机现象；能列出简单的随机现象中所有可能发生的结果。

B.通过试验、游戏等活动，感受随机现象结果发生的可能性是有大小的，能对一些简单的随机现象发生的可能性大小作出定性描述，并能进行交流。

（4）综合与实践

第一，经历有目的、有设计、有步骤、有合作的实践活动。

第二，结合实际情境，体验发现和提出问题、分析和解决问题的过程。

第三，在给定目标下，感受针对具体问题提出设计思路、制订简单的方案解决问题的过程。

第四，通过应用和反思，进一步理解所用的知识和方法，了解所学知识之间的联系，获得数学活动经验。

三、实施建议

（一）教学建议

教学活动是师生积极参与、交往互动、共同发展的过程。

数学教学应根据具体的教学内容，注意使学生在获得间接经验的同时也能够有机会获得直接经验，即从学生实际出发，创设有助于学生自主学习的问题情境，引导学生通过实践、思考、探索、交流等，获得数学的基础知识、基本技能、基本思想、基本活动经验，促使学生主动地、富有个性地学习，不断提高发现问题和提出问题、分析问题和解决问题的能力。

在数学教学活动中，教师要把基本理念转化为自己的教学行为，处理好教师讲授与学生自主学习的关系，注重启发学生积极思考；发扬教学民主，当好学生数学活动的组织者、引导者、合作者；激发学生的学习潜能，鼓励学生大胆创新与实践；创造性地使用教材，积极开发、利用各种教学资源，为学生提供丰富多彩的学习素材；关注学生的个体差异，有效地实施差异教学，使每个学生都得到充分的发展；合理地运用现代信息技术，有条件的地区，要尽可能合理、有效地使用计算机和有关软件，以提高教学效益。

1.数学教学活动要注重课程目标的整体实现

为了使每个学生都受到良好的数学教育，数学教学不仅使学生获得数学的知识技能，而且要把知识技能、数学思考、问题解决、情感态度四个方面目标有机结合，整体实现课程目标。

课程目标的整体实现需要日积月累。在日常的教学活动中，教师应努力挖掘教学内容中可能蕴含的、与上述四个方面目标有关的教育价值，通过长期的教学过程，逐渐实现课程的整体目标。因此，无论是设计、实施课堂教学方案，还是组织各类教学活动，不仅要重视学生获得的知识技能，而且要激发学生的学习兴趣。通过独立思考或者合作交流感悟数学的基本思想，引导学生在参与数学活动的过程中积累基本经验，帮助学生形成认真勤奋、独立思考、合作交流、反思质疑等良好的学习习惯。

例如，关于"零指数"教学方案的设计可作如下考虑：教学目标不仅要包括了解零指数幂的"规定"、会进行简单计算，还要包括感受这个"规定"的合理性，并在这个过程中学会数学思考、感悟理性精神。

2. 重视学生在学习活动中的主体地位

有效的数学教学活动是教师教与学生学的统一，应体现"以人为本"的理念，促进学生的全面发展。

第一，学生是数学学习的主体，在积极参与学习活动的过程中不断得到发展。学生获得知识，必须建立在自己思考的基础上，可以通过接受学习的方式，也可以通过自主探索等方式；学生应用知识并逐步形成技能，离不开自己的实践；学生在获得知识技能的过程中，只有亲身参与教师精心设计的教学活动，才能在数学思考、问题解决和情感态度方面得到发展。

第二，教师应成为学生学习活动的组织者、引导者、合作者，为学生的发展提供良好的环境和条件。

教师的"组织"作用主要体现在两个方面：一方面，教师应当准确把握教学内容的数学实质和学生的实际情况，确定合理的教学目标，设计一个好的教学方案；另一方面，在教学活动中，教师要选择适当的教学方式，因势利导、适时调控，努力营造师生互动、生生互动、生动活泼的课堂氛围，形成有效的学习活动。

教师的"引导"作用主要体现在：通过恰当的问题，或者准确、清晰、富有启发性的讲授，引导学生积极思考、求知求真，激发学生的好奇心；通过恰当地归纳和示范，引导学生理解知识、掌握技能、积累经验、感悟思想；能关注学生的差异，用不同层次的问题或教学手段，引导每个学生都能积极参与学习活动，提高教学活动的针对性和有效性。

教师与学生的"合作"主要体现在：教师以平等、尊重的态度鼓励学生积极参与教学活动，启发学生共同探索，与学生一起感受成功和挫折、分享发现和成果。

第三，处理好学生主体地位和教师主导作用的关系。优秀的教学活动，应是学生主体地位和教师主导作用的和谐统一。一方面，学生主体地位的真正落实，依赖于教师主导作用的有效发挥；另一方面，有效发挥教师主导作用的标志，是学生能够真正成为学习的主体，得到全面的发展。

实行启发式教学有助于落实学生的主体地位和发挥教师的主导作用。教师富有启发性的讲授，创设情境、设计问题，引导学生自主探索、合作交流；组织学生操作实验、观察现象、提出猜想、推理论证等都能有效地启发学生的思考，使学生成为学习的主体，逐步学会学习。

3. 注重学生对基础知识、基本技能的理解和掌握

"知识技能"既是学生发展的基础性目标，又是落实"数学思考""问题解决""情感态度"目标的载体。

第一，数学知识的教学，应注重学生对所学知识的理解，体会数学知识之间的关联。学生掌握数学知识，不能依赖于死记硬背，而应以理解为基础，并在知识的应用中不断

巩固和深化。为了帮助学生真正理解数学知识，教师应注重数学知识与学生生活经验的联系、与学生学科知识的联系，组织学生开展实验、操作、尝试等活动，引导学生进行观察、分析，抽象概括，并运用知识进行判断。教师还应揭示知识的数学实质及其体现的数学思想，帮助学生厘清相关知识之间的区别和联系等。

数学知识的教学，要注重知识的"生长点"与"延伸点"，把每堂课教学的知识置于整体知识的体系中；注重知识的结构和体系，处理好局部知识与整体知识的关系，引导学生感受数学的整体性，体会对于某些数学知识可以从不同的角度加以分析、从不同的层次进行理解。

第二，在基本技能的教学中，不仅要使学生掌握技能操作的程序和步骤，还要使学生理解程序和步骤的道理。例如，对于整数乘法计算，学生不仅要掌握如何进行计算，而且要知道相应的算理；对于尺规作图，学生不仅要知道作图的步骤，而且要知道实施这些步骤的理由。

基本技能的形成，需要一定量的训练，但要适度，不能依赖机械性的重复操作，要注重训练的实效性。教师应把握技能形成的阶段性，根据内容的要求和学生的实际，分层次地落实。

4. 感悟数学思想，积累数学活动经验

数学思想蕴含在数学知识形成、发展和应用的过程中，是数学知识和方法在更高层次上的抽象与概括，如抽象、分类、归纳、演绎、模型等。学生在积极参与教学活动的过程中，通过独立思考、合作交流，逐步感悟数学思想。

例如，分类是一种重要的数学思想。学习数学的过程中经常会遇到分类问题，如数的分类、图形的分类、代数式的分类、函数的分类等。在研究数学问题中，常常需要通过分类讨论去解决问题，分类的过程就是对事物共性的抽象过程。在教学活动中，要使学生逐步体会为什么要分类、如何分类、如何确定分类的标准、在分类的过程中如何认识对象的性质、如何区别不同对象的不同性质。通过多次反复的思考和长时间的积累，学生逐步感悟分类是一种重要的思想。学会分类，可以有助于学习新的数学知识，也有助于分析和解决新的数学问题。

数学活动经验的积累是提高学生数学素养的重要标志。帮助学生积累数学活动经验是数学教学的重要目标，是学生不断经历、体验各种数学活动过程的结果。数学活动经验需要在"做"的过程和"思考"的过程中积淀，是在数学学习活动过程中逐步积累的。

教学中注重结合具体的学习内容，设计有效的数学探究活动，使学生经历数学的发生、发展过程，是学生积累数学活动经验的重要途径。例如，在统计教学中，设计有效的统计活动，使学生经历完整的统计过程，其包括收集数据、整理数据、展示数据、从数据中提取信息，并利用这些信息说明问题。学生在这样的过程中，不断积累统计活动经验，加深理解统计思想与方法。

"综合与实践"是积累数学活动经验的重要载体。在经历具体的"综合与实践"问题的过程中，引导学生体验如何发现问题、如何选择适合自己完成的问题、如何把实际问题变成数学问题、如何设计解决问题的方案、如何选择合作的伙伴、如何有效地呈现实践的成果，让别人体会自己成果的价值。通过这样的教学活动，学生会逐步积累运用数学解决问题的经验。

5. 关注学生情感态度的发展

根据课程目标，广大教师要把落实情感态度目标作为己任，努力把它有机地融合在数学教学过程之中。在设计教学方案、进行课堂教学活动时，应当经常考虑如下问题：

如何引导学生积极参与教学过程？

如何组织学生探索、鼓励学生创新？

如何引导学生感受数学的价值？

如何使他们愿意学、喜欢学，并对数学感兴趣？

如何让学生体验成功的喜悦，从而增强自信心？

如何引导学生善于与同伴合作交流，既能理解、尊重他人的意见，又能独立思考、大胆质疑？

如何让学生做自己能做的事，并对自己做的事情负责？如何帮助学生锻炼克服困难的意志？

如何培养学生良好的学习习惯？

在教育教学活动中，教师要尊重学生，以强烈的责任心、严谨的治学态度、健全的人格感染和影响学生；要不断提高自身的教学素养，善于挖掘教学内容的教育价值；要在教学实践中善于用本标准的理念分析各种现象，恰当地进行养成教育。

6. 合理把握"综合与实践"的关系

"综合与实践"的实施是以问题为载体、以学生自主参与为主的学习活动。它有别于学习具体知识的探索活动，更有别于课堂上教师的直接讲授。它是教师通过问题引领、学生全程参与、实践过程相对完整的学习活动。

积累数学活动经验、培养学生应用意识和创新意识是数学课程的重要目标，应贯穿于整个数学课程之中。"综合与实践"是实现这些目标的重要和有效的载体。"综合与实践"的教学，重在实践、重在综合。重在实践是指在活动中，注重学生自主参与、全过程参与，重视学生积极动脑、动手、动口。重在综合是指在活动中，注重数学与生活实际、数学与其他学科、数学内部知识的联系和综合应用。

教师在教学设计和实施时应特别关注的几个环节是：问题的选择，问题的展开过程，学生参与的方式，学生的合作交流，活动过程和结果的展示与评价等。

要使学生能充分、自主地参与"综合与实践"活动，选择恰当的问题是关键。这些问题既可来自教材，也可以由教师、学生开发。提倡教师研制、开发、生成更多适合本地学生特点的、有利于实现"综合与实践"课程目标的好问题。

实施"综合与实践"时，教师要放手让学生参与，启发和引导学生进入角色，组织好学生之间的合作交流，并照顾到所有的学生。教师不仅要关注结果，还要关注过程，不要急于求成，要鼓励引导学生充分利用"综合与实践"的过程，积累活动经验，展现思考过程，交流收获体会，激发创造潜能。

在实施过程中，教师要注意观察、积累、分析、反思，使"综合与实践"的实施成为提高教师自身和学生素质的互动过程。

教师应该根据不同学段学生的年龄特征和认知水平，以及学段目标，合理设计并组织实施"综合与实践"活动。

7. 教学中应当注意的几个关系

（1）"预设"与"生成"的关系

教学方案是教师对教学过程的"预设"，它的形成依赖于教师对教材的理解、钻研和再创造。理解和钻研教材，应以本标准为依据，把握好教材的编写意图和教学内容的教育价值；对教材的再创造，集中表现在：能根据所教班级学生的实际情况，选择贴切的教学素材和教学流程，准确地体现基本理念和内容标准规定的要求。

实施教学方案，就是把"预设"转化为实际的教学活动。在这个过程中，师生双方的互动往往会"生成"一些新的教学资源，这就需要教师能够及时把握，因势利导，适时调整预案，使教学活动收到更好的效果。

（2）面向全体学生与关注学生个体差异的关系

教学活动应努力使全体学生达到课程目标的基本要求，同时要关注学生的个体差异，促进每个学生在原有基础上的发展。

对于学习有困难的学生，教师要给予及时的关注与帮助，鼓励他们主动参与数学学习活动，并尝试用自己的方式解决问题、发表自己的看法；教师要及时地肯定他们的点滴进步，耐心地引导他们分析产生困难或错误的原因，并鼓励他们自己去改正，从而增强学习数学的兴趣和信心。对学有余力并对数学有兴趣的学生，教师要为他们提供足够的材料和思维空间，指导他们阅读，发展他们的数学才能。

在教学活动中，教师要鼓励与提倡解决问题策略的多样化，恰当评价学生在解决问题过程中所表现出的不同水平；问题情境的设计、教学过程的展开、练习的安排等要尽可能地让所有学生都能主动参与，提出各自解决问题的策略，并引导学生通过与他人的交流选择合适的策略，丰富数学活动的经验，提高思维水平。

（3）合情推理与演绎推理的关系

推理贯穿于数学教学的始终，推理能力的形成和提高需要一个长期的、循序渐进的过程。义务教育阶段要注重学生思考的条理性，不要过分强调推理的形式。

推理包括合情推理和演绎推理。教师在教学过程中，应该设计适当的学习活动，引导学生通过观察、尝试、估算、归纳、类比、画图等活动发现一些规律，猜测某些结论，发展合情推理能力；通过实例使学生逐步意识到结论的正确性需要演绎推理的确认，可以根据学生的年龄特征提出不同程度的要求。

在第三学段中，应把证明作为探索活动的自然延续和必要发展，使学生知道合情推理与演绎推理是相辅相成的两种推理形式。"证明"的教学应关注学生对证明必要性的感受、对证明基本方法的掌握和证明过程的体验。在证明命题时，应要求证明过程及其表述符合逻辑，清晰而有条理。此外，还可以恰当地引导学生探索证明同一命题的不同思路和方法，进行比较和讨论，激发学生对数学证明的兴趣，发展学生思维的广阔性和灵活性。

（4）使用现代信息技术与教学手段多样化的关系

积极开发和有效利用各种课程资源，合理地应用现代信息技术，注重信息技术与课程内容的整合，能有效地改变教学方式，提高课堂教学效益。有条件的地区，教学中要尽可能地使用计算器、计算机及有关软件；暂时没有这种条件的地区，一方面要积极创造条件改善教学设施，另一方面广大教师应努力自制教具以弥补教学设施的不足。

在学生理解并能正确使用公式、法则进行计算的基础上，鼓励学生用计算器完成较为繁杂的计算。课堂教学、课外作业、实践活动中，都应当根据内容标准的要求，允许学生使用计算器，还应当鼓励学生用计算器进行探索规律等活动。

现代信息技术的作用不能完全替代原有的教学手段，其真正价值在于实现原有的教学手段难以达到甚至达不到的效果。例如，利用计算机展示函数图象、几何图形的运动变化过程；从数据库中获得数据，绘制合适的统计图表；利用计算机的随机模拟结果，引导学生更好地理解随机事件以及随机事件发生的概率；等等。在应用现代信息技术的同时，教师还应注重课堂教学的板书设计。必要的板书有利于实现学生的思维与教学过程同步，有助于学生更好地把握教学内容的脉络。

（二）评价建议

评价的主要目的是全面了解学生数学学习的过程和结果，激励学生学习和改进教师教学。评价应以课程目标和内容标准为依据，体现数学课程的基本理念，全面评价学生在知识技能、数学思考、问题解决和情感态度等方面的表现。

评价不仅要关注学生的学习结果，还要关注学生在学习过程中的发展和变化。应采用多样化的评价方式，恰当呈现并合理利用评价结果，发挥评价的激励作用，保护学生的自尊心和自信心。通过评价得到的信息，可以了解学生数学学习达到的水平和存在的问题，帮助教师进行总结与反思，以便调整和改进教学内容和教学过程。

1. 基础知识和基本技能的评价

对基础知识和基本技能的评价，应以各学段的具体目标和要求为标准，考查学生对基础知识和基本技能的理解和掌握程度，以及在学习基础知识与基本技能过程中的表现。在对学生学习基础知识和基本技能的结果进行评价时，应该准确地把握"了解、理解、掌握、应用"不同层次的要求。在对学生学习过程进行评价时，应依据"经历、体验、探索"不同层次的要求，采取灵活多样的方法，定性与定量相结合，以定性评价为主。

每一学段的目标均是该学段结束时学生应达到的要求，教师需要根据学习的进度和学生的实际情况确定具体的要求。

2. 数学思考和问题解决的评价

数学思考和问题解决的评价要依据总目标和学段目标的要求，体现在整个数学学习的过程中。

对数学思考和问题解决的评价应当采用多种形式和方法，特别要重视在平时教学和具体的问题情境中进行评价。例如，在第二学段，教师可以设计下面的活动，评价学生数学思考和问题解决的能力：用长为50厘米的细绳围成一个边长为整厘米数的长方形，怎样才能使面积达到最大？

在对学生进行评价时，教师可以关注以下几个不同的层次：

第一，学生能否理解题目的意思，能否提出解决问题的策略，如通过画图进行尝试。

第二，学生能否列举若干满足条件的长方形，通过列表等形式将其进行有序排列。

第三，在观察、比较的基础上，学生能否发现长和宽变化时，面积的变化规律，并猜测问题的结果。

第四，对猜测的结果给予验证。

第五，鼓励学生发现和提出一般性问题，如猜想：当长和宽的变化不限于整厘米数时，面积何时最大？

为此，教师可以根据实际情况，设计有层次的问题评价学生的不同水平。例如，设计下面的问题：

第一，找出三个满足条件的长方形，记录下长方形的长、宽和面积，并依据长或宽的长短有序地排列出来。

第二，观察排列的结果，探索长方形的长和宽发生变化时，面积相应的变化规律。猜测当长和宽各为多少厘米时，长方形的面积最大。

第三，列举满足条件的长和宽的所有可能结果，验证猜测。

第四，猜想：如果不限制长方形的长和宽为整厘米数，怎样才能使它的面积最大？

教师可以预设目标：对于第二学段的学生，能够完成第一、二题就达到基本要求，对于能完成第三、四题的学生，则给予进一步的肯定。

学生解决问题的策略可能与教师的预设有所不同，教师应给予恰当的评价。

3. 情感态度的评价

情感态度的评价应依据课程目标的要求，采用适当的方法进行。主要方式有课堂观察、活动记录、课后访谈等。

情感态度评价主要在平时教学过程中进行，注重考查和记录学生在不同阶段情感态度的状况和发生的变化。

教师可以根据实际情况设计类似的评价表，也可以根据需要设计学生情感态度的综合评价表。

4. 注重对学生数学学习过程的评价

学生在数学学习过程中，知识技能、数学思考、问题解决和情感态度等方面的表现不是孤立的，这些方面的发展综合体现在数学学习过程之中。在评价学生每一个方面表现的同时，都要注重对学生学习过程的整体评价，分析学生在不同阶段的发展变化。评价时应注意记录、保留和分析学生在不同时期的学习表现和学业成就。

5. 体现评价主体的多元化和评价方式的多样化

评价主体的多元化是指教师、家长、同学及学生本人都可以作为评价者，可以综合运用教师评价、学生自我评价、学生相互评价、家长评价等方式，对学生的学习情况和教师的教学情况进行全面的考查。例如，每一个学习单元结束时，教师可以要求学生自我设计一个"学习小结"，用合适的形式（如表、图、卡片、电子文本等）归纳学到的知识和方法，学习中的收获，遇到的问题，等等。教师可以通过学习小结对学生的学习情况进行评价，也可以组织学生将自己的学习小结在班级进行展示与交流，通过这种形式总结自己的进步、反思自己的不足及需要改进的地方，汲取他人值得借鉴的经验。条件允许时，还可以请家长参与评价。

评价方式多样化体现在多种评价方法的运用，包括书面测验、口头测验、开放式问题、活动报告、课堂观察、课后访谈、课内外作业、成长记录，等等。在条件允许的地方，也可以采用网上交流的方式进行评价。每种评价方式都具有各自的特点，教师应结合学习内容及学生学习的特点，选择适当的评价方式。例如，教师可以通过课堂观察了解学生学习的过程与学习态度；从作业中了解学生基础知识与基本技能掌握的情况；从探究活动中了解学生独立思考的习惯和合作交流的意识；从成长记录中了解学生的发展变化。

6. 恰当地呈现和利用评价结果

评价结果的呈现应采用定性与定量相结合的方式。第一学段的评价应当以描述性评价为主，第二学段的评价应采用描述性评价和等级评价相结合的方式，第三学段的评价应当采用描述性评价和等级（或百分制）评价相结合的方式。

评价结果的呈现和利用应有利于增强学生学习数学的自信心，提高学生学习数学的兴趣，使学生养成良好的学习习惯，促进学生的发展。评价结果的呈现，应该更多地关注学生的进步、关注学生已经掌握了什么、获得了哪些提高、具备了什么能力、还有什么潜能、在哪些方面还存在不足，等等。

教师要注意分析全班学生评价结果随时间的变化，从而了解自己教学的成绩和问题，分析、反思教学过程中影响学生能力发展和素质提高的原因，寻求改善教学的对策。同时，以适当的方式，将学生一些积极的变化及时反馈给学生。

7. 合理设计与实施书面测验

书面测验是考查学生课程目标达成状况的重要方式，合理地设计和实施书面测验有助于全面考查学生的数学学业成就，及时反馈教学成效，不断提高教学质量。

第一，对于学生基础知识和基本技能达成情况的评价，必须准确把握内容标准中的要求。例如，对于一元二次方程根与系数关系的考查，内容标准中的要求是"了解"，并不要求应用这个关系解决其他问题，设计测试题目时应符合这个要求。

标准中的选学内容，不得列入考查（考试）范围。

对基础知识和基本技能的考查，要注重考查学生对其中所蕴含的数学本质的理解，考查学生能否在具体情境中合理应用。因此，在设计试题时，应淡化特殊的解题技巧，不出偏题怪题。

第二，在设计试题时，应该关注并且体现本标准的设计思路中提出的十个核心词：数感、符号意识、空间观念、几何直观、数据分析观念、运算能力、推理能力、模型思想，以及应用意识和创新意识。

第三，根据评价的目的合理地设计试题的类型，有效地发挥各种类型题目的功能。例如，为考查学生从具体情境中获取信息的能力，可以设计阅读分析的问题；为考查学生的探究能力，可以设计探索规律的问题；为考查学生解决问题的能力，可以设计具有实际背景的问题；为考查学生的创造能力，可以设计开放性的问题。

第四，在书面测验中，积极探索可以考查学生学习过程的试题，了解学生的学习过程。

四、教材编写建议

数学教材为学生的数学学习活动提供了学习主题、基本线索和知识结构，是实现数学课程目标、实施数学教学的重要资源。

数学教材的编写应以本标准为依据。数学教材所选择的学习素材应尽量与学生的生活现实、数学现实、其他学科现实相联系，应有利于加深学生对所要学习内容的数学理解。教材内容的呈现要体现数学知识的整体性，以及体现重要的数学知识和方法的产生、发展和应用过程；应引导学生进行自主探索与合作交流，并关注对学生人文精神的培养；教材的编写要有利于调动教师的主动性和积极性，有利于教师进行创造性教学。

内容标准是按照学段制定的，并未规定学习内容的呈现顺序。因此，教材可以在不违背数学知识逻辑关系的基础上，根据学生的数学学习认知规律、知识背景和活动经验，合理地安排学习内容，形成自己的编排体系，体现出自己的风格和特色。

（一）教材编写应体现科学性

科学性是对教材编写的基本要求。教材一方面要符合数学的学科特征，另一方面要符合学生的认知规律。

1. 全面体现本标准提出的理念和目标

教材的编写应以本标准为依据，在准确理解的基础上，全面体现和落实本标准提出的基本理念和各项目标。

2. 体现课程内容的数学实质

教材中学习素材的选择，图片、情境、实例与活动栏目等的设置，拓展内容的编写，以及其他课程资源的利用，都应当与所安排的数学内容有实质性联系，既有利于提高学生对数学实质的理解，也有利于提高学生对所学内容的兴趣。

3. 准确把握内容标准要求

本标准对于义务教育阶段的数学教学内容有明确和具体的目标要求，教材的编写应遵循学生的认知规律，准确地把握"过程目标"和"结果目标"要求的程度。例如，关于距离的概念，在第二学段要求"知道"两点间的距离，在第三学段要求"理解"两点

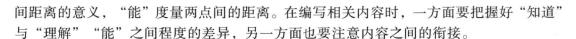

间距离的意义，"能"度量两点间的距离。在编写相关内容时，一方面要把握好"知道"与"理解""能"之间程度的差异，另一方面也要注意内容之间的衔接。

4. 教材的编写要有一定的实验依据

教材的内容、实例的设计、习题的配置等，都要经过课堂教学的实践检验，特别是新增的内容要经过较大范围的实验，根据实践的结果推敲可行性，并不断改进与完善。

（二）教材编写应体现整体性

教材编写应当体现整体性，注重突出核心内容，注重内容之间的相互联系，注重体现学生学习的整体性。

1. 整体体现课程内容的核心

教材的整体设计要体现内容领域的核心。本标准在设计思路中提出了十个核心词：数感、符号意识、空间观念、几何直观、数据分析观念、运算能力、推理能力、模型思想，以及应用意识和创新意识，它们是义务教育阶段数学课程内容的核心，也是教材的主线。因此，教材应当围绕这些核心内容进行整体设计和编排。

例如，在方程、不等式和函数的各部分内容编排中，应整体考虑模型思想的体现，突出建立模型、求解模型的过程。

再如，推理能力包括合情推理和演绎推理，无论是"数与代数""图形与几何"还是"统计与概率"的内容编排中，都要尽可能地为学生提供观察、操作、归纳、类比、猜测、证明的机会，发展学生的推理能力。

2. 整体考虑知识之间的关联

教材的整体设计要呈现不同数学知识之间的关联。一些数学知识之间存在着逻辑顺序，教材编写应有利于学生感悟这种顺序。另外，一些知识之间还存在着实质性的联系，这种联系不仅体现在相同的内容领域，也体现在不同的内容领域。例如，在"数与代数"的领域内，函数、方程、不等式之间均存在着实质性联系；此外，代数与几何、统计之间也存在着一定的实质性联系。

帮助学生理解类似的实质性联系，是数学教学的重要任务。为此，教材在内容的素材选取、问题设计和编排体系等方面应体现这些实质性联系，展示数学知识的整体性和数学方法的一般性。

3. 重要的数学概念与数学思想要体现螺旋上升的原则

数学中有一些重要内容、方法、思想是需要学生经历较长的认识过程，逐步理解和掌握的，如分数、函数、概率、数形结合、逻辑推理、模型思想等。因此，教材在呈现相应的数学内容与思想方法时，应根据学生的年龄特征与知识积累，在遵循科学性的前提下，采用逐级递进、螺旋上升的原则。螺旋上升是指在深度及广度等方面都要有实质性的变化，即体现出明显的阶段性要求。

例如，函数是"数与代数"的重要内容，也是义务教育阶段学生比较难理解和掌握的数学概念之一，本标准在三个学段中均安排了与函数关联的内容目标，希望学生能够逐渐加深对函数的理解。因此，教材对函数内容的编排应体现螺旋上升的原则，分阶段逐渐深化。依据内容标准的要求，教材可以将函数内容的学习分为三个主要阶段：

第一阶段，通过一些具体实例，让学生感受数量的变化过程及变化过程中变量之间的对应关系，探索其中的变化规律及基本性质，尝试根据变量的对应关系作出预测，获得函数的感性认识。

第二阶段，在感性认识的基础上，归纳概括出函数的定义，并研究具体的函数及其性质，了解研究函数的基本方法，借助函数的知识和方法解决问题等，使得学生能够在操作层面认识和理解函数。

第三阶段，了解函数与其他相关数学内容之间的联系，使得学生能够一般性地了解函数的概念。

4. 整体性体现还应注意以下几点

配置习题时应考虑其与相应内容之间的协调性。一方面，要保证配备必要的习题帮助学生巩固、理解所学的知识内容；另一方面，又要避免配置的习题所涉及的知识超出相应的内容要求。

教材内容的呈现既要考虑不同年龄学生的特点，又要使整套教材的编写体例、风格协调一致。

数学文化作为教材的组成部分，应渗透在整套教材中。为此，教材可以适时地介绍有关背景知识，包括数学在自然与社会中的应用、数学发展史的有关材料，帮助学生了解在人类文明发展中数学的作用，激发其学习数学的兴趣，感受数学家治学的严谨，欣赏数学的优美。例如，可以介绍《九章算术》、珠算、《几何原本》、机器证明、黄金分割、CT技术、布丰投针等。

（三）教材内容的呈现应体现过程性

教材编写不是单纯的知识介绍，学生学习也不是简单地模仿、练习和记忆。因此，教材应选用合适的学习素材，介绍知识的相应背景；设计必要的数学活动，让学生通过观察、实验、猜测、推理、交流、反思等，感悟知识的形成和应用。恰当地让学生经历这样的过程，对于他们理解数学知识与方法、形成良好的数学思维习惯和应用意识及提高解决问题的能力均有着重要的作用。

1. 体现数学知识的形成过程

在设计一些新知识的学习活动时，教材可以展现"知识背景—知识形成—揭示联系"的过程。这个过程要有利于激发学习兴趣、理解数学实质、发展思考能力、了解知识之间的关联。例如，分数、负数和无理数的引入都可以体现这样的过程。

2. 反映数学知识的应用过程

教材应当根据课程内容，设计运用数学知识解决问题的活动。这样的活动应体现"问题情境—建立模型—求解验证"的过程，这个过程要有利于理解和掌握相关的知识技能，感悟数学思想，积累活动经验；要有利于提高发现和提出问题、分析和解决问题的能力，增强应用意识和创新意识。

每一册教材至少应当设计一个适用于"综合与实践"学习活动的题材，这样的题材可以以"长作业"的形式出现，将课堂内的数学活动延伸到课堂外，经历收集数据、查阅资料、独立思考、合作交流、实践检验、推理论证等形式的活动。提倡在教材中设计更为丰富的"综合与实践"活动题材，供教师选择。

（四）呈现内容的素材应贴近学生现实

素材的选用应当充分考虑学生的认知水平和活动经验。这些素材应当在反映数学本质的前提下尽可能地贴近学生的现实，以利于他们经历从现实情境中抽象出数学知识与方法的过程。学生的现实主要包含以下三个方面：

1. 生活现实

在义务教育阶段的数学课程中，许多内容都可以在学生的生活实际中找到相关背景。

第一学段，学生所感知的生活面较窄，从他们身边熟悉的、有趣的事物中选取学习素材，容易激发他们学习数学的兴趣，使他们感受到数学就在自己的身边，也易于他们理解相关的数学知识，体会到数学的作用。

第二学段、第三学段，学生的活动空间有了较大的扩展，他们感兴趣的问题已拓展到客观世界的许多方面，并逐渐关注来源于自然、社会中更为广泛的现象和问题，对具有一定挑战性的内容表现出更大的兴趣。因此，教材所选择的素材应尽量来源于自然、社会中的现象和问题。如与现实生活有关的图片和图形，以使学生感受到数学的价值和趣味。

2. 数学现实

随着数学学习的深入，学生所积累的数学知识和方法就成为学生的"数学现实"，这些现实应当成为学生进一步学习数学的素材。选用这些素材，不仅有利于学生理解所学知识的内涵，还能够更好地揭示相关数学知识之间的内在关联，有利于学生从整体上理解数学，构建数学认知结构。例如，因式分解知识的引入可以借助整数的分解，平行四边形概念的引入也可以借助三角形，等等。

3. 其他学科现实

数学的许多内容与其他学科的知识有着密切的联系。随着学生学习的深入，其他学科的知识也就成为学生的"现实"，教材在选择数学学习素材时应当予以关注。

（五）教材内容设计要有一定的弹性

按照本标准要求，教材的编写既要面向全体学生，也要考虑到学生发展的差异。在保证基本要求的前提下，体现一定的弹性，以满足学生的不同需求，使不同的人在数学上得到不同的发展，也便于教师发挥自己的教学创造性。例如：

第一，就同一问题情境提出不同层次的问题或开放性问题。

第二，提供一定的阅读材料，其包括史料、背景材料、知识应用等，供学生选择阅读。

第三，习题的选择和编排突出层次性，设置巩固性问题、拓展性问题、探索性问题等；凡不要求全体学生掌握的习题，都需要明确标出。

第四，在设计综合与实践活动时，所选择的课题要使所有的学生都能参与，使不同的学生可以通过解决问题的活动，获得不同的体验。

第五，编入一些拓宽知识或者方法的选学内容，增加的内容应注重于介绍重要的数学概念、数学思想方法，而不应该片面追求内容的深度、问题的难度、解题的技巧。

第六，设计一些课题和阅读材料，引导学生借助算盘、函数计算器、计算机等工具，进行探索性学习活动。

（六）教材编写要体现可读性

教材应具备可读性，易于学生接受，激发学生学习兴趣，为学生提供思考的空间。教材可读与否，对不同学段的学生具有不同的标准。因此，教材的呈现应当在准确表达数学含义的前提下，符合学生年龄特征，从而有助于他们理解数学。

对于第一学段的学生，可以采用图片、游戏、卡通、表格、文字等方式，以便直观形象、图文并茂、生动有趣地呈现素材，提高他们的学习兴趣。

对于第二学段的学生，由于他们具备了一定的文字理解和表达能力，所以教材的呈现应在运用学生感兴趣的图片、表格、文字等形式的同时，逐渐增加数学语言的比重。

对于第三学段的学生，随着数学学习、语言学习的深入，他们使用文字和数学符号的能力已经有了一定程度的发展。教材的呈现可以将实物照片、图形、图表、文字、数学符号等形式结合起来。

五、课程资源开发与利用的建议

数学课程资源是指应用于教与学活动中的各种资源。主要包括文本资源——教科书、教师用书、教与学的辅助用书、教学挂图等；信息技术资源——网络、数学软件、多媒体光盘等；社会教育资源——教育与学科专家、图书馆、少年宫、博物馆，报纸杂志、电视广播等；环境与工具——日常生活环境中的数学信息、用于操作的学具或教具、数学实验室等；生成性资源——教学活动中提出的问题、学生的作品、学生学习过程中出现的问题、课堂实录等。

数学教学过程中恰当地使用数学课程资源，将在很大程度上提高了学生从事数学活动的水平和教师从事教学活动的质量。教材编写者、教学研究人员、教师和有关人员应依据本标准，有意识、有目的地开发和利用各种课程资源。

（一）文本资源

学生学习辅助用书主要是为了更好地激发学生学习数学的兴趣和动力，帮助学生理解所学内容，巩固相关技能，拓展数学视野，进而满足他们学习数学的个性化需求。这一类用书的开发不能仅仅着眼于解题活动和技能训练，单纯服务于应试。更重要的，还应当开发多品种、多形式的数学普及类读物，使得学生在义务教育阶段能够有足够的机会阅读数学、了解数学、欣赏数学。

教师教学辅助用书主要是为了加深教师对于教学内容的理解，加强教师对于学生学习过程的认识，提高教师采用有效教学方法的能力。为此，在编制教学辅助用书时，提倡以研讨数学教学过程中的问题为主线，赋予充分的教学实例，注重数学教育理论与教学实践的有机结合，使之成为提高教师专业水准的有效读物。

（二）信息技术资源

信息技术能向学生提供并展示多种类型的资料，其包括文字、声音、图像等，并能灵活地选择与呈现；可以创设、模拟多种与教学内容适应的情境；能为学生从事数学探究提供重要的工具；可以使得相距千里的个体展开面对面交流。信息技术是从根本上改变数学学习方式的重要途径之一，必须充分加以应用。

信息技术资源的开发与利用需要关注三个方面：

其一，将信息技术作为教师从事数学教学实践与研究的辅助性工具。为此，教师可以通过网络查阅资料，下载富有参考价值的实例、课件，并加以改进，使之适用于自身的课堂教学；教师也可以根据需要开发音像资料，构建生动活泼的教学情境；教师还可以设计与制作有关的计算机软件、教学课件，用于课堂教学活动研究等。

其二，将信息技术作为学生从事数学学习活动的辅助性工具。为此，可以引导学生积极有效地将计算器、计算机用于数学学习活动之中，如在探究活动中借助计算器处理复杂数据和图形，发现其中存在的数学规律；使用有效的数学软件绘制图形，呈现抽象对象的直观背景，加深对相关数学内容的理解；通过互联网搜寻解决问题所需要的信息资料，帮助自己形成解决问题的基本策略和方法等。

其三，将计算器等技术资源作为评价学生数学学习的辅助性工具。为此，应当积极开展基于计算器环境的评价方式与评价工具研究，如哪些试题或评价任务适宜在计算器环境下使用，哪些不适宜，等等。

总之，一切有条件和能够创造条件的地区和学校，都应积极开发与利用计算机（器）、多媒体、互联网等信息技术资源，组织教学研究人员、专业技术人员和教师开发与利用适合自身课堂教学的信息技术资源，以充分发挥其优势，为学生的学习和发展提供丰富多彩的教育环境与有力的学习工具及评价工具；为学生提供探索复杂问题、多角度理解数学的机会，丰富学生的数学视野，提高学生的数学素养；为有需要的学生提供个体学习的机会，以便于教师为特殊需要的学生提供帮助；为教育条件欠发达地区的学生提供教学指导和智力资源，以便更有效地吸引和帮助学生进行数学学习。

值得注意的是，教学中应有效地使用信息技术资源，发挥其对学习数学的积极作用，减少其对学习数学的消极作用。例如，不应在数学教学过程中简单地将信息技术作为缩短思维过程、加大教学容量的工具；不提倡用计算机上的模拟实验来代替学生能够操作的实践活动；也不提倡利用计算机的演示来代替学生的直观想象，弱化学生对数学规律的探索活动。同时，学校之间要加强交流、共享资源，避免相关教学资源的低水平重复，还可以积极引进国外先进的教育软件，并根据本学校学生的特点加以改进。

（三）社会教育资源

在数学教学活动中，应当积极开发利用社会教育资源。例如，邀请有关专家向学生介绍数学在自然界、科学技术、社会生活和其他学科发展中的应用，帮助学生体会数学的价值；邀请教学专家与教师共同开展教学研究，以促进教师的专业成长。

学校应充分利用图书馆、少年宫、博物馆、科技馆等，寻找合适的学习素材，如学生感兴趣的自然现象、工程技术、历史事件、社会问题、数学史与数学家的故事和其他学科的相关内容，以开阔学生的视野，丰富教师的教学资源。

报纸杂志、电视广播和网络等媒体常常提供许多贴近时代、贴近生活的有意义的话题，教师要从中充分挖掘适合学生学习的素材，向学生介绍其中与数学有关的栏目，并组织学生对某些内容进行交流，以增强学生学习数学的兴趣，提高学生运用数学解决问题的能力。

（四）环境与工具

教师应当充分利用日常生活环境中与数学有关的信息，并开发其成为教学资源。教师应当努力开发、制作简便实用的教具和学具，同时有条件的学校可以建立"数学实验室"供学生使用，以拓宽他们的学习领域，培养他们的实践能力，发展其个性品质与创新精神，促进不同的学生在数学上得到不同的发展。

（五）生成性资源

生成性资源是在教学过程中动态生成的，如师生交互、生生交流过程中产生的新情境、新问题、新思路、新方法、新结果等。合理地利用生成性资源有利于提高教学有效性。

第三节　教学目标的设计

教学目标来源于课程标准，并且课程标准中的课程内容也指出了教学目标的指向，但课程标准并不等同于教学目标，且不能直接将课程标准中的某一个内容当作教学目标来使用，而是需要进行一种科学严谨的转化才能得出最终的教学目标。那么究竟怎样才能将课程标准的内容转化成具体可操作性的教学目标呢？接下来就重点解释这个问题。原则上，这种转化要想成为精准的阐释，则必须有一定理论框架的支撑。在众多框架中，教育目标分类学作为理解和转化课程标准的依据。

一、关于布卢姆教育目标分类学

布卢姆是美国心理学家和教育家，是教育目标分类学的开拓者。之所以选择布卢姆教育目标分类学作为理论框架，是因为他对教学目标进行了详细且严格的理论阐述，特别是对教学目标的层次和结构做了非常独到、科学而又可操作性的探讨，并认为教学目标、教学过程、教学评价的一致性是教学最基本的要求。

关于层次性，布卢姆理论认为：总的目标域可以极其形象地表示为一个从相当概括到非常具体的连续体。沿着该连续体确定了三个具体性层次，并把这三个层次的目标分别称为总体目标、教育目标和教学指导目标，其中第三个目标即教学目标。布卢姆理论认为各个层次的目标都有各自独立的意义，不可以将三种目标进行混淆或相互取代。

关于教学目标的结构，布卢姆指出，一个教学目标的陈述包括一个动词和一个名词：动词描述希望学生实现的认知过程；名词描述预期学生要学习或建构的知识。布卢姆的基本工作就是对表述目标用到的名词和动词进行了分类和探究，提供了对教学目标进行分析的工具。它按知识（名词表述）和认知过程（动词表述）两个维度展开，将每个维度分成若干类。

使用目标分类有助于教育者看到目标中知识与认知过程之间不可分离的、内在的关系。可以说，这一分类提供了对教学内容、教学目标进行分析的工具，对落实课程标准中提出的目标有重要的意义。

二、如何设计教学目标

关于教学目标和学习目标的联系与区别，很多专家、学者均有不同的观点和论述。

所谓教学目标，是期望学生在完成学习任务后达到的程度，是预期的教学成果，是组织、设计、实施和评价教学的基本出发点。学习目标是学习的出发点，也是学习的归宿。确立具体明确的学习目标是每位学生的首要学习任务。如果单从意义上来看，这二者的描述主体会有所不同，教学目标是教师设计的教学方向；学习目标则是学生学习要达到的最终结果。但的确很难从意义上把二者完全割裂开，做本质上的区分。因为二者最终都是为了学生的学习而设立的。所以本书中提到的教学目标在此就不与学生的学习目标做具体区分了。总之，教学目标，或是学习目标，描述得越清晰具体、越科学，对教师的教学和学生的学习越有帮助。

另有著作专门深入探讨了如何确定学生学习目标的问题，并归结为学习目标设计的三个方面。

教学目标在叙写时通常使用的是"四因素法"，又称为 ABCD 表述法。这种方法包含了四个要素：教学对象、行为、条件和标准。具体指：

第一，行为的主体：原意为受众—听众，现转化为"学生"，行为的主体。

第二，行为动词：具体的、可操作的、可观察的动作。

第三，行为条件：通过……来达成目标。

第四，行为程度：规定达到上述行为的最低标准。

因为目标的行为主体是学生，所以表述"教学目标"应该以学生为行为主体，可以采用"无主句"的句式。

教学目标在表述过程中，会根据具体的课程内容或要求形成一些变式：

第一，（行为主体）+ 行为表现。

第二，（行为主体）+ 行为表现 + 表现程度。

第三，行为条件 +（行为主体）+ 行为表现。

第四，行为条件 +（行为主体）+ 行为表现 + 表现程度。

（一）独立设计教学（学习）目标的流程

教学目标的独立设计首先要分析学科课程标准的相关学段目标，了解课程内容和需要达到的具体要求。在此基础上确定课时知识的具体类别，选择相应的布卢姆认知过程维度下的亚类动词来描述具体的目标。

（二）依据课程标准如何独立设计教学（学习）目标的案例说明

独立设计教学目标最关键的问题，就是如何从国家课程标准的内容分析入手，选择最合适的布卢姆教育目标分类中认知过程维度下的亚类动词来描述教学目标。下面就提供一个完整的依据课程标准独立设计教学目标的案例说明，通过阅读本案例，就能基本明确设计教学目标最细致的流程，尤其是能解答"如何选用动词"这一关键性问题，便于一线教师在教学实践过程中借鉴使用。

例如，小学数学《四边形分类》教学目标设计。

《四边形分类》一课是关于图形与几何的内容，教材中的知识点涉及两方面：一是平行四边形与梯形的特征；二是正方形、长方形和平行四边形的关系。

《全日制义务教育数学课程标准》对第二学段中关于图形与几何的学段目标是："探索一些图形的形状、大小和位置关系，了解一些几何体和平面图形的基本特征；体验简单图形的运动过程，能在方格纸上画出简单图形运动后的图形，了解确定物体位置的一些基本方法；掌握测量、识图和画图的基本方法。"这是《全日制义务教育数学课程标准》（以下简称《课标》）对整个学段的要求，要做的就是结合教材和教学实际将它充分落实到每堂课上。

《课标》中的内容要求是"了解一些几何体和平面图形的基本特征"，这里的"几何体和平面图形"就是指平行四边形和梯形，因此对应《课标》的要求具体应该为"了解平行四边形和梯形的基本特征"。在《课标》中对"了解"一词有明确的解释："从具体实例中知道或举例说明对象的有关特征；根据对象的特征，从具体情境中辨认或者举例说明对象。"《课标》中对"了解"的解释含有两个层次的要求：一是知道相关图形的特征；二是根据特征辨认图形，在本节课上这两个层次的要求都应该达到，但是学生了解到什么程度才算是达到了这两个层次的要求呢？就是将《课标》中的动词细化，用更为具体的行为动词来贯彻落实《课标》的要求，因为只有具体的、外显的行为目标，才是可操作、可测量的。

布卢姆将目标动词进行了重新分类，用学生外显的行为来陈述目标，并将目标分成两个维度，知识维度和认知过程维度。在知识维度上，《四边形分类》这一课的内容属于概念性知识。在认知过程维度上有 6 个类别：记忆、理解、运用、分析、评价、创造。在《课标》内容中关于本课的要求是"通过观察、操作，认识平行四边形和梯形"。这个要求并不是让学生从记忆中提取相关的知识，也不是通过机械的死记硬背得到的，而是从口头、书面和图像等交流形式的教学信息中构建意义，所以它不属于记忆这一类别，而是属于"理解"这一类别。其对应分类如表 3-4 所示。

表 3-4　理解对应分类

知识维度	认知过程维度					
	记忆	理解	应用	分析	评价	创造
事实性知识						
概念性知识		目标 1				
程序性知识						
元认知知识						

在"理解"这一类别中有 7 个亚类的动词，分别是解释、举例、分类、总结、推断、比较、说明。要从中选择合适的行为动词来表述本课的学习目标，除了要充分领会《课标》的要求，还要明确这些类别的含义，当然结合当前的教学实际及学生的思维水平也必不可少。"解释"是指学生能够将信息从一种表示形式转变为另一种表示形式。比如在数学课上，目标可能是学会将用文字表达的数学关系转变为用数学符号表达的代数方程式。而本节课的"了解平行四边形和梯形的基本特征"并不是让学生进行表示形式的转换，所以用"解释"这一类别的行为动词来表述本课的学习目标显然不合适。通过对"理解"这一认知过程维度下所有的亚类动词进行分析，发现"总结"是指学生用一句话来描述呈现的信息或概括出信息的主题，只有"总结"这一亚类动词，符合《课标》对本课知识的关于"从具体实例中知道或举例说明对象的有关特征"这一层次的要求。但是，《课标》对本课知识还有更高层次的要求，即"根据对象的特征，从具体情境中辨认或者举例说明对象"，这个要求比"理解"的层次要高，也不是在给定的情境中执行或使用程序，所以它不属于"应用"这一类别，而是达到了"分析"的层次，"分析"是将材料分解为它的组成部分，确定部分之间的相互关系，以及各部分与总体结构或总目的之间的关系。其对应分类如表 3-5 所示。

表 3-5 分析对应分类

知识维度	认知过程维度					
	记忆	理解	运用	分析	评价	创造
事实性知识						
概念性知识		目标 1		目标 1		
程序性知识						
元认知知识						

在"分析"这一类别中对应的亚类动词有区别、组织、归因。"区别"涉及根据相关性和重要性来区分总体结构的各个部分。《课标》中第二层的要求就是指让学生达到"分析"维度中的"区别"这个层次。需要注意的是这里的"区别"与"理解"维度中的"比较"不同之处在于：两者确定什么相关或重要和什么无关或不重要所使用的更大的语境是不相同的。比如，在含义上区别平行四边形与梯形，相关的是几组对边平行，而图形的大小则是无关的；而在进行比较时，所有这些方面都是相关的。

所以，本课的第一个学习目标横跨了两个维度，制定为：能对四边形进行分类，能总结出平行四边形和梯形的特征并区别平行四边形和梯形。

本课的内容还涉及正方形、长方形和平行四边形之间的关系。这个内容对应的《课标》要求还是"了解一些几何体和平面图形的基本特征"，但与上一个学习目标不同的是，此时正方形、长方形和平行四边形都已学过，所以只需达到"理解"概念性知识的维度就可以了。其对应分类如表 3-6 所示。

表 3-6 理解分析对应

知识维度	认知过程维度					
	记忆	理解	运用	分析	评价	创造
事实性知识						
概念性知识		目标 1 目标 2		目标 1		
程序性知识						
元认知知识						

在"理解"维度中的 7 个亚类动词中，"推断"比较合适，因为推断的含义是涉及在一组例子或事件中发现模式，更重要的是，能够发现例子之间的相互关系。而且在"推断"前，应该还有个对长方形、正方形、平行四边形的特征进行"比较"的思维过程。"比较"与"推断"一起使用时，有助于进行类比推理思维的培养。数学学习的主要任务就是提高学生的数学思维，而类比推理思维就是其中非常重要的一项。

综上所述，基于《课标》，结合教材，本课的教学目标可以设定为：

①能对四边形进行分类，能总结出平行四边形和梯形的特征并能区别平行四边形和梯形。

②通过比较，能推断出长方形和正方形与平行四边形的关系。

这样教学目标更明确了，可操作、可测评，更便于一线教师充分落实《课标》的精神。

（三）借鉴、细化教学（学习）目标的原则

关于借鉴、细化教学目标的原则，本书也力求使用广大一线教师能易于理解和接受的通俗语言和方式来描述，以求达到更好的理解效果。

第一，以课程标准为依据，以《教师教学用书》等优质资源作为参考，不能随意加大或降低难度。

第二，不一定完全照搬教师教学资源中的教学目标，也不一定要全部否定，取舍、增删等一定要有足够的依据。

第三，以相对具体、学生独立看时能理解，教师教学时有标准、评价时可操作为最佳。

第四，切忌过于具体。

例如，《近似数》一课，学习目标是：

第一，结合实例，了解近似数的意义，感受近似数在现实生活中的应用。

第二，借助数线，较直观地感知用四舍五入法求近似数的道理，知道近似数的书写格式。

第三，经历探索求近似数的过程，会用四舍五入法求一个数的近似数，发展学生的数感。

有的教师将以上学习目标简化为一条：会用四舍五入法求近似数。这种想法是完全错误的，这种删减也是不合理的。因为"了解近似数的意义"，以及"对用四舍五入法求近似数的道理的理解和感知"虽然不是所谓的"单纯的知识点"，但却是数学教学中非常重要的且能够体现学生的学习过程和思维方法，不可以随意去掉、不在课上实施。

当目标比较具体的时候，学生则容易理解，教师的教学活动也会有明确的方向。但这种具体也要有一定的限度，并非越具体越好。

（四）借鉴并细化已有资源的教学（学习）目标的几种情况

鉴于一线教师的工作繁杂，专业能力各有不同，教学目标如果全部独立设计，明显是非常困难的。其实目前也有很多优质的目标设计资源可供一线教师使用，例如，《教师教学用书》是学科专家依据国家课程标准精心设计编写的，知识点划分明确，理念先进，给教师提供了很好的教学指向，是进行教学目标研究所必须借助的一本参考书。与此同时，这些优质资源中的教学目标设计在动词的使用过程中延用课程标准的过程性动词也比较概括。因此，可以对教学目标的描述方式做一定的调整，使原本的教学目标更加清晰和具体，更好地为学生的学习和教师的教学服务。

第一，直接使用《教师教学用书》等优质资源中描述比较清晰的教学（学习）目标。

例如，《动物乐园》一课的教学目标：

①结合具体的情境，通过数一数、比一比等活动，能正确比较 10 以内数的大小。

②学习读写"="" < "" > "，并能正确运用"="" < "" > "表示两个数的大小关系。

以上教学目标比较具体，描述准确，不需要做任何增删，很利于教师理解和使用。

第二，选择布卢姆教育目标分类认知过程维度中的动词来描述细化已有的教学目标资源，会使其更加具体、清晰、可测。

《国家课程标准》《教师教学用书》中多数使用的是"了解""理解""运用"这些结果目标的动词，以及"经历""体验""探索"这些过程目标的动词。对于过程目标，在描述时一般把它们作为目标达成的条件，不属于真正意义上的"目标"，而对于结果目标的三个动词，它们的含义跨越了布卢姆教育目标分类的多个维度，对于教师的实际使用而言，还是不够清晰和具体。不同的教师个体对教学目标的理解不同，就导致他们对教学的设计和教学的评价的不同，存在一定的差异性。如"了解"一词，在课程标准中的解释是：从具体实例中知道或举例说明对象的有关特征，根据对象的特征，从具体情境中辨认或者举例说明对象。这个含义中就包含了布卢姆教育目标分类的"记忆""理解"和"分析"这三个维度，如果目标中出现了这个动词，对于在哪个层次上设计教学活动，不同的教师可能会有不同的理解，相应的，这种理解就直接导致对教学活动的设计产生了性质不同、层次不同的差别，最终会直接影响教学的效果。因此，对于教学目标中这样的过程性目标动词，本书中用布卢姆教育目标分类 6 个认知过程维度下的 19 个亚类动词（"记忆"类别下的"识别""回忆"；"理解"类别下的"解释""举例""分类""总结""推断""比较""说明"；"应用"类别下的"执行""实施"；"分析"类别下的"区别""组织""归因"；"评价"类别下的"检查""评论"；"创造"类别下的"产生""计划""生成"）或者是符合学科特点的同类意义的词语进行相应的替换，使其具体化和清晰化（布卢姆教育目标分类的 19 个亚类动词意义是完全不重叠的）。

例如，《数一数》一课，概述的学习目标如下：

①在数数活动中，直观认识新的计数单位"十万"，知道计数单位"十万"与"万"的十进关系，感受大数的意义。

②通过在计数器上拨数、数数的过程，认识"万位"与"十万位"的位置关系，理解十万与计数单位"十万"意义上的区别，体会位值概念。

③在具体的情境中，体会一万和十万究竟有多大，进一步发展数感。

目标①中有"知道"一词，是属于"记忆"维度还是属于"理解"维度？目标②中"理解"一词的含义是什么？怎样才算是达到了"理解"？这些问题教师在看目标的时候都会产生，因此需要将目标进行细化。具体设计如下：

A.在数数活动中，直观认识新的计数单位"十万"，能解释计数单位"十万"与"万"的十进关系。

B.通过在计数器上拨数、数数的过程，能识别"万位"与"十万位"的位置关系，能解释十万与计数单位"十万"意义上的区别。

C.能在具体的情境中说明一万和十万究竟有多大。

在新目标中，使用了"解释""识别""说明"这样的词语，对照布卢姆教育目标分类的标准，很容易能找到这些词语的具体含义和其对应的唯一的认知过程维度，便于理解，缩小了不同执教个体对目标理解的差异程度（选择动词，前提必须是对布卢姆认知过程维度下的19个亚类动词的意义有足够的认识和理解，并且相应的动词后面的知识点有时也需要具体化）。

第三，选择合适的动词描述目标，并将已有的优质资源中的多条目标进行调序或整合。

例如，《有几瓶牛奶》一课，概述的学习目标为：

①结合具体情境，经历探索9加几的进位加法的计算方法的过程，能正确计算9加几的加法。

②借助摆小棒、拨计数器的直观操作活动，初步感知计算方法的多样性，并理解"凑十"的计算策略和进位的计算道理。

探索计算方法应该与目标②中的理解"凑十"的计算策略和进位的计算道理密切联系；另外，动词"理解"还可以用布卢姆的"理解"层面下的更为细致的亚类动词进行替换。因此，以上目标调序整合如下：

A.借助摆小棒、拨计数器的活动，探索并能总结出9加几的进位加法的计算方法，能根据不同的操作过程写出相对应的算式，能解释"凑十"的过程和进位的计算道理。

B.能正确计算9加几的加法。

第四章 小学数学教学体系

第一节 小学数学教学原则

一、教学原则的含义

教学原则是根据教学目的，反映教学规律而制定的指导教学活动的基本原理和准则。教学原则贯通于教学过程的各个方面，它既指导教师的教，又指引学生的学。教学原则反映了人们在特定历史条件下对教学活动的本质性特点和内在规律性的认识，是基于一定的教育理想和教学目标而制定的教学实践行动指南。

教学原则是一个历史发展的概念。在不同的历史条件下，基于不同的教学实践与教学目标，人们提出的教学原则也存在差异。例如，我国古代教育家孔子就提出了"启发式原则""学思结合原则"和"因材施教原则"等。我国古代教育文献《学记》中提出了"课内外结合原则""教学相长原则""长善救失原则"和"循序渐进原则"等。

讨论教学原则的内涵，首先，要考虑它研究的特定教师与学生，即小学阶段的教学要具有小学教学的一般特征，这就是小学教学的基本原则。其次，讨论教学原则还要考虑它研究的特定学科教学，这就是学科教学的基本原则。

二、小学数学教学的基本原则

小学数学教学属于一般教学，符合一般教学的基本规律，遵循所有小学教学应该遵循的原则。目前关于一般教学原则的内涵阐述还未形成定论，但比较有代表性的观点是"直观性原则""启发性原则""巩固性原则""循序渐进原则""因材施教原则""理论联系实际原则""量力性原则"和"思想性与科学性相统一原则"。

1. 直观性原则

直观性原则，是指在教学中要通过学生观察所学事物或教师语言的形象描述，引导学生形成所学事物、过程的清晰表象，丰富他们的感性知识，从而使学生能够正确理解书本知识，提高认识能力。贯彻直观性原则的基本要求：正确选择直观教具和现代化教学手段；直观要与讲解相结合；重视运用语言直观。

2. 启发性原则

启发性原则，是指在教学中教师要承认学生是学习的主体，注意调动他们的学习主动性，引导他们独立思考、积极探索、生动活泼地学习，自觉地掌握科学知识，提高分析问题和解决问题的能力。孔子是最早提出启发式教学的教育家，"不愤不启，不悱不发"就是他的教育名言。贯彻启发性原则的基本要求：调动学生学习的主动性；启发学生独立思考，发展学生的逻辑思维能力；让学生动手，培养独立解决问题的能力；发扬教学民主。

3. 巩固性原则

巩固性原则，是指教学要引导学生在理解的基础上牢固地掌握知识和技能，长久地保持在记忆中，能根据需要迅速再现出来，以利于知识技能的运用。但是，这并不意味着死记硬背，只要记住最基础、最核心的内容就可以了。贯彻巩固性原则的基本要求：在理解的基础上巩固；重视组织各种复习；在扩充、改组和运用知识中积极巩固。

4. 循序渐进原则

循序渐进原则，又称为系统性原则，是指教学要按照学科的逻辑系统和学生认识发展的顺序进行，使学生系统地掌握基础知识、基本技能，形成严密的逻辑思维能力。贯彻循序渐进原则的基本要求：按教材的系统性进行教学；抓主要矛盾，解决好重点与难点的教学；由浅入深、由易到难、由简到繁。

5. 因材施教原则

因材施教原则，是指教师要从学生的实际情况、个体差异出发，有的放矢地进行有差别的教学，使每个学生都能扬长避短、获得最佳的发展。因为学生的身心发展各有其特点，尤其在智力、才能方面更有他们各自的兴趣、爱好和专长，只有因材施教才能扬长避短，从而把他们培养成为社会上有用的、杰出的人才。贯彻因材施教原则的基本要求：针对学生的特征进行有区别的教学；采取有效措施使有才能的学生得到充分的发展。

6. 理论联系实际原则

理论联系实际原则，是指教学要以学习基础知识为主导，从理论与实际的联系上去理解知识，注意运用知识去分析问题和解决问题，达到学懂会用、学以致用。贯彻理论联系实际原则的基本要求：书本知识的教学要注重联系实际；重视培养学生运用知识的能力；正确处理知识教学与技能训练的关系。

7. 量力性原则（可接受性原则）

量力性原则，是指教学活动要适合学生的发展水平。这一原则是为了防止发生教学难度低于或高于学生实际程度而提出的。教学活动要讲究效率，在同样的时间内，学生所学越多则教学效率就越高。但是，教学效率的获取必须以符合学生身心发展规律为基础，若脱离了这个基础，不仅教学效率本身是不可靠的，还会对小学生的发展造成消极的结果。

8. 思想性与科学性相统一原则

思想性与科学性相统一原则，是指教学要在科学的方法论的指导下进行。这一原则是为了将教学中科学知识的传授学习与思想品德教育统一起来而提出的。小学开设的各门课程，是按照教育的根本目标选择安排的，一般地说，在科学性和真理性上是有保证的。这些课程的学习，对于学生思想品德形成发展的作用必然是积极和肯定的。但是，对于小学生来说，完全凭借科学真理的思想品德教育价值去直接、自动地发挥作用是不够的，需要教育者引导和挖掘，使之充分地对受教育者产生熏陶作用，对于理性和逻辑思维能力尚处于十分稚嫩阶段的小学生来说尤其如此。

三、小学数学的教学原则

小学数学教学原则是根据小学数学的特定教学目的，反映小学数学教学规律而制定的，是指导小学数学教学活动的基本原理和准则。虽然它对实施有效的小学数学教学有重要的指导意义，但目前学术界对它的研究还不多。

我国数学课程与教学的基本原则为"课程内容的选择要贴近学生的实际，有利于学生体验与理解、思考与探索。课程内容的组织要重视过程，处理好过程与结果的关系；要重视直观，处理好直观与抽象的关系；要重视直接经验，处理好直接经验与间接经验的关系。课程内容的呈现应注意层次性和多样性"。

结合小学数学的内容特点、学生认知基础和我国小学数学教学的现实与需要，小学数学教学的基本原则应当包含以下四点：直观与抽象相结合的原则；归纳与演绎相结合的原则；原型与模型相结合的原则；算法与算理相结合的原则。

（一）直观与抽象相结合的原则

1. 原则的基本含义

数学具有高度的抽象性，数学研究的是从具体内容中抽象出来的形式、结构和数量关系。也就是说，数学是在纯粹状态下以抽象形式出现的理想化的各种模式。数学是在从模式化的个体作抽象的过程中对模式进行的研究。

　　数学的抽象只保留了数量关系和空间形式，摒弃了其他的一切。数学是在人类生产生活的实际需要中产生和发展的，如人们从5个手指头、5只羊、5个人、5步远、5个人高、5个白天等物体的个数、长度、高度、时间等现实概念中抽象产生了数字5，用它来表示一类量。由于要建造房屋等生活设施，因此人们要量地的长宽、测量物体的长宽高等，从物体的具体形状中逐渐抽象出点、直线、线段、三角形、长方形、长方体和圆等几何概念。

　　人们除了从现实生活和生产实践中抽象出概念和运算外，还要从数学结构出发，抽象出新的概念和运算法则，通过逻辑推理来建构新的数学，如复数和非欧几何。所以说，数和形的概念来自人们对现实世界具体对象的抽象概括。纯数学的对象是现实世界的空间形式和数量关系，是非常现实的材料。这些材料经过想象创造、抽象概括，以极度形式化的结果出现，再借助逻辑的力量将它们巧妙地连接起来。

　　如果把抽象的数学内容直接呈献给小学生，小学生是很难接受的。因为小学生的思维特点是以具体形象思维为主，逐渐向抽象逻辑思维过渡，但是逻辑思维是初步的。因此，数学教师应当把抽象的数学内容，以直观形象的形式展现出来，让小学生在从直观到抽象的过程中学习数学。这就需要教师对教学材料进行适当加工，将数学的逻辑结构和小学生的心理结构与认知结构有效地结合起来，以便科学合理地设计和实施有效的数学教学。

　　由此就产生了小学数学教学的一条基本原则，即"直观与抽象相结合的原则"。该原则的内涵是教师借助所要教授的抽象数学内容的直观载体，学生通过直观载体，借助视觉、听觉和想象建立具体而清晰的表象，再进行抽象概括、推理论证等思维活动，理解和掌握所学的数学内容。同时，该原则也要求教师关注学生的认识过程，让学生从感性认识逐渐上升为理性认识。

　　在小学数学教学中，如何落实"直观与抽象相结合的原则"，引导学生从直观逐渐过渡到抽象呢？可以沿着以下四个阶段进行：实物—表象—符号—关系。这也是数学学习的四个基本阶段。

　　2. 原则的实施策略

　　数学的抽象性与学生思维的直观形象性之间的差异，要求在小学数学教学中使用"直观与抽象相结合的原则"。该原则的要义是利用多种感官使学生获得大量感性认识，其目的是在此基础上使学生由抽象概括上升到理性认识。因此，小学数学教学要从具体到抽象，帮助学生获得清晰的数学概念。

　　（1）采用多种直观手段

　　直观教学手段，按照具体化过程可以分为实物直观、模型直观、图形直观和语言直观。

　　①实物直观

　　让学生观察现实生活中的实际物体，直观感知数学的具体对象。例如，钟表、人民币、米尺、天平等就是学生认识时间、货币、长度和质量的直观实物。实物直观具体实在，有助于学生学习比较原始化、比较生活化的数学概念和关系。

②模型直观

让学生观察实物的模型或者教具，直观感知抽象的数学对象。例如，在进行整数运算时，使用的计数器。又如，在求圆面积时，将圆分割成很多小扇形，重新拼成近似于长方形的教具。再如，教授"方程的认识"时，使用的天平模型等。模型比较好操作，成本也比较低，能近似直观地解释抽象的数学概念和原理。

③图形直观

利用图像、视频等影像资料，帮助学生直观感知抽象的数学对象。例如，教学挂图、情境图、模型图等。此外，在理解分数的意义、解决行程问题时画出的线段图、圆形图等，借助数形结合的手段，可以帮助学生比较直观地理解抽象的数学问题。

④语言直观

利用生动形象、妙趣横生的语言，帮助学生理解抽象的数学对象。例如，数字儿歌——"1像铅笔能写字，2像鸭子水中游，3像耳朵能听话，4像小旗迎风飘，5像钩子能钩物，6像哨子嘟嘟响，7像镰刀割青草，8像葫芦空中摇，9像勺子盛稀饭"，有助于学生认识、记忆和书写数字。

（2）发挥表象的中介作用

表象是曾经感知过的事物不在面前时但在脑中重现出来的形象。表象具有直观形象性和概括性，它反映的是事物共同的表面形象特征。小学生的具体形象思维向抽象逻辑思维的过渡，就是依靠表象这一中间环节来实现的。

教学中运用直观，可以形成和积累表象，从而过渡到抽象思维，达到理解抽象数学概念和原理、分析和解决数学问题的目的。例如，分豆子的表象就有利于学生理解带余除法的概念，分小棒的表象就有利于学生理解除法竖式的计算过程。再如，用假设方法解决鸡兔同笼问题，其本质也是依据表象来完成的。

例如，用假设法解决"鸡兔同笼"问题。

"鸡兔同笼"问题：今有鸡兔同笼，上有三十五头，下有九十四足，问鸡兔各几只？

方法一：假如笼子里全是鸡，那么有 $35 \times 2 = 70$ 只脚，不足94只，因此应该有一些兔，假如34只鸡1只兔，那么有 $34 \times 2 + 4 = 72$ 只脚，还少了。这样逐渐增加兔子的只数，假如23只鸡12只兔，那么有 $23 \times 2 + 12 \times 4 = 94$ 只脚。再逐渐增加兔的数目，发现不符合题意。这说明笼子里有23只鸡12只兔。

方法二：假如笼子里全是鸡，那么有 $35 \times 2 = 70$ 只脚，则少了 $94 - 70 = 24$ 只脚。因为一只兔比一只鸡多2只脚，因此要用 $24 \div 2 = 12$ 只兔来换12只鸡，这样笼子里有 $35 - 12 = 23$ 只鸡。

方法三：让笼子里的鸡和兔都抬起2只脚（这样鸡飞起来，兔子只用2只后脚站着），那么笼子里少了 $35 \times 2 = 70$ 只脚，剩下 $94 - 70 = 24$ 只脚全是兔的。一只兔子2只脚，则笼子里有 $24 \div 2 = 12$ 只兔、$35 - 12 = 23$ 只鸡。

（二）归纳与演绎相结合的原则

1. 原则的基本含义

推理是数学的明显特征，一般包括归纳推理和演绎推理。归纳推理是根据已有的事实和正确的结论、实验和实践的结果以及个人的经验和直觉等推测某些结果的推理过程。演绎推理是根据已有的事实和正确的结论，按照严格的逻辑法则得到新结论的推理过程。

归纳推理得到的结论是或然的。在解决问题的过程中，归纳推理具有猜测和发现结论、探索和提供思路的作用，有利于创新意识的培养。演绎推理得到的结论是必然的。数学结论的正确性必须通过演绎推理或逻辑证明来保证，即在前提正确的基础上，通过正确使用推理规则得出结论。归纳推理和演绎推理之间联系紧密、相辅相成，两者结合起来，就构成了数学推理的基本过程。

因此，在小学数学教学中，要将归纳推理和演绎推理结合起来，具体操作过程可以这样进行：先用归纳推理发现结论，再用演绎推理证明结论；先用归纳推理探索解决问题的思路或者预测答案，再用演绎推理解决问题进行论证；先用归纳推理发现一门学科的基础知识，再用演绎推理将这些基础知识整理成逻辑严谨的结构体系，形成学科的基本框架。

2. 原则的实施策略

一般情况下，数学好的人，推理能力就比较强。因此，学习数学有助于培养推理能力。归纳与演绎，是小学数学中两种最为基本的推理形式。主张"归纳与演绎相结合"的教学原则，其实是强调两者不可偏颇。

（1）把握"观察—归纳—证明"的基本思路

"观察—归纳—证明"符合认识习惯，很多数学结论的教学都是采用这个思路进行的。

（2）把握"计算其实也是推理"的基本道理

在小学数学中，计算占有较大比重。有时候，仅仅关注计算程序化的操作，而忘记了其中隐含的推理成分，更没有注意如何用算理指引计算和发现其他的计算方法。

（三）原型与模型相结合的原则

1. 原则的基本含义

数学的研究对象极为广泛。但是，数学并不是一个现实问题接一个现实问题的单个进行研究，这样怎么也研究不完，而且没有系统性和整体性。数学是将很多现实问题进行分类整理，做必要的简化假设，抽取数量关系和空间形式，然后把数量关系和空间形式相同的问题分为一类，再将其核心的数量关系和空间形式用学科语言转化为一个数学结构进行研究。

现实世界一个个的真实问题叫作现实原型，从一类真实问题中抽取出来的数学结构叫作数学模型。例如，从现实世界中的桌面、黑板表面、书本表面、墙面、地板砖表面等抽象形成了长方形的概念。那么桌面、黑板表面、书本表面、墙面、地板砖表面等便是长方形的现实原型，而长方形就是它们的数学模型。从这个角度来说，数学中的很多概念、公式、定义、命题、法则等都可以看作数学模型。

可见，数学模型是一个抽象的概念，不适合小学生直接学习。而实例是一些具体生动的案例，容易被小学生所接受，并且仅仅学习单一实例，又上升不到理论的高度。因此，从数学的抽象性和儿童思维的形象性出发，小学数学教学要遵循"原型与模型相结合的原则"，借助典型的现实原型，从中抽取数量关系和空间形式，形成数学模型，借助模型的研究，既形成数学理论，又研究现实问题。

因此，"原型与模型相结合的原则"，要求在数学教学中针对抽象的数学概念和命题，利用学生可以理解的形象直观的、生动具体的现实原型来说明，通过原型的逐渐抽象与概括来帮助学生理解抽象的数学内容。在小学数学中，通过一个典型问题的解决，带动相关问题的解决，由一个到一类，逐渐深化拓展，达到触类旁通的解决问题的目的。这样数学的高度抽象性和广泛应用性才能逐渐被小学生所接受，这样的数学教学才会生动有趣。

2. 原则的实施策略

（1）情境—问题—模型—拓展

《课标》指出，"第三学段综合与实践"教学要结合实际情况，经历设计解决具体问题的方案，并加以实施的过程；体验建立模型、解决问题的过程，并在此过程中，尝试发现和提出问题。这就从某种层面说明"原型与模型相结合的原则"的实施策略：在数学教学中，先要从相关情境中提出问题，然后建立数学模型，通过模型来帮助解决实际问题，并在此基础上对模型做解释与拓展运用。

（2）原型—关系—模型—概念

数学不是研究现实世界具体存在的事物本身，而是研究从现实的材料中抽象出的数量关系和空间形式。数学研究的是"抽象的东西"，这些"抽象的东西"来源于现实世界，来源于人们的感性经验，是人们通过抽象和概括得到的。通过抽象，"人们把外部世界与数学有关的东西抽象到数学内部，形成数学研究的对象"。

"原型与模型相结合的原则"的一个实施策略：先选取现实世界中数学本质相同的原型，放在一起归纳抽取出其中相同的数量关系和空间形式，然后用数学语言构建成一个模型，再将本质相同的模型归纳、概括和抽象成一个数学概念。

（四）算法与算理相结合的原则

1. 原则的基本含义

在数学中，提到计算，常常会涉及算理和算法。算法，即计算的操作方法，是一系列操作程序，解决"怎样计算"的问题。算理，即计算过程中的道理，是一系列逻辑推理模块，解决"为什么这样算"的问题。算理为计算提供了正确的思维方式，保证了计算的合理性与正确性。算法为计算提供了行之有效的操作方法，提高了计算的科学性和快捷性。算理往往是隐性的，而算法往往是显性的。

在小学数学中，算法和算理是相辅相成、不可分割的。探寻算理，有利于形成和优化算法；执行算法，有利于理解算理。因此，在小学数学的计算教学中，要将算理和算法有机融合，实现和谐统一。在探寻算理的过程中，形成算法、优化算法。在执行算法的过程中思考隐含的算理，在计算中推理，促进逻辑思维能力的发展。在算理与算法的融合中实现思维的突破，发现和形成新的算理与算法。只有这样，才能在数学计算中促进学生创新意识和能力的发展，以及促进学生个性化的发展。

2. 原则的实施策略

算法与算理是计算的两个重要方面，两者彼此联系。因此，实施"算法与算理相结合的原则"，既可以从算法到算理，又可以从算理到算法。

（1）从算法到算理 —— 计算是解决问题

一个陌生的计算，其实可以看作一个陌生的问题，分析和解决这个问题，得到正确的答案，这就是算法。然后研究正确解答的计算过程，阐述其每一步的依据，即为什么可以这样计算，这就是算理。从算法到算理，比较适合学生的认知规律，也容易使其体会到计算的乐趣，有利于提高学生计算和解决问题的能力。

（2）从算理到算法 —— 计算其实是推理

数学的特征之一是具有逻辑的严谨性，学习数学也是学习逻辑推理。面对一个陌生的计算，可以根据已有的概念和判断，依据逻辑推理和已知的数学运算，寻求相应的结果。推理的过程就是算理，正确结果的执行程序就是算法。因此，从推理的角度来看，可以先发现算理，再产生算法。当然，这对学生的思维与能力的要求是比较高的。

小学数学的教学原则有如下几个特点。

1. 源于教学实践

即教学原则的生成与教学实践密切相关，是人们在教学实践中不断探索，经过多次抽象与反复概括的结果。

2. 基于教育目的

即人们总结自己的行为并概括出某些规律的基础就是对教育目的的认识，而对教育本质的不同诠释，就会产生不同的教学原则。

3. 具有发展性

教学原则不是一成不变的，而是一个发展的和动态的准则，它既受到科学技术发展的制约，也受到人们价值观和认识方式的制约。

第二节 小学数学教学方法

一、小学数学教学方法概述

教学过程，即教学活动的展开过程，是教师根据一定的社会要求和学生身心发展的特点，借助一定的教学条件，指导学生主要通过认识教学内容从而认识客观世界，并在此基础之上发展自身的过程。教学方法是教学过程整体结构中的一个组成部分。

（一）小学数学教学方法的含义

小学数学教学方法就是在小学数学课堂教学中，师生为达到教学目标所采取的一系列与教学相互作用的活动方式和手段的总称。它包含教师教的方式、学生学的方式及其相互之间的有机联系。

在数学教学中，当教学目标、教学内容和其他条件都确定后，教学方法将是取得预期教学效果的决定性因素。对相同的学生和教学内容，若采用不同的教学方法，可能会产生明显不同的教学效果。因此，灵活选用行之有效的教学方法是达成教学目标的关键。任何教学方法都是以一定的教学思想为依据的。

1. 注入式

注入式，又称为填鸭式，是指把学生看作没有主观能动性地接受知识的容器，教师只是从主观愿望出发向学生灌输知识和传递信息，对学生的认知水平和兴趣需要考虑较少，学生的学习比较被动。这种教学思想指导下的教学容易导致学生机械记忆、死记硬背、课业负担重、产生厌学情绪。

2. 启发式

启发式是指教师把学生看作学习的主体，从学生的实际出发，通过启发诱导，采取有效的方法和手段，充分调动学生学习的积极性和主动性，从而达到发展智力、提高能力的目的。这种教学思想指导下的教学方法使学生的学习生动活泼，由被动转为主动，由苦学转为乐学。

3. 导学式

导学式是指教师通过有针对性地教，让全体学生主动参与到学习中去，学会学习，提高学科能力，发展智力。它不单强调导和学，也强调教，注重"教、导、学"的有机结合，从而实现小学数学教学的导学平衡。它主张教学过程是以引导为中心的多种教学策略的综合，具有教育主体的参与性、教学过程的协调性和教学结构的整体性，它表现为一个动态平衡的发展过程。

从注入式到启发式，再发展到导学式，表明了在不断发展的教学思想指导下的小学数学教学方法在不断地创新和完善。

（二）小学数学教学方法的选择依据

影响教学方法的因素主要有教学目标、学生情况、教学内容、教学手段、教师的教学素养和个性特点等。此外，教学方法还与学校的文化氛围、设备条件以及教师的教学理念、课程资源的开发利用能力、课堂教学组织形式等有着密切联系。随着数学课程改革的不断深入，教师作为数学活动的组织者、引导者、合作者，使教学过程中的可支配因素不断增加，如多样化的教材、教具、教参和教学软件等，其教学方法表现出灵活性和多样性的特点。

每一种教学方法都是一系列教学方式和学习方式的综合，都有其优越性和局限性。一节课通常是"一法为主、多法配合"。教师可以根据学校的教学条件和自身的数学教学素养，选择切合小学生具体情况的教学方法，并进行组合运用、适当调适，以达到课堂教学效果的最优化。

在既定的教学时间、进度和教学环境下，教师选择教学方法时主要依据以下几个基本因素。

1. 教学内容

小学数学课程内容分为"数与代数""图形与几何""统计与概率""综合与实践"四个领域。不同的内容领域适用的教学方法也不同。例如，在图形与几何领域，教师为了揭示图形的本质特征，往往要借助实物、教具、课件等进行生动形象的演示，以帮助学生形成空间观念。又如，在综合与实践领域，由于知识的综合运用程度较高，教师往往要让学生通过讨论、合作、主动探究来提高思维能力。

同一内容领域，数学知识类型的不同特点决定了教师应采用不同的教学方法。对知识进行"陈述—程序""联结—运算"的两维分类模式所产生的四种类型中，联结类数学知识主要具有信息意义，宜采用接受学习的方式学习，而运算类数学知识则适合以探究学习的方式进行。对于许多小学数学概念、书写方法或计算规则等联结类知识，教师往往先通过讲解或对话使学生理解知识，之后通过"顺口溜""儿歌"等形式使学生顺利掌握知识。

例如，"年月日儿歌"：一三五七八十腊（12月），三十一天永不差；四六九冬（11月）三十日；平年二月二十八，闰年二月把一加。再如，"多位数写法歌"：写数要从高位起，哪位是几就写几，哪位上没单位，用0占位要牢记。

另外，教材内容也影响着教师教法的选择。教材中的例题、练习题都会无形中影响教师选用某种教学方法。因此，教师要充分认识到"用教材教，而不是教教材"，才能创造性地使用教材、挖掘教材中的数学思想，从而选好教法。

2. 教学目标

小学数学课程目标包括"知识技能""数学思考""问题解决""情感态度"四个

方面。每节课都应有具体、明确的教学目标，而不同层次教学目标的有效达成需要借助于一定的教学方法。对于一节课，教师对课程标准、教材、学生情况等综合考虑后总是侧重于课程目标四个方面中的某些方面来制定教学目标。为了达成既定的教学目标，教师应采用与之相应的恰当的教学方法。如果偏重知识的系统性和完整性，就适宜采用讲授的方法；如果偏重分析和解决问题的能力，就适宜采用探究教学法；如果侧重于提高学生的学习兴趣和动机，就适宜采用以游戏、活动为主的方法。

3. 学生

教学方法的选择必须考虑学生的实际情况，其包括学生的认知发展水平、年龄特征、已有经验、心理需求、学习动机、学习风格、班级规模、分组情况等，这些都直接影响教师对教学方法的选择。例如，对话法适合于小班额，讲授法更适合于大班额的情况；低学段适合以活动、游戏为主的教学方法，高学段更适合探究式、问题式的教学方法。

学生是学习活动的主体。教师不论使用什么方法，都要因材施教，与学生的学习情况相匹配，这样才能取得良好的教学效果。

4. 教师

教师的教学行为受其教育理念的指导其数学教学观、数学观都影响着教学方法的选择。教师的能力结构、教学经验、个性特点、成长历程和内在的个体需要等方面也都影响着教学方法的选择和运用。基于考试文化形成的数学观下的教师偏向于选择便于学生模仿、快速记忆的教学方法；外向开朗的教师比较喜欢用形象化的动作（或教具）演示的方法。总之，优秀的教师总是不断地更新教育理念、改进教学方法。

（三）小学数学教学方法的多样化

小学数学教学方法的多样化，一方面说明了课堂学习活动形式的多样化源自教学方法的多样化，而这种多样化正是为了适应学生学习方式的多样化；另一方面还说明了丰富多样化教学方法的可能性，教师和学生课堂学习的实践是丰富教学方法的基本条件，而其核心就在于教师对课堂学习组织的不断反思和总结。

1. 教学方法不是一个不变的程序结构

教学方法只是一个相对稳定的程序结构，随着价值观的变化，会影响小学数学课程目标的变革，自然也就会影响到教学方法的变革。例如，当前转变学生的学习方式成为课程教学改革的一项重大任务，而这种变革可能表现在新的教学方法通过教师的实践被不断地丰富，也可能使原有教学方法中的许多手段或活动发生变革，这就带来了教学方法的结构变化。

2. 不同的学习任务和目标可以有多样化的教学方法

在同一个数学内容的学习中，可能有若干个学习环节，而不同的学习环节其学习任务和目标是不同的，这就带来了教学方法的多样性和综合性。这样看来，理论上没有一个能统领整个课堂学习过程的教学方法，它是随着内容和目标的变化而呈现其多样性和综合性。

3. 同样的教学方法可以有不同的行为方式

即使在某个学习环节中运用某种教学方法时，不同的学生有不同的学习任务和不同的学习目标，其行为表现也是不同的。有时是表现在活动方式上的差异，如同样是"谈话法"，在组织低年级学生的学习时，可能更多的是采用"师生对话"的活动形式，而在组织高年级学生的学习时，就可能会更多地采用"小组对话"的活动形式；有时还表现在活动层次上的差异，如同样是操作，在概念性知识的学习中，操作的验证性成分可能会多一些，而在程序性知识的学习中，操作的探索性成分可能会更多一些。

4. 教学方法在一堂课中往往是交替使用的

在一个完整的课堂学习过程中，多种教学方法往往交替使用。而如何交替使用，将哪些方法交替使用，都取决于一个最基本的目标，那就是怎样才能促进儿童的学习。例如，在一堂"小数认识"的课堂学习中，可能会交替地采用"讲解法""实验法""发现法"等不同的教学方法，这些方法的不同服从于每一个阶段学习任务的不同和学习目标的不同。同时，这种综合还表现在同一个学习过程的模式中，会交织融合着多种教学方法。例如，一个探究学习的过程模式中，可能会有谈话、观察发现、演示实验等教学方法的综合运用。

二、小学数学教学的基本方法

小学数学教学是为了实现小学数学教育目的，小学数学教师与学生所经历的复杂认识过程在这一过程中有所体现。教学方法是实现教学目的的基本活动方式。

而小学数学教学方法就是指为了达到小学数学教学目标、完成教学任务、按照教学规律而制定的师生共同遵循的教与学的活动方式和步骤。任何教学活动的开展，数学教师都要使用一定的教学方法。当教学内容和其他条件确定后，教学方法将是取得预期教学效果的决定因素。

一般来说，教学方法服从于一定的教育价值观，受课程内容和教学目标的限制，同时教学方法的选择也受学生的制约。即教学方法要适应学生的兴趣特点、思维水平、知识经验的积累及学生的心理生理特征。有时教学方法还受到教师个性特征的影响。所以，教学方法并不是一个结构精细的规则体系和程序，不同的教师在运用教学方法时常常会有自己的创造，这也是教学方法丰富性的一个主要成因。小学数学的教学方法，从课堂学习中教师、学生相互作用的模式来看，可分为三种不同的类型。

（一）以教师呈现为主的教学方法

以教师呈现为主的教学方法是指教师在课堂教学中通过讲授、讲解、讲述、演示等，来帮助学生接受并内化既定的数学知识、技能、思想方法等。

优势：它能在较短的时间内使学生学到系统的数学知识，学到分析推理的方法，充分体现教师的主导作用。

这类教学方法主要有以下这些具体的形式。

1. 讲授法

讲授法是教师向学生说明、解释或者论证数学概念、计算法则和规律性知识时常用的方法，也是教学史上最主要、最常用的教学方法。它是指教师对教材内容进行系统分析后，通过简明、生动的语言向学生传授知识，学生主要用以观察、思考、聆听的教学方法。

运用讲授法的注意点：第一，系统地组织教学内容，条理清楚、重点突出。第二，语言准确、精炼、生动，注意运用分析与综合、归纳与演绎等推理方法。第三，注重启发式讲解，防止注入式。第四，注意多种教学手段的运用，调动学生听讲的积极性。

2. 演示法

演示法是指教师用各种教具、实物或图表，通过动态的形式将对象的发生过程以生动、形象的方式演示出来，以便让学生通过观察和思考概括出概念或规则的一种教学方法。它非常适合以直觉形象思维为主的小学生，所以是小学数学教学中最常用的教学方法之一。

演示法为学生提供了鲜明的感性材料，帮助学生发现对象的本质属性，为学生横向数学化创造了条件，有利于发展学生的观察、抽象概括能力。

运用演示法要注意：第一，根据教学目的、教材内容和学生特点选择适当的演示教具。第二，演示之前要给学生以明确的观察和思考任务，演示要与讲解相结合。第三，演示后要注意及时总结归纳或引导学生抽象概括，得出规律。

（二）以师生互动为主的教学方法

数学教学是数学活动的教学，因此，师生交往互动是教学实践活动的重要形式。对于多数学生来说，相对于读和写，听和说更有激发作用，易于吸引学生参与教学。此类方法是指以问题为导向，以问题解决为目标，以师生的对话、讨论、操作与尝试等为手段，促进学生主动学习的一种教学方法。

优势：首先，能发展学生发现问题、探究知识、主动建构的能力。因为学生要对特定的问题情境进行观察、思考和分析，才有可能提出问题，并以问题为导向，开展探究性活动，在问题解决的过程中去获得数学认知，形成数学技能，发展思维能力。其次，有利于培养学生团队合作和分享交流的能力。

这类教学方法主要有这样一些具体的形式。

1. 对话法

对话法是教师使用谈话、问答的方式，根据学生已有的知识和经验提出问题，启发学生对所提的问题进行积极思考，从而使学生自己得出结论、获得新知识的一种教学方法。同时也是数学教学中最常用的互动交流方法。

运用对话法的注意要点：第一，对话是以教师的问题为基点的，所以教师应当提"好"问题，反映数学的本质。在学生的最近发展区内，能引起学生的认知冲突。具有思考价值等。第二，对话以理解为核心，不必强求学生表述语言的精确和严谨，只要学生的表述清楚能懂，教师就不要给予太多的干预。第三，对话的问答之间要留有一段思考时间，缺乏思考的对话是一种无效的学习活动。第四，切忌在课堂上形成"一一互动"的局面，即教师和某个学生间的互动，如教师提出问题，请某个学生回答，然后教师纠正，并让这个学生再复述，其他学生就成为一个无须思考的旁观者。

2. 讨论法

讨论法是师生之间的又一种互动方式。它是在教师组织引导下，学生以全班或小组为单位，围绕中心问题，通过讨论或辩论活动，以进一步完善和深化对问题的理解、评价或判断的教学方法。

运用讨论法的注意要点：第一，要给学生明确的、有思考空间的讨论主题。第二，为保证讨论的有效性和全员参与，可要求学生在进行小组汇报时回答三个问题：一是小组讨论了什么问题，有几种不同意见；二是小组的最终意见是什么；三是小组中哪些同学的想法对自己有启发。第三，需要学生具备一定的认知基础、一定的理解能力和独立判断的能力，所以，一般在中高年级中采用。

（三）以学生活动为主的教学方法

以学生活动为主的教学方法，是指教师组织和引导学生通过独立的演习和探究活动以获得知识和解决问题的方法。

优势：突出学生的独立性与自主学习，使不同学生学习能力和风格的差异性得以展示，有助于培养学生的各种活动能力和创新能力。

这类教学方法主要有以下这些具体的形式。

1. 发现法

发现法是指教师从青少年好奇、好问、好动的心理特点出发，提出课题和提供一定的材料，引导学生运用分析、综合、抽象、概括等推理方法，自己独立地获得概念、发现原理的教学方法。

关于发现法的优点：第一，提高智慧潜力；第二，培养学生自我激励的内在动机；第三，学会发现的探究方法；第四，发现中获得的知识有助于记忆。

运用发现法的注意要点：第一，要根据教学内容设计适合学生探究的问题。第二，活动中教师要鼓励学生大胆猜想，并适当评价，认识到出错或不完善是学生学习的必经之路，要让每个学生都有尊严、有信心地学习、探究。第三，学生要有一定的经验和能力储备，因此，它适合于中高年级的学生。第四，把握活动进程，完成教学任务。日本学者研究发现，"发现学习"比"系统学习"要多花 130% ～ 150% 的时间，教师不仅要设计好各环节思考与交流的时间，还应留出总结反思的时间。

2. 练习法

练习法是在教师辅助下，学生通过独立作业或小组作业的方式，进一步理解和掌握基础知识，形成基本技能的一种教学方法。

练习的类型按形式可分为口头练习和书面练习。口头练习，内容涉及数学概念、原理、方法等简要问题，特别是易混易错之处；书面练习，这是针对教材重点、难点、关键点等有计划进行的练习。按功能可分为准备性练习、理解性练习、巩固性练习、技能形成练习和发展性练习。

运用练习法的注意要点：一是练习的目标要明确。在不同的教学阶段，有不同的目的。例如，准备性练习是为启动学生的认知结构，并为新知识作铺垫的练习。它要起承前启后、揭示新旧知识内在联系、引导学生思维的作用，一般用时不超过 5 分钟。巩固性练习是在数学概念、法则的学习后，为使学生理解概念、掌握法则进行的练习，要围绕新知识内容由易到难进行。综合发展性练习是为了把新知识纳入已有的认知结构中，其主要目的就是新旧知识的系统化和结构化，同时也培养学生灵活运用数学知识解决具体问题的能力，从而发展学生的思维能力。二是练习要讲究科学性。科学性至少包括练习要有针对性、层次性和形式的多样性。要避免机械重复、单调封闭、脱离实际的练习，向着既能使学生的基础知识得到巩固、技能得以提高，又能让学生乐学、会学，最终使创新精神和实践能力得到提升的方向发展。其形式要体现从枯燥走向有趣、从封闭走向开放、从课堂走向生活、从个体走向互动、从被动走向主动的特点。三是练习之后需要回顾反思，正如"波利亚解题表"中的第四步。

3. 操作实验法

操作实验法是指在教师的指导示范下，学生进行具体实验，并在操作实验的过程中观察、思考、发现规律或法则的教学方法。运用操作实验法可以让每个学生主动地参与到知识的探索活动中来，满足学生的好奇心。

实验操作中注意的事项

1）安全操作

在实验操作中，烦琐、单调的重复操作和化学品等物品的使用容易让人疏忽大意，危害个人安全。因此，在操作中有必要注意以下事项：

（1）戴好实验手套、护目镜、口罩等相应防护装备，以保证操作人员的安全；

（2）禁止进行擅自创新或未经授权的操作，在未人工干预的自动化工程中，应尽可能避免人工操作，减少人为操作带来的不确定因素；

（3）遵守实验室规定，正确地操作实验设备和材料。

2）准确记录信息

实验操作需要具备记录所得信息的能力。不同实验操作的记录方式不同，但需要注意以下事项：

（1）在实验开始前，必须核对所需材料、工具、参数、规格等信息，确认无误后方可开始；

（2）在实验数据记录时，时间、温度、压力等数据要准确无误，保证实验数据的可靠性和实验结果的准确性；

（3）实验过程中的一些细节也需要记录，或者拍照成像，方便操作人员之间的交流和复查。

3）遵循实验操作流程

实验操作基本需按照规定的程序来进行，这样才能获得准确的实验结果。对于每种实验，都有其固定的操作流程。以下几点需要注意：

（1）跟随实验操作流程，掌握实验步骤和注意事项；

（2）应熟读实验检测标准和操作方法、检测介质、判定标准等，以防误判和其他问题的发生；

（3）在实验中，应有耐心，按照操作流程和时间表顺序进行实验。

4）控制实验条件

实验条件的控制对实验结果有重要的影响。以下几点需要注意：

（1）应在尽量相同的条件下重复实验三次以上，以消除实验中的随机误差；

（2）必须严格控制实验条件，如加样、加液、温度、压力、反应时间等，以保证实验的可重复性和可靠性；

（3）应合理控制实验因素，如调整配比、更换实验材料等，以达到实验所要求的调节因素效应。

三、小学数学教学的综合方法

小学数学教学的综合方法是由几种基本的教学方法和教学技能组合而成的。教师可以在使用以下综合方法的同时不断总结创新。

（一）活动教学法

活动教学法是指教师创设适当的教学情境，让学生以活动为主要形式，充分调动学生的多种感官参与，把学生感知学习与实践操作、体验交流融合在一起的教学方法。

在活动教学法中，教师根据教学要求和学生心理特点来设置数学教学情境，引导学生积极参与讨论、游戏、学具操作等活动，通过听觉、视觉、空间知觉、触觉协同活动而获取知识。

活动教学法的优点：通过动手操作、游戏等活动形式平衡了数学的抽象性特点和学生以形象思维为主之间的矛盾。活动教学法把抽象的数学知识转化成了丰富多彩的、可操作性的活动，符合学生的心理特点，因此，能充分发挥学生学习的主动性，使学生受到数学思想和方法的熏陶。活动教学法尤其适用于小学低年级。

教师使用活动教学法时应注意以下几点：第一，课前必须准备好学习中所用的学具，并让每个学生都参与到活动中；第二，在教学过程中，教师要对学具的使用提出具体要求，并给予学生适当的引导，使学生充分调动多种感官参与学习，从而获取数学活动经验；第三，活动不能太多，且必须有明确的目的；第四，要注意处理好个别活动与集体教学的有机结合。

（二）问题教学法

问题教学法是指教师把知识点以问题的形式向学生呈现，引导学生通过独立思考、讨论交流等形式，在深入思考和求解的过程中理解数学知识、提高思维能力的一种教学方法。

在教学法中，教师不直接把现成的数学知识传授给学生，而要从教学内容中精心设计问题，并在课堂教学过程中灵活地使用提问、追问等技能，充分发挥学生的主体性，引导学生以问题为主线进行深度思考，最终使学生自己得出结论、获取新知识，并体验知识发现和构建的过程。

问题教学法的优点：第一，通过问题来激发学生的好奇心和积极性，引发学生思考，使学生主动学习，因此，可以增强学生问题意识和解决问题的能力；第二，问题教学法鼓励学生质疑、发问，注重学生对数学知识的深入理解和再发现，因此，有利于发展学生独立思考问题的能力和提出问题的能力。

问题教学法的局限性：第一，教师设计恰当的问题存在一定的难度，往往需要花费很多精力，如果问题太简单或者巩固记忆性的问题太多，则会使课堂教学成为简单的问答对话，不利于学生思维的发展；第二，在课堂教学过程中，对教师的要求比较高，需要教师具备娴熟的提问、追问技能，灵活的协调应变能力以及及时评价和课堂管理的能力。

问题教学法在使用时应注意的事项如下：第一，要根据学生已有的认知基础和经验基础来设计问题，问题要难度适宜、富有启发性，使学生通过概括、归纳、推理等思维活动来理解数学概念的本质、数学规则及算理；第二，课堂教学中教师把各个知识点以不同的问题为载体进行呈现，这就需要教师精心设计问题，围绕重点和难点对这些问题进行梳理、整合，最终把整个教学内容串联起来，使学生获得较完整的知识；第三，在思考和解决问题的过程中，教师要耐心倾听，及时纠正和总结学生的回答和质疑。

（三）探究教学法

探究教学法是指在教师的组织和引导下，学生以问题为研究的方向和目标，运用类似科学研究的方法主动去获取知识、形成技能、领悟方法的一种教学方法。探究教学法要求学生事先具备一定的知识基础和发现问题、分析问题的能力基础，面对教学情境中一个较难的问题，通过观察、归纳或猜想、验证等探究过程，不断地探索规律、发现问题、分析问题和解决问题，最终获得结论。

探究教学法的一般步骤是"提出猜想—验证猜想—获得结论—反思评价"，其不仅注重结果的获得，还注重探究过程中创造性思维能力的训练、科学态度的培养和探究经验的积累。由于探究获得的结论具有开放性，可能与假设相符，也可能与假设相悖，还可能会有意料之外的新问题，因此教师要及时地做出指导，协调、评价并对问题进行拓展延伸。

小学数学探究教学法有个人独立探究、小组合作探究和班级集体探究三种组织形式。根据探究问题的难易、复杂程度，教师可灵活组织学生展开不同难度、不同形式的探究学习。

探究教学法的优点：第一，帮助学生学会数学的思维方法，学会独立求知与研究；

第二，探究结果有时具有开放性和启发性，可能会产生新的问题，有利于培养学生的创新思维能力。

探究教学法的局限性：第一，探究教学法要求学生必须具备良好的知识基础、分析推理的能力以及克服困难的毅力，因此，不适合低年级；第二，探究不仅需要花费很多时间，而且需要教师提供材料、协调组织、及时指导，同时也比较费精力。

探究教学法使用时的注意事项如下：首先，教师要精心设计探究计划，使学生真实地体验发现知识的过程，要考虑哪些内容适合学生探究，适合个体探究还是小组合作探究；其次，探究的问题应符合学生的年龄特点，激发学生的学习兴趣和探究欲望，展现学生的智慧和能力；再次，要为学生的探究活动提供充分的时间，使学生在提出猜想或假设的基础上，充分地进行验证，从而得出结论；最后，教师要对探究结果进行及时的指导和评价，促进学生的发展。

四、小学数学教学方式的变革

人的心灵深处都有一种根深蒂固的需要感，这就是希望自己是一个发现者、研究者、探索者。体现学生的天性，致力于改善学生学习方式，是新课程改革的目标之一，数学教学方式既包括施教方式，也包括学习方式。近年来，国内外数学教育、教学的发展越来越强调从更有利于学生学习的角度设计数学教学方式。

（一）小学数学学习方式的变化

在小学数学教学中，"教"是为了"不教"，是为了学生"学会"和"会学"。因而，学生学习方式的变革成为教学方式变革的关键。一般地讲，学生的课堂学习方式主要有接受学习、死记硬背、机械训练、发现学习、自主学习、探究学习和合作学习等，学习方式变革的方向是自主发现、探究和合作学习。

1. 自主学习

自主学习是指学生"自主导向、自我激励、自我监控"的学习方式。大量的观察与研究证明，只有在如下情况下，学生的学习才会是真正的有效：感觉到别人在关心他们；对他们学习的内容很好奇；积极主动地参与到学习过程中；对正在学习的材料感兴趣并觉得有挑战性；感觉正在做有意义的事；看到了成功的曙光；任务完成后得到适当的反馈。由此，要促进学生的自主学习，就要最大限度地创设让学生参与到自主学习中来的情境与氛围。

2. 探究学习

探究学习是指教师不把现成的结论告诉学生，而是从现实中选择和确定研究主题，在教学时创设恰当的问题情境，通过学生自主、独立地操作、实验、调查、分析、表达与交流发现等探索活动而进行的学习。它特别有利于学生探索精神和创新能力的发展。

与接受学习相比，探究学习具有更强的问题性、实践性、参与性和开放性，如表4-1所示。

表4-1　探究学习与接受学习对比

	探究学习	接受学习
线索	以"问题"为线索	以"知识"为线索
关注	生活实践	系统知识、操作技能
过程	情景体验、明晰问题、探索研究、总结发表	导入场景、传授知识、练习验证、复习巩固
学生	选择目标、搜集证据、分析整合、验证反思、自主构建	明确任务、接受讲解、初步建构、实验验证、总结巩固

与发现学习相比，探究学习在侧重点、过程、涉及的内容、问题的特征、思维方式等方面，有着较大的差异，如表4-2所示。

表4-2　探究学习与发现学习对比

	探究学习	发现学习
侧重点	科学问题的解决，过程	知识结构的发现，结果
涉及内容	知识、方法、态度	概念与原理
过程	问题—假设—方案—检验—结论	问题—假设—结论
问题特征	开放性强	具有封闭性
思维方式	分析、直觉思维	直觉思维

3. 合作学习

合作学习是指学生在小组中为了完成共同任务，有明确的责任分工的互助性学习。合作学习的心理学基础是社会建构主义，强调情境学习、团体动力，要求学生积极承担个人的任务，又相互支持、配合，实现面对面促进性互动。

在小学数学教学中，实施合作学习往往出现流于形式缺乏实质的合作、参与度不均衡的合作及评价和奖励重整体、轻个体等现象。因此，还需要教师指导学生如何学会倾听、分享、尊重、欣赏等合作意识和技能。

（二）教学方式的变革

教学方法只是一种相对稳定的程序结构，新课改强调学生学习方式的丰富与多样化，这必然要求教师对教学方法的选择与优化。数学教学方式通常是对优秀数学教师教学方法组合优化的概括、规范。现有的课堂教学的形态分为告之式、启发式、探究式、分享式四种。由此，也就对应四种教学方式。

1. 讲解一讲授式

讲解一讲授式，也称告之式，是把学习的内容告知学生，以讲授法为主，辅之对话、练习、演示等教学方法。其基本程序如下：

复习思考→情景导入→新课理解→巩固应用→反思小结

2. 引导—发现式

引导—发现式，也称启发式，是教师通过设计系列问题，引导学生发现结论的教学方式；以发现法为主，辅之演示、对话、讨论、练习等教学方法。其基本程序如下：

问题情景→观察猜想→推理论证→验证应用→总结反思

3. 探究—发现式

探究—发现式，也称探究式，是学生独立发现知识、结论的方式；以发现、操作实验为主，辅以对话、讨论、练习等教学方法。其基本程序如下：

问题情景→自主探究→抽象建模→总结发表→反思小结

4. 分享式

分享式是从问题出发，让学生思考、展示、交流、分享自己想法的一种教学方式。它基于孩子的四大天性：好奇心、好探究、好秩序、好分享，以及人的思维单元"问题—思考—分享"，在探究发现的基础上，让学生展示分享。其基本程序如下：

情景问题→思考解决→展示分享→完善应用

给孩子创设情境，让孩子提出问题，然后展示分享，从而在分享中让孩子反思、提升，得到发展，即分享式教学。其教学原则是"意识前移，人人参与，教师让座，参与无错"。

前三种教学方式，从知识的获取方式上，从完全依靠别人告之到半依赖别人，再到完全摆脱别人的依赖，似乎已涵盖所有可能的教学形态：但从知识终端处理方式来看，它们都归为自储式，属于"将来的教育"，以展示交流为特征的分享式教学，让学生感尝到尊重、认可，同时让学生学习的积极性、创造的潜能被激发，属于"快乐在当下的教育"，是教学方式的重大变革。

五、小学数学教学的辅助手段

所谓教学手段，是指教师和学生进行教和学的过程中相互传递信息的媒体、工具或设备。它通常与板书、教具和学具、电子视听设备、多媒体等"物体"相关。高效的小学数学课堂离不开各种教学辅助手段的运用。在小学，不论选择传统教学辅助手段，还是现代教学辅助手段或者是各种教学手段的整合，都具有重要的价值。

（一）教学辅助手段的价值

教学手段是指"教师用以向学生传授教学内容和收到从学生中来的反馈的手段"，是在小学数学课堂学习中用以交流的媒体。显然，教学手段与教学方法不同，它通常是与"物"联系在一起的，具有使用材料的特征。

因为课堂学习是教师、学生、教材与环境四因素之间的持续相互作用的过程，而不管什么类型的作用模式，都需要教学手段这个媒介来给予支持，所以，教学手段在课堂学习活动中具有不可替代的价值。

1. 帮助学生更好地获得对知识的理解

学生的数学学习是一个从直观逐步到抽象的过程，这是由学生的心理特征所决定的。他们在获得对数学知识理解的过程中，往往需要由外部的感觉给予支撑。例如，学生在开始理解 20 以内的进位加法时，就是通过教师提供的一组材料：一个小盒，分为 10 个格子，其中 8 个格子已经放入了小球，外面还有 3 个小球，如果要加起来，就要往盒子里再放入两个小球。放满 10 个小球的小盒用 1 表示，而这个"1"就表示 10 个一，外面还剩 1 个，于是，结果就是 11。形象化的材料帮助学生理解了"满十进一"的位值制原则。

教学中，一个好的教学手段，往往能清晰地揭示或呈现知识的本质属性，从而帮助学生理解并建构这些知识。

2. 支持学生对知识的探索

学生对知识的发生、本质及价值等的认识，也往往需要一些有效的教学手段给予支持。例如，学生在认识"三角形内角和"这个规律性知识时，常常就是通过对教师给出的一组材料（如不同的三角形）进行剪、拼等自主性的操作活动来实现的。

3. 加强师生在课堂上的交互作用

师生在课堂上实现交互的最基本的教学媒介是语言和文本。语言既包括教师的讲解提问和描述，也包括学生的问题回答及过程描述；而文本主要是依靠教材的呈现与黑板的板书。当然，从今天来看，这种传统手段已经凸显出狭窄与滞后的弊端。因此，现代化的教学手段被越来越多地引入课堂学习之中。

（二）传统的教学辅助手段

1. 板书

板书是小学数学课堂教学的一种辅助形式，是教师为了帮助学生更好地理解和掌握数学知识而采取的一种重要的教学手段。与教师的口头语言讲授相比，板书是以直观的方式揭示数学知识的特征，并通过视觉通道与学生进行信息交流。

小学数学教学中，教师设计板书要通盘考虑、合理布局，要少而精，要强化重点、主次分明、脉络清晰，突出数学内容的本质，便于学生理解和记忆。好的板书还要文字工整、符号和图形规范。

2. 教具和学具

教具和学具是教师在课堂教学中使用的一种常见的传统教学手段。在小学数学课堂上，教师除了运用教科书、教案、粉笔之外，还会把一些实物（如挂图、模型、小棒、小球等教具或者积木、纸片等学具）运用到课堂上，以帮助学生理解数学概念、规则，体会数学知识的本质特征。

例如，在学习数与数位关系、方位、几何图形的周长、面积与体积等内容时，教师通过演示教具或指导学生摆放学具，使学生形象直观地感受数与形，体会知识的形成过程。

好的教具应具备以下几个特点：在教师演示的过程中，要有利于学生观察和思考，增强学生的学习兴趣；教具的外形要尽可能地与数学知识密切相关，使学生获得较为正确和鲜明的深刻印象；不同学段的学生，其思维水平和兴趣爱好是有差异的，因此，教具要适合学生的年龄特点，从而启迪学生的思维。

在小学，方块是"自然数的认识"的教学中经常使用的学具。一个小方块表示一个一个地数，十个小方块摆成一条，这一条就表示一个十；十个十个地数，十个十就是一百；把十个小长条拼成小方块，再十个小方块十个小方块地数，十个方块就拼成了一个大的正方体，也就是一千。

运用小立方块可以进行"整数的认识""运算律"和"整数加减法"的教学。它直观形象，有利于帮助学生建立数的大小概念、直观感知运算。同时，运用小立方块还可以进行面积、体积等内容的教学。

（三）现代的教学辅助手段

1. 电化设备

电化设备，是指把投影仪、录音机、录像机、电视机、计算器、DVD 机等运用到课堂上作为教学辅助设备。它可以为学生提供更多的视频或音频信息。例如，小学数学课堂上，教师把学生的典型练习或手工作品摆放在幻灯机上，其他学生则可以清晰地观看。这样，可以提高教师的课堂教学效率。

2. 多媒体

随着计算机科学和网络技术的普及和发展，计算机辅助教学已成为常用的一种教学辅助手段。小学数学课堂上常用的数学软件有几何画板、超级画板、Matlab 等。

多媒体技术应用到小学数学课堂上的主要形式有两种：一种是课件演示。教师利用计算机的图形、声音、动画等把教学内容生动形象地展现在学生面前，使数学概念、规则、原理与学生头脑中所形成的清晰的表象结合起来；另一种是自主学习。学生在多媒体网络环境下，对教师提出的探究问题或自己选择的学习内容，利用学生工作台进行自主学习。

小学数学教学中，制作 PPT 课件应注意以下三点。

第一，课件要从数学学科教学需求的角度来考虑，仅作为一种辅助手段，它不能替代学生的动手操作、抽象思考以及师生互动。课件如果过多地注重教师演示，那么学生就成了附和者、观赏者。这样，就失去了帮助学生理解数学知识、启迪学生数学思维的作用。

第二，PPT 的表现主题要明确，避免产生干扰因素。课件的界面太精美、色彩太暗或太鲜亮、文字或习题太多、存在与教学内容关系不大的图形、动画、特效等都会分散学生的注意力，从而干扰学生的学习。

第三，课件要切合教学内容，有效地突出教学重难点。不是所有教学内容都适合用PPT，也不是整个教学过程中都要用到 PPT。

第五章 小学数学教学过程

第一节 教学过程设计的意义简述

　　小学数学教学，作为一种以小学数学教材为中介的师生双方教与学的共同活动，它既是一种动态的多维结构，更是一个有序地连续过程。探明这个过程的本质和特点、要素与结构、实施程序与步骤，不仅是小学数学学科教学理论研究面临的一个重大课题，同时也是小学数学教学实践迫切需要解决的一个实际问题。

一、小学数学教学过程的本质与特点

（一）小学数学教学过程的本质

　　教学过程既是一种特殊的认识过程，又是一个促进学生全面发展的过程，它是认识与发展相统一的活动过程。小学数学教学过程可作这样的表述：它是师生双方在小学数学教学目的指引下，以小学数学教材为中介，教师组织和引导学生主动掌握数学知识、发展数学能力、形成良好心理品质的认识与发展相统一的活动过程。

　　对小学数学教学过程的本质还可以作出进一步的表述：从结构来看，它是一个以教师、学生、教材、教学目的和教学方法为基本要素的多维结构；从功能来看，它是一个教师引导学生掌握数学知识、发展数学能力、形成良好心理品质的认识与发展相统一的过程；从性质来讲，它又是一个有目的、有计划的师生相互作用的双边活动过程。

（二）小学数学教学过程的基本特点

第一，小学数学教学过程是一个以小学生为认识主体，以基本数量关系和空间形式为认识对象的特殊认识过程。

小学数学教学过程中的认识主体是学龄儿童。这一年龄阶段儿童的思维正处在以具体形象思维为主要形式，逐步向以抽象逻辑思维为主要形式过渡的阶段，他们的抽象逻辑思维虽然有了长足的发展，但仍然带有较明显的具体形象性。他们对生动具体的事物认识较清楚，但对抽象概括的知识理解和掌握却往往感到困难。从认识对象来看，小学生在数学学习中所认识的主要是客观世界中的一些最基本的数量关系和空间形式，这些内容虽然反映的是人类在认识数量关系和空间形式方面的早期成果，但与其他学科相比较，它们仍然具有高度的抽象性和严密的逻辑性等特点。

认识主体和认识对象的特殊性决定了小学数学教学中的认识过程的个性特征。首先，认识主体思维的具体形象性和认识对象的抽象概括性决定了小学生在数学学习过程中对感性材料的依赖性。这就要求教师在教学中必须加强实际操作和直观教学；其次，认识对象严密的逻辑性决定了学生在认识过程中不可逾越的阶段性和严格的顺序性。这就要求教师在教学时严格遵循儿童的认识发展顺序和小学数学教材结构的逻辑顺序。

第二，小学数学教学过程是一个以发展初步逻辑思维能力为核心的促进学生全面发展的过程。

小学数学教学过程要求学生在扎扎实实地掌握数学知识的基础上，提高计算能力、初步的逻辑思维能力和用所学数学知识解决简单实际问题的能力，增强空间观念，培养良好的思想品德和行为习惯。学科特点决定了学生数学知识的掌握和思想品德的养成，这都是与良好的数学能力分不开的。而计算、空间观念和用数学知识解决实际问题等能力的形成又是以初步的逻辑思维能力为基础的。因此，小学数学教学过程是一个以发展初步逻辑思维能力为核心的促进学生全面发展的过程。这是小学数学教学过程有别于其他学科教学过程的一个重要特征。

第三，小学数学教学过程是一个以小学数学教材为中介的师生教与学相互作用的活动过程。

小学数学教材是数学知识的载体，它既是教师教的依据又是学生学的对象。整个教学过程都是紧紧围绕着教材内容展开的，小学数学教材是连接师生教与学的中介。从师生双方在教学中的相互影响来看，小学数学教学过程是一个师生教与学相互作用的活动过程。在这个过程中，教师是教学的主导，是教学过程的组织者和引导者，教师不仅决定着学生学的进程，还影响着学的方法。在教与学的相互作用中，教师通过有效的手段和方法引导学生卓有成效地认识、理解、掌握教材内容，把教材的知识结构转化成学生的数学认知结构，从而使教师的教对学生的学产生积极的促进作用。

学生是学习的主体，他们在教师的启发和引导下通过对小学数学教材内容的主动学习和掌握，把人类在客观世界的数量关系和空间形式方面的一些最基本的认识成果转化成自己的认识。这种转化，体现了师生教与学相互作用的效果。

二、小学数学教学过程的构成

（一）教学目的

小学数学教学过程是一种有着特定的教学对象和具体的教学内容的学科教学过程，它是一种有计划、有步骤的活动过程。因此，整个过程及其过程中教师教的活动和学生学的活动都必然有其明确的目的，没有目的或目的不明确的师生活动既不能称之为教学活动，更不能构成一个完整的教学过程。小学数学教学目的是构成小学数学教学过程必不可少的一个基本要素，它不像教师、学生、教材等要素那样客观具体，而是以观念的形式预先存在于师生头脑里的活动结果和追求目标。由于教师和学生头脑里有了这种追求的目标，才保证整个教学过程始终沿着既定的方向向前发展。小学数学教学目的在小学数学教学过程中具有统帅全局的作用，它不仅决定着教学内容的选择和组织，影响着教学手段和方法的使用，同时还制约着教学活动结构的安排和教学进程的发展。

（二）教师

教师在整个小学数学教学过程中始终处于主导地位，是教学过程的组织者和调控者。因此，小学数学教师是构成小学数学教学过程的一个核心要素，没有小学数学教师便没有小学数学教学过程。片面强调学生的主体作用而忽视教师的主导作用，就好像是教师不教学生也能学好数学，其实这是对小学数学教学过程本质的一种歪曲。由此可见，小学数学教学过程的本质属性决定了教师在其教学过程中的主导地位和作用，随着教学改革的不断深入，这种作用将会越来越明显。

（三）学生

在小学数学教学过程中，虽然学生自身的年龄特点与认识水平和数学学科特点决定了他们的学习活动只有在教师的具体指导下才能进行，但是教师的指导和帮助对他们来说归根结底只是一种外因。外因是变化的条件，内因是变化的依据，外因通过内因而起作用。学生的发展最终要通过他们自身的主观努力才能实现，无论是数学知识的掌握，还是数学能力和良好思想品德的养成，从根本上来讲都不是教师教会的，而是在教师指导下学生自己主动学习获得的。由此表明：小学数学教学过程中的各项教学任务都不能由教师强加于学生去完成，只能靠学生自己的主观努力，通过积极主动的学习去实现。

再从小学数学教学过程的诸要素来看，如果离开了学生这个主体，教学目的的导向作用、教师的主导作用、教材内容的中介作用以及教学手段和教学方法的价值，不仅无法体现出来，而且也没有存在的必要。由此可见，教学过程中各种要素的功能和作用，最终都要通过学生的变化和发展体现出来。从这个角度来讲，小学生的学习活动在小学数学教学过程的构成中是一个最活跃的因素，他们的发展水平是全面反映小学数学教学过程及其效果的量表。

（四）教材

教材是教师教的依据、学生学的对象，是教学活动中师生相互作用的中介，是小学数学教学大纲的具体化。它不仅规定了小学数学学科教学的具体内容，而且确定了教学的程序。不论是教师教的活动还是学生学的活动，都必须严格按照教材所安排的逻辑顺序进行。任何离开教材内容的教学活动，都不能构成严格的小学数学学科教学意义上的教学过程。因此，小学数学教材与教师、学生一样，也是构成小学数学教学过程的一个基本要素。

小学数学教材就其实质来讲，它是一种知识结构，是人类关于数量关系和空间形式的认识成果，是教材编写者思维过程的记载。在教学中，教师应以教材为依据，通过自己的思维活动去再现教材编写者隐藏在教材内的思维过程，以此带动学生展开积极的思维活动。在此基础上，让学生在头脑里建立起与教材知识结构相适应的数学认知结构。

（五）教学手段和教学方法

一个完整的小学数学教学过程还应包括必要的教学手段和教学方法。狭义的教学手段通常是指除教材以外的教学媒体，还包括实物、模型、投影、录像、电影、计算机等。从本质上讲，可以把教学手段理解为实现教学目的、完成教学任务的工具。教学方法是指师生在教学活动中所采用的工作和学习方式。从教学手段和教学方法的联系来看，教师和学生在教学活动中所使用的方法包括教学媒体的使用。如果把教学手段视为教学工具，那么教学方法就包括对教学工具的运用。正是基于这种认识，可以把教学手段和教学方法合起来作为构成小学数学教学过程的一个要素。

教学手段和教学方法对小学数学教学过程来说，虽然不是起决定性作用的要素，但是它们对教学过程及其效果的影响也是不能低估的。实践证明，完备的教学手段和科学的教学方法，能有效地提高教学效率，促进学生更好地发展。

上述几个要素集中概括了构成小学数学教学过程的五大主要组成部分。在这些组成部分中，教师、学生、教材是构成小学数学教学过程的主要成分，特别是教师和学生更是两个最活跃的基本要素，这两大要素对整个小学数学教学过程的构成及其效果具有决定性的作用。

三、小学数学教学过程的基本阶段

小学数学教学过程的基本阶段是指小学数学教学过程的基本程序，通常表现为一些相对固定的教学环节。由于小学数学教学过程是一个师生共同的双边活动过程，在其阶段的划分上既要考虑教师教的过程又要考虑学生学的过程，更要考虑两者的相互适应。根据教的过程与学的过程必须相互适应、协调统一的原则，小学数学教学过程划分为以下四个基本阶段。

（一）教学准备阶段

教学准备阶段，在这里概指教师教的准备和学生学的准备，这一阶段既是教师教的过程的起始环节，同时也是学生学的过程的起始环节。

教师教的准备过程，就其表现形式而言，主要是一个学习小学数学教学大纲、明确教学目的要求、熟悉教材内容、了解学生情况、设计教学任务、选择教学手段和方法，并在此基础上制订出切实可行的教学方案的过程。这个过程既是一个教学工作的准备过程，同时也是一个教学心理的准备过程。首先，在制订教学方案的过程中教师要给整个教学过程设计具体的教学目的和任务。教学目的一旦确定下来就会以观念的形式存在于教师的头脑中并成为教学中追求的目标。这样，在教学过程中要实现什么目的以及如何去实现这个目的，教师一开始就要有充分的心理准备。其次，因为教学方案要预先设计整个教学过程，所以教学中采用哪些手段和方法、如何组织和调控学生的学习活动，教师应胸中有数。显而易见，这一阶段对教师教的活动来说，具有心理定向和心理动力作用。

学生的学习准备，包括知识准备和心理准备两方面。前者是指在开始新课学习以前，有意识地复习与新知识有紧密联系的旧知识，唤起对旧知识的积极回忆，并以此作为学习新知识的基础。后者主要是指教学前通过教师告诉学生所要学习的知识内容及其在今后学习中的地位、作用以及怎样学习这些知识，让学生初步明确下一阶段的学习任务，产生学习需要，并自觉预习将要学习的教材内容。不过，学生学习准备的效果在很大程度上取决于教师启发、激励的方法和技巧。如果方法得当，对学生的学习就会产生极大的促进作用。如一位教师在教学"圆的周长"前启发学生："正方形、长方形的周长大家都会算了，你们会计算圆的周长吗？其实，圆的周长和它的直径之间始终存在着一个固定不变的倍数关系，只要找到了这个倍数关系计算圆的周长就不难了。怎样去发现这个倍数关系和用这个倍数关系计算圆的周长呢？在明天的学习中大家就会明白的。"结果学生的求知欲空前高涨，绝大多数学生在课前还自觉地作了预习，可见学习准备的重要作用。

（二）教师的讲授和学生的理解相互作用阶段

这是小学数学教学过程的中心环节，它对整个教学过程的效果起着决定性的作用。在这一阶段中，教师根据学生的学习需要系统地提示、讲解教材内容；学生在教师的指导下全面感知、理解教师所讲授的内容，从而把教材知识结构转化成数学认知结构。这既是教师教的活动与学生学的活动发生相互作用的阶段，又是新的数学知识同学生原有认知结构建立实质性联系的阶段。这一阶段对于学生内化数学知识，扩充原有数学认知结构或建立新的数学认知结构都具有至关重要的作用。从表面来看，在这一阶段只是教师和学生两大要素发生相互作用，实际上小学数学教学过程的其他各构成要素都对该阶段产生制约作用。首先，教师的讲授和学生的理解都必须以小学数学教材内容为依据和对象，小学数学教材是师生相互作用赖以发生的中介；其次，教师的讲授和学生的理解都不能离开教学目的去漫无边际地发散，只能按照小学数学教学目的指引的方向展开；最后，教师的讲授和学生的理解都要借助于一定的教学手段和方法。可见，这一阶段是一个受多种因素制约的复杂过程。

根据实践经验，在具体实施这一步骤时要重点处理好以下几个问题。

第一，充分发挥教材的中介作用。首先，教师的讲解要紧紧围绕教材内容及其逻辑顺序展开，引导学生根据教材的逻辑顺序认识、理解教材内容。其次，在讲解中不要什么问题都和盘托出，应给学生留有看书学习的余地；学生在接受教师讲解的同时，也要重视看书学习，根据教材的提示主动发现有关的结论。

第二，教师的讲解要抓住新旧知识的连接点，充分展现教学知识的发生、发展过程。为了使学生在旧知识的基础上更好地理解新知识，教师在讲解中一定要紧紧抓住新旧知识的连接点，引导学生利用新旧知识之间的联系去实现新的数学知识结构同原有认知结构的联系。在这方面，教材已经作了很好的安排。因此，教学中要充分利用教材促进学生对新知识的更好理解。

第三，用直观手段为学生的理解提供必要的帮助。小学生的思维特点决定了他们在数学学习中的抽象逻辑思维活动要有必要的感性材料作支持才能顺利进行。这在客观上要求教师在教学中除了努力提高讲解水平外，还要加强实际操作和直观教学，利用动作和感知来密切教师的讲授与学生的理解之间的联系，促进学生对教师讲授内容的理解和掌握。

（三）巩固运用阶段

引导学生对已经理解的知识加以巩固和运用，使其真正掌握，这既是教师教学工作的一个重要步骤，同时也是学生学习过程中的一个基本阶段。这一阶段对于学生加深数学知识的理解、强化知识的保持、训练技能和发展能力都具有其他阶段无法替代的作用。严格地讲，巩固和运用是两种不同的活动，前者是指在理解的基础上将所学知识牢牢地记住，后者是指用所学的数学知识解决问题，但在教学实践中两者往往是交织在一起的，通常很难作出严格的划分，因此将两者综合成了小学数学教学过程的一个基本阶段。从活动过程的构成来看，这一阶段虽然主要是学生的练习，但由于学生的练习始终离不开教师的必要指导，因此巩固运用阶段仍然是一个教师教的过程和学生学的过程相互适应、协调统一的活动过程。这一阶段在具体实施中要注意做好以下三个方面的工作。

1. 组织学生有效地练习

练习是在理解的基础上对已学知识的更高层次的重新认识。为了帮助学生更好地巩固知识，在教学中要特别注意搞好两种形式的练习：一是新授课教学中的巩固练习，通过这种练习及时强化新知识；二是练习课，通过集中练习进一步巩固知识，发展数学能力。

2. 搞好数学知识的整理与复习

首先，复习要及时、经常，既要重视阶段性复习，也要重视平时的经常性复习；其次，要注意教给学生科学的复习方法，并让他们养成自觉复习所学数学知识的习惯；最后，还要特别注意引导学生加强数学知识的归纳整理，使所学知识系统化、结构化，以此提高数学知识的掌握水平。

3. 进一步知识巩固

注意引导学生利用所学的数学知识解决一些简单的实际问题，以强化数学知识的实际运用，促进知识的进一步巩固。

（四）总结评价阶段

总结评价是小学数学教学过程的最后一个阶段，这一阶段要对前三个阶段的展开情况及整个小学数学教学过程的效果进行必要的检查总结，并作出公正、客观的评价，为下一个教学过程的设计提供科学的依据。总结评价，不仅是宏观上的单元、学期及整个小学阶段教学过程的一个基本环节，也是微观上的课堂教学过程的一个必要步骤，它是构成小学数学教学过程的一个不可缺少的组成部分。

这一阶段在具体实施中要注意处理好三个问题：一要确立好总结评价的标准，其标准既要全面反映知识掌握、能力培养和思想品德教育等内容，又要具体规定知识掌握和能力培养的层次要求；二要重视师生的自我总结与评价；三要突出学生学习过程的评价。

上述几个基本阶段，是根据小学数学教学过程进行的一般程序和普遍规律而划分的，它只反映了小学数学教学过程顺序结构的基本框架，至于每一阶段中的具体内容和实施办法，则有赖于广大小学数学教师在教学实践中根据具体情况去灵活处理。

第二节　教学过程中的教学策略

一、教学策略概述

教学策略是建立在一定的理论基础之上，为实现某种教学目标而制订的教学实施总体方案。教学策略设计作为教学设计的一项主要工作，依据教学目标，在一定的教学理论引领下选择教学策略，确定教学方法、教学任务、教学资源和教学媒体等，从而展开教学活动。简言之，教学策略实际上就是为了达成教学目标，"在什么情况下运用什么方法进行教学"的教学元方法。关于策略的知识属于元认知知识这是有道理的，对理解教学策略是有帮助的。需要注意的是，当从学生的角度来考虑教学过程的时候，这种活动就称为学习策略。

二、"教学策略"与"教学方法"

教学方法是为达成教学目标，完成教学任务，使教师的教和学生的学相互作用所采取的方式、手段和途径。教学方法是更为详细具体的方式、手段和途径，它是教学策略的具体化。教学策略在某种程度上说，就是在什么情境中选择什么教学方法的方案和策划。教学方法介于教学策略与教学实践之间，且受制于教学策略。教学过程中选择和采用什么方法，受教学策略支配。因此，教学策略在本质上高于教学方法。教学方法是具体的、可操作的，教学策略则包含对教学方法的监控、反馈等内容，是教学方法的上位概念。实施教学策略是通过教学方法而进行的。

这两个概念的区分是空言难晓的。例如，在某节课上，教师主要采用了讲授法和集中练习法，这里的"讲授法"和"集中练习法"就是两种教学方法。而教师在设计教学时进行策划：本课的主体部分主要用讲授法进行教学，然后用集中练习法进行巩固。"先讲授，再巩固"就是一个教学策略——它策划了什么情境中采用什么教学方法，就是一种元方法。因而，在描述教学过程的时候，教学策略是可以不出现的，只是体现在教师的教学顺序和教学程序之中；教学方法则是明显表现出来的。考察一个教学实录时，教学方法是显而易见的，而教师采用的教学策略则需要对教学加以仔细分析才可以得出。

从这个意义上说，教学策略设计指的就是：针对教学目标、设计教学的情境和此情境下采用的教学方法。

三、新课标下的小学数学教学策略

（一）立足教学目标，制订合理的游戏环节

在实际数学教学中，游戏教学法是提高学习效果的有效手段之一。但是游戏设计要以数学教学的目标为核心，并结合教学大纲的需求科学设计游戏。这样一来，不仅可以让学生在做游戏的同时理解和认识所学知识，而且可以让学生自主思考，培养其在学习中的理解力和分析力。同时，学生对所学内容也会有更进一步的理解和认知，从而在不知不觉中提高数学教学的趣味性和学习的积极性。

比如，在进行"位置和方向"的学习中，教师可以组织相关的游戏，让学生根据自己的喜好站在教室的不同位置，主要是站在教室的四个拐角处，有利于学生分辨方向；然后，选出另外四名学生，蒙住他们的双眼，按照教师提供的线索寻找既定的"位置目标"，此过程中教师要保证参与游戏的学生周边环境是安全的。如果寻找位置的学生在有效时间内成功抓捕"方向猎物"，被捕获的学生就要进行一定的惩罚，反之，抓捕学生要受到相应的惩罚。根据学生游戏的进度，教师要适当地穿插教学内容，提出相应问题，如站在四个角落的学生，假设以某一名学生为中心，其他三人的方向是怎样的？这时学生在做游戏的过程中就会带着问题去思考，加深对所学知识的印象，再加上教师正确的引导，学生很快就能掌握方向和位置的教学内容。这样可以让学生从游戏中学会知识，从游戏中感受知识和实践相结合的巧妙之处，从而提升其数学学习的兴趣。

（二）营造趣味性课堂，培养学生浓厚的学习兴趣

传统的教学和"填鸭式"教学已经不能适应新课标下小学教育的需求了，以往的教学方式过于单一乏味，教学内容也较为空洞，致使多数学生机械性学习，甚至有的学生因此失去了学习的兴趣。为了改善目前尴尬的学习局面，趣味性教学方式就应运而生。趣味性教学理念不仅得到了社会、家长和教师的一致赞同，而且将学生从以往的被动学习中抽离出来，使其依据自己的兴趣喜好进行学习，从而提升了数学教师的教学水平和教学质量。营造趣味性课堂就是要让教师在数学课堂上将死板的氛围转变成声情并茂的

课堂，抓住学生的学习兴趣点，在学习知识的基础上，引导学生不断地创新和发展，激发学生的想象力，让其自主领会所学内容。兴趣是最好的老师，只有当学生对学习内容产生强烈兴趣的时候，才有可能会将注意力和重心放在学习内容上。

以认识图形为例，在正式教学前，教师要准备一些关于图形认识的道具和模型，这样能够增强学生的视觉效果。结合以往的教学经验，教师往往会根据课本上的内容一字一句地给学生教授图形的分类和性质，久而久之，他们就会形成机械性学习状态，不能根据自己的内心进行知识的理解和记忆，而此时，营造趣味性课堂就显得尤为重要。教师可以借助事先准备好的道具和模型，在黑板上绘制出一幅关于各种图形组成的画，绘画内容可以是书桌、长椅，也可以是茶杯、足球等，将这些绘制好的图片发到学生手中，依照画面上的图像分角色进行扮演，要注意角色扮演需遵从学生自己的意愿，教师不能强制要求。等到工具发放完，教师要让学生尽情地发挥自己的想象力，将画面中的图形展现出来，借助"你来比画我来猜"的方式，让学生依次在讲台上比画自己所选择的图形，让讲台下面的学生进行猜测，这个时候台下面的学生会自主思考分析，他比画的图形究竟是什么呢？为什么比画的图形会出现同样的比画形式呢？学生通过自己的一系列分析，最终凭借自己的思考就能熟练掌握所学内容，进而加深对所学内容的印象。

通过这样的课堂情境创设，将抽象的内容变成直观的内容，便于学生理解和感受知识带来的另一层含义，切实领悟到所学知识的内在主旨，从而激发学生的学习兴趣，并带动所有学生参与学习，进而充分发挥学生的主观学习意识。

（三）借助多媒体技术，提升学生学习兴趣

传统的教学模式，限于多种因素的影响，并不具备如今的计算机技术和多媒体技术，很多教学构想也无法开展，导致教学水平一直停滞不前。而现今，多媒体技术已经被各大教育领域广泛应用，尤其是在小学数学教学中，教师可以利用多媒体技术自身的特点将教学内容生动形象地呈现出来，从而增强学生的视觉效果，提高学生的学习兴趣。

比如，以上述内容为例，教师同样可以借助多媒体技术的动漫功能和音频效果来演示所学内容。首先，利用动漫效果将多样化的图形展示在学生眼前，并将所有的图形按照现实生活中常见的实物样子填充不一样的颜色，这样做是为了让学生能更直观地发现图形的不同性质。其次，借助多媒体技术的音频效果，将图形按照由简到难的顺序依次播放，并配有一些生活画面，以此增强听觉效果和视觉效果。最后，教师要利用课外查找的资料，通过多媒体给学生播放一些有关日常生活中常见图形的短视频，使学生在情感变化的基础上，直观又清晰地认识和理解不同的图形，从而提高学生的学习效率。

利用多媒体技术开展教学，不但可以激发学生强烈的学习兴趣，使学生主动参与学习，还能最大限度地提高教学质量和教学效率。

（四）整合多样化教学资源，深化课堂学习内涵

小学数学的教学是非常复杂的，因此利用所学内容总结出的规律和方法是非常重要的。教师要引导学生结合生活场景理解所学内容。在具体的教学过程中，教师要善于利

用各种资源，在提升学生学习趣味性的基础上，对学生的自身素养的提高也有一定促进作用。

比如，教师在实际的教学中，可以根据小学数学的教学目标和涉及的内容整合利用生活资源，利用小学当地的人文素养和数学资源，促使学生对理论知识和数学实践应用有进一步的认知。如在讲解"面积"的教学中，教师可以利用多媒体技术播放一些当地土地面积的视频，加深学生对面积这一概念的理解和认识，并能运用自己的语言讲述何为"面积"，与此同时，教师还可以引导学生讨论关于自己家乡的一些数学故事，让学生在讨论过程中更加深刻地认识理解数学知识，从而为其综合素质的培养提供可靠保障。

（五）运用小组合作学习方式

在新课标模式下，小组讨论学习的模式是比较受欢迎的，其教学效果也是有目共睹的，它是教师和学生之间沟通的有效桥梁。因此，教师教学时，要在趣味性教学的基础上，结合所学内容，组织学生开展小组合作学习，将学生分为不同的小组，每组选出一个代表，由其带领其他学生合作讨论问题，当所有的学生都能参与学习的时候，就能够减少学生单独回答问题的焦虑感，给学生营造一种和谐、愉悦的学习氛围。另外，在学生合作学习之后，教师还可以利用"有奖有惩"机制对学生的答案进行相应的奖励和惩罚，这样做会激发学生的荣誉感和自信感，提高学生回答问题的积极性，从而提高学习质量。同时，小组合作学习属于一种双向沟通模式，经过和其他学生之间的相互交流，更加有利于开发学生思维，取长补短，使学生从中获取他人的认可和赞赏，感受不一样的学习氛围。

（六）做好课后评价和总结工作

除了运用上述步骤构建趣味性教学模式外，教师还要注重学生的课后评价和考查工作。比如，教师可以不定期地举办一些数学知识竞赛，经过一系列的比拼环节能够有效提高学生的知识水平，而且能促进学生集体荣誉感和自豪感的培养。在知识竞赛结束之后，教师要正确引导学生对自身和其他学生的表现进行评定，这样的教学模式不但可以兼顾学习趣味性，还能有效体现学生的主体地位，使学生从竞争中学习，从竞争中感受，从而实现数学教学的终极目标，为学生的长足发展奠定坚实的基础。

运用趣味性的教学方式，不仅有利于调动学生学习的积极性，还能够培养学生自主学习的能力，使其自己去探索未知的世界。在具体的数学教学中，以往数学教学的传统模式使大多数学生失去了数学学习的兴趣，因此，为了有效改善这种情况，教师应该立足新课标形势，结合多样化的教学手段，借助多媒体技术，给学生呈现更为宽广、丰富有趣的知识内容，构建生动形象的高效课堂，从而发挥出趣味性教学的真正价值，推动学生朝着全面、健康的方向发展。

第三节　教学策略设计

一、基于教学活动的教学策略

从师生互动来看，典型的教学策略只有两种，即"替代性策略"和"生成性策略"。替代性策略是倾向于通过提供全部的或部分的教育目标、教学内容的组织、细化、排序和强调、理解、检验，以及迁移的建议，较多地代为学生加工信息的教学策略。其信息加工的控制者是教师。所谓"替代"，是教师替代学生做好信息加工，使学生易于接受和理解。生成性策略则是"鼓励或允许学生通过生成教学目标、内容的组织、细化、排列和强调、理解和检验，以及向其他方面的迁移，从教学中构建他们自己特有的意义"的教学策略。其信息加工的控制者主要是学生。所谓生成，指的是由学生生成课堂。

在实际的教学中，教师设计的教学策略往往是在两者之间寻找某种平衡。教师希望用替代性策略以减轻学生的认知负担，同时希望用生成性策略以提高学生的学习兴趣、动机和学习效果。正像学生的学习在实际中不可能是完全的接受性学习，也不可能是完全的自主性学习一样，更不可能出现完全的替代性学习策略或者完全的生成性教学策略的设计。那么平衡两者以什么为标准呢？教师将依据学生的原有知识、学生的学习时间、学生的学习能力、学生的认知策略和自我动机的情况、学生的学习任务的紧迫性、学生的进一步的学习要求等来设计两种策略的平衡点。两种策略由于需要不同的平衡条件，形成了一系列不同替代程度的教学策略。按照教学互动中师生的主动程度，特别是学生学习的主动程度，可以得出不同的教学互动方式反映的不同生成程度的系列教学策略。

（一）讲授策略

一种最常见的教学互动方式是：教师在教学交往中作为主要发起者，主要借助口头语言，将知识内容呈现给学生，具体呈现方法有讲述、讲解、演讲、讲坛、演示等，同时辅以必要的板书和声像显示技术，以此引起学生的学习行为，并与教师进行交流，这就是"讲授教学"，也就是教学的讲授策略。这是一种几乎完全的替代性策略，其最大的优点是能用最小的投入取得最大的效益，信息量大而集中，特别是能够面向许多的学习者讲授。这种策略中虽然有教师的演示，同时也有师生间的问答，但多数还是教师在掌控教学活动，掌控学生的回答严格指向自己讲授的内容，学生缺乏自主动机，缺少个性和动力。因此，在数学学科的课堂教学中，单纯地讲授策略使用不多，一般只是在一些需要短时间内掌握大量信息的时候才进行个别的讲授教学，它多数还是被"对话策略"所取代。

（二）对话策略

对教师一边倒式的教学交往方式的质疑引起学生对师生平等参与、共同活动的教学交往方式的向往，这就出现了另一种主要的教学互动方式"对话教学"，也就是教学的对话策略。它表现出平等交往的所有特点，一是问题引导的、问题是对话的起点，就是说对话要有话题，问题就是话题，此时的教学交往就是参与者反复质疑问题，在解决问题中完成学习任务。二是双向互动的交往方式。参与者提问与应答不是固定的而是不断转换的，参与各方都有自己的独立性，相互之间不依附也不主宰控制，可以说体现了一种合作伙伴关系。三是"和而不同"的。这既是指处理相互关系时所持的一种态度和立场，又是指对话的结果。和谐相处不是无原则地迁就、依附他人，而是需要构建一个积极的自我；对话需寻求"共识"，它不是消灭差异，而是对差异的尊重、理解，以达到"共生"的状态。对话策略是课堂教学中最常用的一种策略。

（三）生成策略

生成策略更具有学生自主性，也就是进一步强调学生的学习自主性，希望使学生全身心地参与课堂学习，侧重于采用生成策略的教学。在实施生成策略的过程中，对于学生的自主性活动，教师只是作为"辅导者""支架提供者"的身份出现的，学生成为互动的主要方面，在一定程度上主导着教学交往的内容、进程与方式，教师与学生一起学习、探究，同时应学生活动的需要，提供必要的咨询、帮助。当然课堂教学充分发挥学生自主性的教学有很多，就是说生成策略可以分成更多的子策略，为了表述方便，这些子策略也称为策略。

二、教学策略结构的设计

一个有效的教学策略一般应该包含以下几个要素 —— 指导思想、教学目标、实施程序、操作技术。

在这几个要素中，教学目标是教学策略结构的核心要素，对其他要素起到极强的制约作用。也就是说，一定的教学策略总是针对一定的教学目标，并且总是尽力满足教学目标提出的要求。每一个教学策略都是指向教学目标的，甚至说教学策略的类别都是按照教学目标来设计的。

三、指向教学目标的教学过程（教学策略）设计

虽然课程标准和教师教学用书明确了知识呈现所应该采用的基本方式，比如在目标动词的使用上可以明显看出，对于概念性知识学生一般都需要在课堂上达到理解或分析的层次，但不少教师还是依靠自己的经验或单纯为了应对测评将"理解"或"分析"在无意识中教成"记忆"。这对学生的学习是非常不利的，很容易形成低阶思维。因此对照教学目标设计教学策略、教学活动，最重要的就是要注意真正达到目标动词所要求的标准，不能随意降低或者提高。

四、数学游戏与教学策略的融合

（一）小学数学游戏化教学策略的设计与应用

小学阶段是学生数学知识学习的关键时期，是学生整个数学学习生涯的启蒙阶段，对学生以后数学成绩的提升有重要的作用。因此，小学数学教师应高度重视数学课堂教学，结合学生的个性特点，合理利用游戏化教学策略，启发学生的数学思维，培养学生的创新能力与解决实际问题的能力。由于小学数学知识比较枯燥，很难吸引学生的学习兴趣，因此，教师应更新自己的教学观念，尊重学生的个性，合理地设计游戏化教学策略吸引学生数学学习的注意力，让学生真正地参与到数学知识的学习中。

1. 合理设计游戏化教学目标，推动小学数学教育发展

将游戏化教学策略运用到小学数学教学中，对教师是一项挑战。小学生天生活泼好动，大部分数学教师希望在课堂上学生能安静地听教师讲课。因此，不可能将数学课堂交给学生，更不会直接将游戏引入数学课堂上。这样，会引发数学教师的担忧。因为，大部分学生的自控能力没有想象中那么好。教师在采用游戏化教学策略的过程中，合理地设计游戏化教学目标，旨在调动学生学习的积极性，并让学生主动参与到数学知识的学习中，从而有效地完成数学课堂教学目标。游戏化教学目标的设计应当结合数学课堂教学目标，学生才不会在玩游戏的过程中忘乎所以，从而有效地推动小学数学课堂教学的发展。

例如，在教学《位置与顺序》一课时，教师应明确数学课堂教学目标，让学生在数学课堂上能掌握前后的位置与顺序，有效培养学生的空间观念，促使学生体会到数学知识是有趣的，引导学生获得良好的情感体验。教师可以以学生的座位为基础，设计游戏，让学生根据教师的口令做出相应的动作，如"向前看，向后看"。学生通过亲身体验，感受到数学知识的趣味性后，能提高自身数学学习的积极性，有效地完成数学课堂教学目标。

2. 充分地利用竞争游戏方法，调动学生数学学习的积极性

在小学数学阶段，学生的好胜心一般都较强，喜欢挑战一些刺激的游戏。他们喜欢在游戏的过程中获得快感，并体验游戏成功后的成就感。因此，教师在数学课堂上可以合理设计一些具有竞争性质的数学游戏，调动学生数学学习的积极性。竞争游戏可以是个人作战，也可以是团体备战。教师应在课堂上让学生了解竞赛游戏的目的不是取胜，而是掌握游戏中的数学知识，避免学生在比赛中过分注重比赛结果，却忽视了数学知识的学习。

例如，在教学《数一数与乘法》一课时，教师将学生分为几个小组，把提前准备好的玩偶熊猫、笑脸和方格放在讲台上，让学生以小组的形式进行数一数。然后，综合小组成员的意见，汇报熊猫的数量。在小组讨论中列出加法算式，看哪个小组最先列出来，即为获胜，接下来的数笑脸和方格游戏的玩法类同，引导学生在加法的基础上，引申出乘法，从而节省了学生的计算时间。通过竞赛游戏的方式，激发学生对乘法知识的学习

兴趣，全面调动学生学习数学的积极性。

3. 充分地利用动手操作游戏，发展学生的数学思维能力

数学知识的学习对学生数学思维能力的培养有得天独厚的条件。数学教学的主要内容是锻炼学生的数学思维能力。在数学课本中有很多抽象的公式及概念，如果让学生自己去学习数学知识，可能一转眼就放弃了。因此，为了更好地引导学生学习数学知识，教师可以设计动手游戏，让学生在动手的过程中，掌握数学知识。同时，发展学生的数学思维能力。

例如，在教学《认识图形》一课时，学生在日常生活中经常会看到各式各样的图形，但没有从数学的角度去认识这些图形。因此，教师可以组织学生将生活中常见的物体利用手工操作的方法制作出来，让学生在游戏中自主选择物体，并通过自己的动手能力还原出来。之后，教师结合学生的手工作品，引导学生将物体抽离出来，从图形的角度理解物体的形状，并结合课本中图形的基本知识，引申出正方体、长方体等基础知识，由感性认知上升为理性认知，促进学生数学思维能力的发展。

综上所述，在小学数学课堂教学过程中，合理运用游戏化教学策略，可以最大限度地激发学生的数学学习兴趣，调动学生数学学习的积极性，发挥学生数学思维的能力，全面促进学生数学学习成绩的提升。

（二）数学游戏融入小学课堂的设计与教学策略

想要提高课堂效率，实现教学目标，只靠教师单纯的授课是不行的，更重要的是让学生积极参与到学习中去，特别是对于低年级的学生来说，刚刚进入小学还难以适应当前的学习模式，完全从"玩"过渡到"学"并不是那么的容易。因此要在教学过程中积极创新，以全新的教学形式开展教学工作，从而使课堂效率和教学成果都能够有显著的提高。

1. 数学游戏融入小学课堂的理论依据

在教学过程中的创新，首先，要遵循事物发展的一般规律，同时要满足学生发展的要求，想要在小学数学的教学过程中开展游戏教学，就必须有足够的理论基础。其中，从心理学角度分析，小学生年龄较小，心理不成熟，存在好奇心强、模仿性强且难以长时间精力集中等特点。将这些特点放到数学教学中，就会出现学生容易被非学习因素转移注意力，同时难以将精力集中在课堂上，而游戏教学恰恰能够满足学生对于学习的兴趣导向、学习导向的双重要求。其次，从杜威理论来看，在他提出的"从做中学、从经验中学"的理论中，游戏、竞赛、实际操作等方式是最能够调动学生积极性和注意力的。以游戏教学的方式在教学中抓住学生的主要精力，将课堂变成在游戏中学习，构建一种更为轻松、和谐的氛围，才更加有助于学生的学习。

2. 数学游戏在小学课堂中起到的积极作用

（1）激发学生兴趣，有利于和谐、轻松的学习氛围的建立

有效地改变传统的授课模式，将原本单一的教学形式和较为沉闷的气氛变得轻松、

和谐。改变学生对于数学的固定印象，激发学生对于数学学习的积极性，同时增加其对于知识点的记忆时间，有利于促进学生对于知识的掌握和应用，以及促进教学效果的提高。例如，在学习长方形的周长时，通过游戏教学的方式，进行师生互动。教师通过课先准备好的卡片，让学生找出卡片上能够表达出长方形周长的公式，并回答原因。通过这种游戏的形式将原本枯燥的定义或概念的学习变得简单而有趣。

（2）有针对性地解决教学难点或重点问题

小学数学的教学内容主要以较为简单的概念性或基础性内容为主，但是这些内容对于学生来说并不是那么简单，对于大纲要求的教学重点问题往往都是教学过程中的难点问题。游戏教学有利于对这些重点内容的教学。例如，在学习分数时，直接进行概念解析，学生很难理解更不用说是正确的应用了，但是在学习中以游戏的方式进行，让学生能够真正从操作中检验真理。教师将准备好的圆形卡片分发给学生，让他们根据班级的学生或小组内的学生数量进行分发。让学生对于分数的分母或分子都有更明确的理解。

（3）积极推动学生的创新思维和实践能力的培养

兴趣才是推动事物发展的根本动力，这句话在小学数学的学习中同样适用，游戏教学是打破传统教学模式，开展良性师生互动的过程。教师通过对教材的充分理解，根据不同的教学内容选择不同的教学方法，以全新的形式来培养学生的创新思维和实践能力。让学生在学习的情境中掌握知识并促进对自身的创新思维的培养和实践能力的提高。

3. 数学游戏融入小学课堂的实际应用

（1）多样化练习，加深记忆

让游戏教学的方式融入小学数学教学的每一个过程中。当然这里的每一个过程并不是说所有的教学内容都要利用到游戏教学的方式，而是选择合适的内容，以游戏教学的方式更容易理解且更容易掌握。例如，在口算练习中，改变传统的单一化练习方式，以接力游戏的方式提高学生的注意力并促进学生口算能力的掌握。

课堂设计：由教师作为列车司机，以朗朗上口的词汇穿插接龙，设置车厢人数分别为3人、4人、5人、7人。

以这样的接力形式的口算训练，让学生在游戏中口脑并用。在这个游戏中，可以无限循环下去，既能锻炼学生的口算能力，又能提高学生的学习积极性，实现了在小学数学教学中以游戏教学为手段，培养学生的反应能力和运算能力的目标。

游戏教学还能够有效训练学生的记忆能力。例如，在学习有余数的出发中，可以从学生最为熟悉的东西入手，如灰太狼去抓羊，游戏规则如下：红太郎要吃羊，羊村的羊必须团结起来，合力对付灰太狼。可有7名学生扮演羊，其余学生询问："灰太狼现在几点钟？"再由教师回答："3点钟。"然后3人抱团，剩下的学生则淘汰。通过这样的形式让数学课堂活跃起来，同时让学生有足够的时间去理解什么是余数，余数又是怎么来的，从而有效地提高学习的积极性和教学效果。

（2）数学接力，提高注意力

对于小学生来说，在数学的学习过程中有一个很复杂的问题就是应用题，那么如何以游戏教学的方式解决这个问题呢？下面以其中一道例题来做简要的说明。"小明的妈妈有一家水果店，里面有各种各样的水果，其中葡萄有 10 个，香蕉比葡萄多 5 个，香蕉有多少个？"请 4 名同学参加问题接力，随机选择学生回答问题，每名学生只需回答一道题目。

以这样的接力赛的形式，既培养了学生的思维能力，又有助于学生的自主思考，同时又讲究团队合作，一旦有学生回答错误，也难以获得正确的答案。因此，通过这样的形式，能够有效地集中学生的注意力，同时培养学生的解题思路，从而实现学生能力提高的目标。

（3）师生互动，全员参与

在学习四则混合运算的过程中，进行数学游戏设计环节时可以开展"找朋友"的游戏，学生每 4 人一组用扑克牌计算，全员参与，形成较好的学习效果。其中事先按照班级的学生设置 10 以内的数字供每个学生佩戴。数字为 0～10 之间的任意数字，随机发放到学生的手中。随后让学生自由分组面对面站成两排，结果为"10"的两名学生是好朋友。学生根据自己的计算选择任意一种计算方式，只要结果为"10"即可。依次类推。将"10"以内的四则运算法在游戏中让学生牢牢掌握，这是整个教学过程进入全员参与的过程，以此在游戏中找到乐趣，在学习中找到成就感，促进小学数学课堂的有效进行。

（4）情景模拟，提高兴趣

在教学过程中会发现这样一个问题，那就是一堂课开始 10 分钟学生还在回味课前的玩笑或零食，结束前 10 分钟学生已经进入憧憬下课或放学后该干什么了。这就导致整个课堂只剩下 25 分钟有效时间，就在这 25 分钟之内还有学生开小差。因此为了给学生一个刺激，引导他们转移兴奋点，让注意力集中到学习上来，而实现了高效课堂的建立。例如，在能被"2"整除的数的相关内容的学习时，教师随机写出"391"，提问学生这个数能不能被"2"整除，并要求学生进行验证。经过几番提问之后，再由任意一名学生提问，任意一名学生回答。迅速判断该数字能否被"2"整除。在学生适应这种形式之后，可以让学生向教师提问。最终发现，无论学生提出的数有多大、多复杂，教师都能够准确地得出正确的答案。接着引出如何正确判断一个数能否被"2"整除，让整堂课既能够将教学内容完整的讲授出去，又能够让学生感受到学习的乐趣。

在进行数学游戏设计的过程中要以增加师生互动、全员参与为原则，由教师担任起课堂中游戏教学环节的设计者和总体把握者，充分考虑到学生好奇、好动，注意力难以长时间集中的这一特征，设计有针对性的游戏教学环节，让小学数学的课堂氛围变得轻松、自由，让学生愿意并积极地参与到课堂学习中来，既有助于培养学生的发散思维，提高班级凝聚力，又有助于提升班级和谐氛围，让学生能够在学习中找到乐趣、在游戏中看到自己的进步。

第六章　小学数学教学方案设计

第一节　整体方案设计

一、课的划分和课的类型的确定

数学教学是有计划地划分成若干个单元进行的，根据教学任务，每个单元又划分成一定数量、可教可学的单位——课。通过各节教学活动的累积完成整个教学任务。恰当地划分课时，合理地分配教学任务是数学课堂教学的前提。

（一）课的划分

依据《课程标准》和《教师教学用书》，课的划分一般分为以下几步进行：第一，根据教科书的内容编排方式、教学内容、例题和习题的数量，结合学生的实际情况，确定单元教学时数；第二，在教学内容分析和学生学习情况分析的基础上，对该单元的教学内容以课时为单位进行划分；第三，在确定每一课时内容的基础上，列出每一课时的课题。

在划分课时时要注意以下几个问题：

1. 要根据学生的特点

不同年龄的学生存在着生理和心理上的差异，在课的分量上要有所区别。一般来说，小学低段学生每一节课的内容要少一些，要多给学生活动和探究的时间；中段、高段每一节课的容量可适当大一些。

此外，班级基础好的，教学进度可以快一些；班级基础较差的，教学进度要适当放慢一些。

2. 每一节课有三个主要教学目标

其包括知识技能目标、过程方法目标和情感态度目标。教学目标太多，会给学生学习造成困难，也容易使教学目标不易达成。

3. 适当安排复习、巩固和练习课的时间

数学教学的一个重要特点是要加强对知识系统性的概括，练习和复习是数学学习的一种重要手段，概念、定理、公式和法则需要练习才能巩固和掌握。

4. 单元教学结束后，要留出复习和测试的时间

在每一个单元总课时中，除了新授课和练习课以外，要留出 2～3 节课时作为复习和测试的时间，这是非常有必要的，是掌握新知识、防止遗忘的教学规律所决定的。

因此，要根据教学内容的特点，由教师或年级组 / 备课组在教学设计时，对课时进行统筹规划。

下面以几个小学数学课时划分的案例来具体论述。一是"找规律"；二是"分数的意义和性质"中的"分数与除法"；三是"比"。

在第一个课例中，课本上安排了五个教学内容。它们统一在一个情境中：14 个小朋友围成一圈开展活动，情景图中的人和物都是按某种规律进行排列的。例如，小朋友是男、女交错排列，小旗、灯笼、花是按颜色交错排列。通过观察这个情境，让学生感悟两个事物排列的规律。之后教科书安排了"涂一涂""找规律填数""摆一摆""做一做"等活动，将认识两个事物排列的规律扩展到对三个事物排列规律的认识，其中的重点是用数字表示规律。教科书在设计时已充分考虑了学生的认知规律，所以每一课时学习一页内容是合适的。

在"分数的意义和性质"中的"分数与除法"这一课例中，教科书安排了三个教学内容：第一个教学内容是，把一个蛋糕平均分给三人，每人分得多少块？第二个教学内容是，把三个月饼分给四人，每人分得多少个？第三个教学内容是，小新家养鹅 7 只，养鸭 10 只，养鸡 20 只。鹅的只数是鸭的几分之几？鸡的只数是鸭的多少倍？此外还有做一做，一共有两道题目。

在这三个教学内容中，第一个和第二个教学内容主要是让学生感悟：求每人分得多少个，就是计算事物数除以人数是多少，这个除法可以用分数表示，即被除数 ÷ 除数 $= \dfrac{被除数}{除数}$。

难点是要根据分数的意义感悟除数不为 0。教科书中将分数与除法安排在一起，就是要让学生感悟分数和除法之间的一些关系。例如，除数为什么不为 0？因为除数是分

数的分母，而分母是对"单位1"中平均分的份数，对"单位1"平均分的份数不可能出现0份。又如"分数的基本性质"和"商的不变性"从数学上说是等价的，通过对分数和除法的学习，可以更好地感悟这两个数学原理。所以这三个教学内容可以安排两个课时来上，第一课时上第一个和第二个教学内容，第二课时上第三个教学内容。

在"比"这个单元中，课本安排了三个教学内容："比例的意义""比例的基本性质""解比例"。

在"比例的意义"中，课本先给出比例的"项"、比例的"外项"和比例的"内项"，再运用归纳法让学生发现比例的基本性质：在比例中，两个"外项"的积等于两个"内项"的积。之后，教材安排"做一做"，利用比例的基本性质，判断课本中两组题目所给的两个比，哪些可以组成比例。

在"解比例"中，课本首先指出：根据比例的基本性质，如果已知比例中的任何三项，就可以求出这个比例中的另外一个未知项，这就是解比例。之后教材给出了两个解比例的例题和"做一做"。

从这个单元的三个教学内容看，"比例的基本性质"是这个单元的重点，特别是利用这个性质可以很顺利地解决"比例的意义"中"做一做"的两组题目。所以，建议这个单元用四个课时来上。第一课时上"比例的意义"和"比例的基本性质"；一线教师常常会在第一课时后安排一节习题课，一方面复习"比例的意义"和"比例的基本性质"，另一方面利用比例的基本性质解决一些相关题目，为后面学习"解比例"打下基础；第三课时上"解比例"，再用一课时处理练习中的其余内容。

一般而言，人教版数学教科书在设计时已经考虑过课时的划分，通常第一学段一课时上一页的内容，第二学段一课时往往会上两页的内容。但是这种课时划分不是绝对的，课时划分还要考虑学生的学习情况和教师对教学的理解。

（二）确定数学课的类型

数学课有各种不同的类型，不同类型的课有不同的功能、教学过程、结构和教学策略。因此，数学教学方案设计必须确定课的类型。数学课的类型有各种不同的划分方法，其主要的类型分为新授课、练习课、复习课和讲评课。此外，还有测验课、讨论课等。现将前四种课型的结构和特征介绍如下。

1. 新授课

新授课的主要任务是讲授新的数学知识。它是数学课中最常见也是最重要的一种课型，通常有概念新授课和命题新授课两类。

这种课型的基本结构一般有：情境问题、探究、归纳、巩固、布置作业等环节。

2. 练习课

练习课是指集中训练学生的技能、技巧，培养实际操作的课。练习课所复习的内容要紧紧围绕练习所需要的知识。练习课又分为巩固型练习课、综合型练习课、问题解决型练习课、操作型练习课等。

练习课的基本结构主要有：复习、练习、小结、布置作业等环节。

3. 复习课

复习课是指复习、巩固已学过的知识，并进行归纳、总结，使之系统化，提高学生利用综合应用知识解决问题的能力的课。复习课可分为单元复习课、整章复习课、学期复习课、毕业班复习课等。

复习课的基本结构一般有：复习、重点讲解、总结、布置作业等环节。

复习课上课时要在黑板上把所要复习内容的主要知识及它们之间的逻辑联系提示出来，同时，还要在黑板上系统地列出知识间的关系。复习课的总结应注意更全面、更概括地提示各项知识间的内在联系，并指出在理解和应用知识时应注意的问题。有时，复习课也可以总结一些让学生如何记忆有关知识的方法。复习课的作业也应该比新授课的作业更带有综合性、技巧性。

4. 讲评课

讲评课是指讲解和评论学生作业或测验的情况，指出存在的问题，分析其原因，并提出改进措施的课。讲评课包括作业讲评课和试卷分析课等。

讲评课的基本结构一般有：情况介绍、重点讲解、归纳总结、布置作业等环节。

有时，一节课需要同时完成两个或两个以上的教学任务，这种课的类型也称为综合课。在教学内容分析、学生情况分析和教学目标设计的基础上，根据不同的教学任务和学生的特点可以选择不同的课型。例如，要学习新的数学概念、定理，一般选择新授课；要使学生掌握某一种运算技能，常采用练习课；要让学生对所学的知识进行巩固和迁移，可以选择复习课；要深入分析学生学习或考试中存在的问题，可选择试卷讲评课。

二、选择数学教学模式

数学教学模式是在数学教育理论指导下，根据数学教学目标所设计的数学教学结构和相关的教学策略与教学评价。它是数学教育理论和数学教育实践之间的中介和桥梁。数学教学模式具体回答怎么教，采用何种程序、运用何种策略、围绕何种教学主题实现课程理念，达到数学教学目标。在进行数学教学时，可以根据不同的教学内容、不同的教学目标、不同的学习类型、不同的学生选用相应的教学模式。

在数学教学设计的过程中，课的类型确定以后，接着就要根据教学目标、教学内容、学生情况选择合适的教学模式。

（一）常用的教学模式

由于数学教学模式是教学理论与教学实践的"中介"，一定的教育观念通过选择、调整教学模式才能体现，才能指导实践。常见的教学模式有讲练结合模式、引导发现模式、实践活动模式、讨论交流模式、自学辅导模式、复习总结模式等。

1. 讲练结合模式

讲练结合模式是常用的教学模式。讲练结合的教学模式就是教师通过典型的数学范例进行讲授，将系统的数学知识、数学技能、数学方法整合于典型的数学练习题中，让学生进行系统的训练，达到掌握基础知识、基本技能和数学能力的教学结构。采用讲练结合的数学教学模式，较易把握教学进度，有序地组织数学教学活动，可增大数学教学的容量。以下是讲练结合模式的教学功能、教学结构和教学特点。

（1）教学功能

①传授数学基础知识；

②训练数学基本技能；

③培养数学基本能力。

（2）教学结构

复习旧知识→讲解新课→巩固练习→小结→布置作业。

（3）教学特点

关注双基，讲解与提问相结合，同步学习。

2. 引导发现模式

数学发现学习是一种好的学习方法。发现法教学在数学新课程实施以后成为当前小学常用的数学教学形式。学生的发现学习需要教师的引导，离不开教师的有力支持。引导发现教学模式的功能目标、教学结构和教学特点是：

（1）功能目标

①培养发现问题和探究问题的能力；

②掌握研究问题的方法。

（2）教学结构

创设情境→提出问题→探究猜测→提出假设→推理验证→得到结论。

（3）教学特点

以数学问题为中心，安排教学程序，强调学生自己发现，强调发现的过程，强调获得知识的方法。

3. 实践活动模式

数学新课程强调数学学习的实践性，在学习中培养学生的动手操作能力、实践活动能力。数学学习不应只是模仿、记忆、练习等，更要倡导自主学习等方式。数学探究应是贯穿于整个数学课程的重要内容。因此，实践活动课的教学模式的功能目标、教学结构和教学特点是：

（1）功能目标

①培养动手操作能力；

②培养实践活动能力。

（2）教学结构

创设情境→实践活动→总结概括→拓展练习→小结。

（3）教学特点

"做中学"，教师和学生共同参与教学实践活动，学生既动手又动脑，找资料、搞调查、做实验、搞制作，在教学活动中培养学生的创新精神和实践能力。

4. 讨论交流模式

讨论交流模式采用讨论交流的方式，先将整个班级分为若干小组，然后各小组展开讨论，发表各自的意见，提出不同的看法、观点，披露各自的思考方式，再展示多种多样的数学思维方式。因此，讨论交流教学模式的功能目标、教学结构和教学特点是：

（1）功能目标

①养成积极思维的习惯，培养批判性思维的能力；

②培养数学交流的能力和协作能力。

（2）教学结构

提出问题→课堂讨论→交流反馈→总结概括。

（3）教学特点

对学习内容通过问题的形式开展讨论。学生在学习过程中积极思考，充分发表自己的意见和看法。通过讨论交流思想，探究结论，掌握知识技能。此外，在运用讨论交流教学模式时，还要注意培养学生学会倾听的习惯。

5. 自学辅导模式

要适应时代、学会生存，就要学会学习，不断学习，获得自主发展。自学能力是各种能力中最具主动性和独立性的部分，它不是一种单一的能力，而是多层次的综合能力，是以独立性为核心的、多种优化的心理机能参与的、主动获取知识的能力。自主学习（自学）的一个基本理论就是，自主学习有利于提高学生的学习成绩，有助于学生掌握学习的策略。因此，自学辅导教学模式的功能目标、教学结构和教学特点是：

（1）功能目标

①掌握学习方法，养成学习习惯；

②培养自学能力。

（2）教学结构

提出要求→学生自学→检测反馈→学生演练→答疑讲解→评讲总结。

（3）教学特点

以学生自学为主，突出学生是主体，教师在教学过程中起指导的作用，充分发挥学生的积极性、主动性和创造性。

目前，一线课堂中常将自学辅导模式与学案导学模式结合起来使用。这方面的教学案例很多，限于篇幅，不再列举。

6. 复习总结模式

数学教学实践证明，复习是巩固数学知识，防止出现遗忘的基本策略；心理学的研究也表明，对新学的数学知识要及时进行复习，以便更牢固地掌握。复习的目的是将已学过的数学知识系统化、网络化，便于巩固、加深理解、减少遗忘。在数学复习课的教学中，将以往学习的概念、定理、公式、法则、解题的方法、证明的方法进行复习和总结，通过选择、归类、整理、储存、提取而全部纳入个人的数学认知结构系统中，从而形成完整的体系，便于提取、运用。因此，复习总结教学模式的功能目标、教学结构和教学特点是：

（1）功能目标

①复习巩固已经学过的知识和技能；

②提高综合运用知识分析问题、解决问题的能力。

（2）教学结构

知识归纳→典例讲解→迁移练习→综合运用→反思提高。

（3）教学特点

①系统化：将所学过的知识通过整理形成系统，帮助学生形成较完善的认知结构。

②综合化：在巩固基础知识、基本技能的基础上，采取综合性的例题，提高学生综合运用知识分析问题、解决问题的能力。

③纠错补漏：纠正学习过程中的错误，弥补前一阶段学习中的漏洞。

（二）教学模式

要选择数学教学模式，必须熟悉常用的数学教学模式，了解它们的功能、结构和适用范围，既要知道各种数学教学模式的优点，也要知道它们的局限性。例如，讲练结合教学模式可以在较少的时间内接受较多的信息，让学生通过练习掌握数学的基本技能，但它不能充分调动学生的主动性和积极性，培养学生的能力也不够理想。引导发现模式有利于培养学生发现问题、分析问题和解决问题的能力，但它需要花费较多的时间。其他各种数学教学模式也都是有利有弊的，因此，必须根据教师自己教学的实际情况，选择合适的数学教学模式。

一般地，一节课需要同时选用多种数学教学模式，互相配合，交替运用。通常可以从以下几个方面考虑教学模式的选择。

1. 依据教学目标进行选择

不同的教学目标需要不同的教学模式。例如，教学目标主要是掌握基础知识和基本技能的课，常常采用讲练结合模式；教学目标主要是培养发现和探究能力的课，常常采用引导发现模式；教学目标主要是培养交流、表达能力的课，常常采用讨论交流模式；教学目标主要是培养自学和独立思考能力的课，常常采用自学辅导模式；教学目标主要是复习巩固已学过知识和技能的课，常常采用复习总结模式。

2. 依据教学内容进行选择

数学教学内容是影响教学模式选择的重要因素。各种教学内容都有各自的特点，难易程度也不尽相同，有些内容是概念；有些内容是定理、公式或法则；有些内容是例题。

学习数学的基本概念和基本技能的课，一般选用讲练结合模式；学习数学的定理、公式或法则的课，一般选用讲练结合模式或引导发现模式；学习数学内容比较容易理解和掌握的课，一般选用自学辅导模式；学习容易混淆的数学知识，容易产生争议的内容的课，一般采用讨论交流模式；学习数学实践内容比较丰富、可以进行操作的课，一般采用实践活动模式。

3. 依据学生情况进行选择

由于在数学教学活动中，学生是学习的主体，因此，学生情况是选择数学教学模式的重要依据之一。每一个班级的学生的年龄、知识基础、认知水平、学习动机、学习能力、学习风格和学习态度都各不相同，必须根据他们的特点选择相应的教学模式。

低年级的学生学习兴趣比较低，注意力容易分散，但是，他们好动、好奇心强，对学习的参与性要求较高，如有可能尽量选择合作交流、实践活动模式；对于高年级学生来说，他们自学能力较强，数学学习自觉性较高，能独立思考，但是往往需要对学习进行整理、总结、综合，因此，教学模式通常采用讲练结合模式、自学辅导模式、复习总结模式。

4. 依据教师特点进行选择

教师的教学风格是教师在一定理论和长期教学实践中逐步形成的教学思想、教学技巧、教学策略等方面稳定性的表现。数学教师的教学风格也影响了对教学模式的选择。教师的教学风格中具有代表性的有：沉默寡言型、活动组织型、思维灵活创新型、默默思考型等。

一般而言，沉默寡言型的数学教师一般采用讲练结合的教学模式，这样教师可以发挥精讲的优势，给学生足够、有效的练习；活动组织型数学教师通常采用合作交流的教学模式，以便于充分发挥教师对活动的把握及组织的优势，调动学生对数学活动的高度参与性。

思维灵活创新型的数学教师，倾向于采用引导发现的教学模式，这样可以充分发挥创新能力强的优势，培养学生创新意识，在引导中让学生逐步掌握探究的方法；默默思考型的数学教师平时喜欢阅读，独立思考，努力理解和把握数学知识前后的关联，能抓住数学的本质特征，因而会倾向于运用自学辅导的教学模式。

此外，教学评价的方式也是选择教学模式的重要因素之一。数学教学评价的目标、方式受教学模式的特点、教学条件、教学策略等因素的制约。教学模式的特点、目标、条件、程序和策略不同，则评价的要求、方式也会不同。数学的形成性评价、定性评价往往要求教师采用合作交流的数学教学模式；定量评价、终结性评价则往往要求教师更多地采用讲练结合、复习总结的数学教学模式。

上述几个方面的依据可供选择教学模式时参考，但不是绝对的。因为没有一种万能的教学模式，也没有一种教学模式可以适用于任何一种情况，更没有一种教学模式是最好的。因此，必须全面地、具体地、综合地考虑各种有关的因素，灵活地进行选择。而且在很多情况下，一节课需要同时选用多种教学模式，互相配合，交替运用。

（三）数学教学过程设计

数学教学过程与数学学习过程密切相关。在这里先探讨学习过程和教学过程的关系，然后讨论数学教学的顺序。

1. 学习过程和教学过程

对学习的过程历来有两种基本观点：一种是刺激 — 反应联结的学说。另一种是认知学说，这种学说认为，学习是原有认知结构中有关新知识与新学习内容的相互作用，形成新的数学认知结构的过程。除此之外，还有信息加工论及建构主义学习观等。

（1）行为主义学习观与教学策略

行为主义学习观认为：学习是通过尝试并逐步减少错误而建立的刺激 —— 反应的联结过程。与此相应的教学策略是：

①强调教师的权威地位，因为教师要为学生提供刺激。

②提倡教学内容化整为零，从局部学习累积到整体，以促进刺激 —— 反应的联结。

③强调教学目标细化，因为细化的教学目标便于刺激 —— 反应的实施。

④注重可操作性练习，这种学习观认为学生的任务就是可操作性练习，练习越多，联结越强。

⑤关注通过哪些行为变化来反映学习的结果。

（2）认知主义学习观与教学策略

认知主义对行为主义学习理论进行了反思，该学习理论认为学习是原认识结构与新学习内容相互作用，形成新认识结构的过程。

与此相应的教学策略是：

①教师与学生是教学的双主体，教师的主导作用体现在创设情境，促进学生学习，是学生学习活动的组织者、参与者、合作者。学生的主体性体现在主动投身于学习环境中，在学习过程中建立完善的认识结构。

②认知主义教学策略强调在教学中发展和培养学生的认知策略和元认知能力。

③提倡"问题解决"，它包含发现问题、提出问题、分析问题、解决问题。

④认知主义教学策略还关注学生能否恰当使用知识去解决问题。

（3）信息加工论下的学习过程与教学过程

信息加工论把学习解释为一种类似计算机的信息加工过程：信息输入→信息存储（短期记忆）→信息编码（长期记忆）→信息输出。

根据信息加工流程，学习过程和相应的教学过程见表 6-1。

表 6-1　信息加工流程

学习过程	教学过程
接受	引起注意
预期	告知学生目标
工作记忆检索	刺激回忆先前的学习
选择性知觉	呈现刺激材料
语义编码反应	提供学习指导引出行为
强化	提供反馈
检索与强化	评价行为
检索与归纳	促进保持和迁移

（4）建构主义学习观与教学过程

建构主义是认知主义的发展，学习是一个主动建构的过程，这个过程以学生原有的知识和经验为基础，基于个人对经验的操作、交流，通过反省来主动建构。因此，学习过程中的体验、智力参与、自主活动、环境因素是建构的基础。与此相应的教学过程是：创设情境→独立探索→协作学习→反思评价→意义建构→变式练习、归纳整理。

在建构主义学习观下，数学学习内容已不再仅表现为课本上的固定知识，而且体现在关于建构的方法或思想上，内容包含：

①数学科学知识（经验知识、数学思想方法）。

②数学建构策略知识（观察与实验、操作尝试、直觉与猜想、分析与综合、抽象与概括、归纳与演绎等）。

③对自身建构活动的评价知识。

2.数学教学的顺序

数学教学的顺序，指的是教学过程进行的前后次序，也就是先做什么，后做什么。它包括以下三个方面：

第一，数学教学内容呈现的顺序。

它指的是数学知识和技能出现的次序，先教什么内容，后教什么内容。

第二，教师活动顺序。

它指教师进行教学活动的前后次序，教师先进行什么教学活动，后进行什么教学活动。

第三，学生活动顺序。

它指学生进行学习活动的先后次序，学生先进行什么样的学习活动，后进行什么样的学习活动。

这三条线是相互联系、相互配合、同步进行的，必须整体进行设计。其中数学教学内容呈现顺序是教学的主线，围绕数学教学内容呈现的顺序，设计教师活动顺序和学生活动顺序。

（1）数学事实呈现的顺序

数学事实主要是指数学符号、数学概念的名称和数学命题的内容等，一般有两类。一类是一个数学事实与另一个数学事实几乎不存在逻辑的联系，这类数学事实在教学顺序上先学什么、后学什么关系不大。另一类数学事实相互之间有一定的逻辑联系，就要按照逻辑顺序安排教学顺序。

当学生面对新的学习任务时，如果原有认知结构中缺少同化新知识的适当的上位观念，或原有观念不够清晰或巩固，则有必要设计一个先于学习材料呈现之前呈现的一个引导性材料，可能是一个概念、一条定律或者一段说明文字，也可以用通俗易懂的语言或直观形象的具体模型，但是在概括和包容的水平上要高于所学习的材料，构建一个使新旧知识发生联系的桥梁。这种引导性材料被称为先行组织者。

（2）数学概念和原理的呈现顺序

数学概念和原理的呈现顺序要根据学习内容和学习类型来确定。

第一，数学概念和原理的呈现顺序。

①从简单到复杂，从特殊到一般。智慧技能按从简单到复杂的顺序分为辨别、概念、规则和高级规则。在教学时，要从最简单的技能开始，逐步学习较复杂的技能。

②由一般到个别，不断分化。教学顺序的起点应确定在学习层级的较高点，即先呈现一般性的、较抽象的概念和原理，然后学习一些具体的内容。

③类比的方式。如果新的数学概念和命题与认知结构中的数学概念和命题是并列关系，是并列结合学习，那么可采用类比的方式呈现教学内容。

④从实践到理论，从感性到理性。有些数学概念，可以采取从生产和生活的实际例子出发，通过实践操作活动，逐步从具体问题中抽象出一般的概念和原理，再将它们应用到实践中去解决实际问题的顺序呈现教学内容。

第二，数学概念和原理的呈现方法。

数学概念和原理在呈现时常用发现学习的方法。学习任何学科，主要是使学生掌握这门学科的基本结构。要掌握学科基本结构，有效的方式就是让学生通过自己的发现去建构学科的基本结构。在学习时教师不把教学内容直接告诉学生，而是向他们提供问题情境，引导学生对问题进行探究，并由学生自己搜集证据，使学生从中有所发现。它的一般步骤如下：

①创设问题情境，提出要解决的问题（教师提出或学生提出，然后师生共同聚焦问题）。

②学生利用教师和教科书提供的材料，对问题的解答提出假设。

③从理论或实践的角度检验假设，学生如有不同的观点，可展开讨论或辩论。

④对讨论或辩论的结果做出总结，得出结论。

（3）数学技能的教学顺序

数学技能的教学顺序一般分为三个教学阶段：

①认知阶段

在这一阶段，教师讲解与技能有关的知识和操作要领、注意事项，示范整个技能的进程。

②分解阶段

把整套程序分解成若干局部动作，呈现给学生，让学生逐个学习。

③定位阶段

在完成对分解动作呈现的基础上，将整套程序按顺序呈现给学生。学生通过模仿，尝试掌握整套程序。学生再通过一定的练习达到自动化，形成熟练的技巧。

设计数学教学方案就是解决"如何教"的问题。课堂教学是学校教学工作的基本形式，小学数学课堂教学主要任务包括：第一，学习新知识，培养发展有关能力。这方面的工作通常叫作讲授新课，其内容主要指学习新的数学概念、数学定理和数学思想方法，培养、发展学生分析和解决问题的能力。第二，复习巩固已学知识。在学习新知识的过程中，鉴于小学生的生理、心理特点和接受能力，一定要辅之以必要的复习巩固工作。

第三，布置、检查、指导学生作业。为了学好数学，学生必须独立地完成适量的课内外作业，有时也要安排一定的课内练习，以便教师了解教学的效果，从而进行反思和改进教学。因此，在进行教学整体方案设计时，首先，要考虑课时的划分，即考虑学生的情况，以及每节课教学的容量。其次，要考虑数学课的主要类型：新授课、复习课、练习课、讲评课。不同类型的数学课，学习和讲授的方法是有所区别的，了解不同数学课型的主要任务、基本结构对数学教学方案的整体设计有很好的参考价值。再次，数学教学模式是教育理论指导实践的重要形式，是教育理论联系教学实际的纽带。现有的数学教学理念可以解决为什么教，通过何种形式、运用何种方法、采用何种原则去教什么内容，而数学教学模式则具体回答怎么教、采取何种程序、运用何种教学策略以达到教学的目标。小学课堂教学的主要教学模式有：讲练结合模式、引导发现模式、实践活动模式、讨论交流模式、自学辅导模式和复习总结模式。选择数学教学模式的主要依据是数学教学目标、教学内容、学生的学习情况和教师的教学风格。此外，对于数学课堂教学而言，没有一种万能的教学模式，一节课需要同时选用多种数学教学模式，互相配合，交替运用。最后，进行数学教学整体方案设计时还必须考虑数学教学的顺序，包含数学事实呈现的顺序、数学概念和原理呈现的顺序与数学技能的教学顺序，确定数学教学顺序的主要学习理论是信息加工理论，这个信息加工的过程主要包括信息的输入、加工处理和输出，依据信息加工理论安排数学教学的顺序，可以让学生更好地处理课堂教学中的各种信息。

第二节 数学教学局部方案设计

课时划分和确定课的类型，选择数学教学模式，设计课堂教学过程，这些对于数学课堂教学设计来说，属于整体的设计。在完成整堂课的总体设计以后，还必须对数学教学过程中的每一个阶段、每一项具体教学活动进行设计。如导入设计、情境设计、提问设计、例题设计、练习设计、讨论设计和小结设计等，这些叫作教学的局部方案设计。

由于数学教学设计是以数学学习论、数学教学论等理论为基础，运用系统方法分析数学教学问题，包括确定数学教学目标、设计解决数学教学问题的策略方案、试行方案、评价试行结果和修改方案的过程。所以数学教学设计方案的评价也是数学教学设计的重要组成部分。

一、数学教学活动设计

数学教学活动通常指的是以教学班为单位的课堂教学活动。它是学校数学教学工作的基本形式。数学教学活动是一个完整的教学系统，它是由一个个相互联系、前后衔接的环节构成的，其包括导入、创设教学情境、进行课堂提问、例题讲解和练习、小结等。

（一）导入设计

导入是在新的教学内容或教学活动开始前，引导学生进入学习状态的教学行为方式。它是课堂教学的序幕，也是课堂教学的重要环节。精彩的导入可以为整堂课的教学奠定良好的基础。在这一节中，将探讨导入的功能和导入设计的方法。

1. 导入的功能

导入的功能主要表现在以下几个方面：

第一，引起学生注意，使学生进入学习情境。

第二，激发学习兴趣和学习动机。

第三，明确学习目的，调动学生学习积极性。

第四，建立知识之间的相互联系，为学习新的内容做好准备。

导入新课一般遵循以下几个原则：

第一，明确目的。导入新课一定要围绕教学目标和教学内容，从学生实际出发。

第二，短小精悍。导入新课要简洁明快、直截了当，达到目的即进入正题。切忌拖拉，影响新课的讲授。

第三，别致新颖。导入新课要有新意，才能引起学生浓厚的学习兴趣和强烈的求知欲望。

第四，因课制宜。导入新课要根据不同的教学内容采用不同的方法，具体情况具体分析。

2. 导入的方法

数学课的导入方法多种多样，在进行课堂教学设计时，要根据教学的目标和内容灵活运用，常用的导入方法有以下几种：①游戏导入；②直观导入；③实验导入；④旧知识导入；⑤悬念导入；⑥故事导入。

例如，用字母表示数。

教师用课件给出了如下的导入。

失物招领

今天有同学在操场上捡到卡片 a 张，请失主到大队部认领。

少先队大队部

从课本设计来看，本节课有三个教学任务：①字母 a，b，……，n 等可以表示任意的数（字母表示数的作用时既可以表示具体的数，也可以表示任意的数）；②字母和数的四则运算是怎么表示的；③通过学习感悟"观察—归纳"的思维方式。

该节课教师的教学设计抓住了课本设计的要点。在导入设计中，根据失物招领这个生活真实的情境来设置新课的导入情境，通过"a 张表示什么"来导入新课能引起学生注意，使学生很快进入学习情境并能建立知识之间的相互联系，为学习新的内容做好准备。同时，这个导入也能对学生道德情感起到熏陶的作用。

（二）教学情境的设计

教学情境的设计体现了教师对教学目标、教学内容和学生学习特点的了解，创设教学情境，不仅可以使学生容易掌握数学知识和技能，而且可以"以境生情"，可以使学生更好地体验教学内容中的情感，使原来枯燥的、抽象的数学知识变得生动形象、饶有兴味。在这一节中，将论述教学情境的概述、类型和设计。

1. 教学情境的概述

教学情境是一种特殊的教学环境，是教师为了发展学生的心理机能，通过调动"情商"来增强教学效果而创设的教学环境。教师根据教学目标和教学内容，创造出师生情感、欲望、求知探索精神的高度统一、融合和步调一致的情绪氛围。

学习是学生主动的建构活动，学习应与一定的情境相联系，在实际情境下进行学习，可使学生利用原有知识和经验同化当前要学习的新知识。

2. 教学情境的类型

教学情境的类型很多，在小学数学教学中应用较多的有以下几种：

（1）生活化情境

所谓生活化情境是指在数学课堂教学中，从学生的生活经验和已有的知识背景出发，联系生活学数学，把生活经验数学化，数学问题生活化，体现"数学语言源于生活、寓于生活、用于生活"的思想。

（2）故事情境

从教育的角度来讲，故事是一种最为自然的组织化的教学内容集合体，蕴含丰富的教育信息内容，适应于学生群体的认知和审美需求。教师通过讲故事，从故事所孕育的内涵中创设教学情境，引发学生的注意，激发学生学习数学的求知欲望。使学生在学习数学知识的过程中，接受思想教育。

（3）活动情境

教师通过组织学生进行与教学内容有关的活动，构建教学情境，让学生在活动中提高学习数学的兴趣，从而掌握数学知识。

（4）实验情境

有些数学教学内容比较抽象，学生不容易理解，教师设计与教学内容有关的实验，让学生通过观察和动手操作，在实验的情境中提高分析和解决数学问题的能力。

（5）竞争情境

教师设计一些数学问题，将学生分成几个小组，创设小组之间进行比赛的情境，让学生之间展开竞争，比准确度、比速度、比技巧。例如，在学习分数运算时，可以设计有关的问题，组织学生之间开展运算比赛，使枯燥的运算变成生动活泼的竞争。

3. 数学教学情境的设计

目前，创设情境几乎成了任何课堂教学的一个常规环节。由于数学学科的特点是抽象性、逻辑性和严谨性的，因此课本中数学知识的呈现常常以抽象的形式表征。教学情境一方面是学习的"先行组织者"，另一方面是学生探究数学知识和数学思想方法的载体。从小学生的认知特点看，教学情境的设计要强调联系学生的生活经验，情境中要包含一定的数学信息，意图明确，有新意，能激发学生的求知欲望并富有启发性。

在进行教学设计时，要注意"导入"与"教学情境"的区别。课堂教学导入是指教师进入教室走上讲台开始上课时，在未正式宣讲教学内容之前所做的启发性讲话，用导入语言过渡到讲新课的过程，这个过程中有一项很重要的任务就是让学生明白这节课主要的学习任务是什么。教学情境几乎可以用于课堂教学中的所有环节，用于课堂导入时，常称为导入情境；用于解决问题时，常称为问题情境；用于探究或实验时，常称为活动情境或实验情境。当前，各个版本的小学数学教科书中都重视教学情境的设计，许多教学情境的设计也都很有新意或特点。在进行教学情境设计时，先要很好地理解课本中情境的意图，即情境中蕴含了什么数学信息，有时可以直接呈现课本中的情境，有时又需要根据学生的学习情况对情境进行必要的改动。

（三）提问设计

教师们平均每天要提出几百个问题。因此，能否在教学设计中处理好提问的设计，是衡量教师教学能力的一项重要的技能。提问设计是教学设计中的一个难点。

1. 提问概说

提问是教师根据教学内容的目的要求，以提出问题的形式，通过师生相互作用，以及检查学习、促进思维、巩固知识、运用知识实现教学目标的一种教学行为和方式。它是数学课堂教学的重要环节，是数学教师与学生交流的一种重要方式。

提问的作用是为学生设置悬念，启动思维，检查反馈学生学习结果，进一步发现问题，促进教师和学生的沟通。通过提问，激励学生参与课堂教学，并对所学内容进行巩固和强化。提问具有以下几种功能：

（1）激励参与

通过思考问题，学生对学习产生兴趣，将注意力吸引到所学的内容上去，充分激发学生思维的主动性，并积极参与教学活动。

（2）学会思维

教师的提问可以起示范作用，教会学生如何发现问题、提出问题。

（3）检查反馈

通过提问可以检查学生是否掌握已学过的知识，及时得到反馈的信息，了解学生认知的状态，诊断学生的困难和问题，从而对教学过程进行调整，并对学生进行适当的指导。

（4）巩固强化

学生在回答问题的过程中，通过不断思考，巩固强化所学的数学知识和技能，可提高综合运用的能力。

2. 提问的类型

提问可以根据不同的要求进行分类，可以按提问的目的和方式来划分，也可以按问

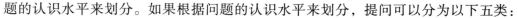

题的认识水平来划分。如果根据问题的认识水平来划分，提问可以分为以下五类：

（1）回忆型提问

回忆型提问需要学生回答一些已学过的定义、定理、公式和方法，学生只需在记忆中提取已有的信息即可。如讲完绝对值定义后可问："-5，0，π 的绝对值等于多少？""$|1 - \pi|$ 怎样去掉绝对值的符号才是合理的？"等问题。

回忆型提问属于初级认知水平的提问。虽然不应过多地进行回忆型提问，但是并不意味着这类提问没有作用。一般在课的开始或对某个问题的论证初期，使学生回忆过去所学的概念、事实和方法时使用，目的是学习新知识。

（2）理解型提问

理解型提问是用来检查学生对已学的知识与技能的理解和掌握情况的提问方式，多用于概念、原理的讲解之中。这种提问要求学生对已知信息进行内化处理后，能用自己的话对数学知识进行表述、解释和组合，对所学的概念、定理等进行比较，揭示其本质区别。

（3）运用型提问

运用型提问是检查学生把所学概念、法则和原理等知识应用于新的问题情境中，提高解决问题的能力水平的提问方式，这样的提问往往在学习新的概念、定理、公式和法则后进行。

（4）分析型提问

分析型提问要求学生把事物的整体分解为部分，把复杂事物转化为简单事物，分清条件与结论，找出条件和结论之间的因果关系。

（5）评价型提问

评价型提问是要求学生运用定理、概念对观点、方法、资料等做出价值判断，或者进行比较和选择的一种提问方式。这是一种评论性的提问，需要运用所学内容和各个方面的知识、经验，并融入自己的思想感受和价值观念，进行独立思考才能回答。评价型提问要求学生能提出个人的见解，形成自己的价值观，这是最高认知水平的提问。

提问的分类方法还有很多，如按提问的目的可以分为引趣性提问、准备性提问、迁移性提问、探索性提问、引疑性提问、过渡性提问、巩固性提问、反馈性提问等。按提问的方式可分为总括式提问、引导式提问、比较式提问、点拨式提问、归纳式提问等。

此外，课堂提问还讲究有效提问，有效提问包含：第一，提出更少的问题；第二，提出更好的问题；第三，提问要有广度；第四，有合适的等候时间；第五，选择恰当的学生；第六，给予有用的反馈。

3. 提问设计的原则

提问设计要注意以下的原则：

（1）目的性原则

课堂教学提问是为了实现教学目标，因此，必须紧紧围绕教学目标设计提问。可以从以下几个方面进行：

①根据教学的重点、难点设计问题。

②选择教学的突破口设计问题。

③在新、旧知识连接点处设计问题。

④在数学概念易混淆处设计问题。

⑤在教学内容的总结处设计问题。

（2）明确性原则

提问设计中，设计的问题要明确具体，表述要清楚，要使学生明确提问什么、思考什么、回答什么，而不是笼统、模糊的。

（3）启发性原则

提问要针对学生的旧知识和新知识的矛盾，提出对于学生来说既不是完全不知道又不是完全知道的问题，让学生借助已知去探索未知，启发学生思维。

（4）层次性原则

提问设计中，所提的问题难度要有一定的层次，既有认知水平较低的问题，又有认知水平较高的问题。一般可以设置以下各种层次的问题：

①学生参照已学过的概念、公式、定理或例题就可以回答的问题。

②所提问题没有现成的模式可以模仿，但它是现有模式的适当变化和改进。

③要求学生能综合和灵活运用所学知识来回答的问题。

④要求学生能以自己特有的方式，创造性地回答的问题。

（5）系统性原则

在提问设计中，要按照教科书和学生认知发展的顺序，由浅入深，由易到难，由近及远，由表及里，步步深入，环环紧扣，设计一系列的问题链。各个问题之间内部密切联系，或并列，或递进。

（6）针对性原则

要根据学生的年龄、知识基础和能力来设计问题。问题难易要适当，提问要面向全体学生，要按班级中等水平设计问题，兼顾两头。要使问题处于学生能力的最近发展区，学生经过认真思考可以回答。

小学数学高密度的提问已成为课堂教学的重要方式，回答时间有时要占整堂课的一半以上，但是提问中记忆性问题居多，很少有批判性、创造性的问题。从教学组织的角度，把可提供探索的问题分解为较低认知水平的"结构性"问题，组织化程度较高，有利于扫除教学障碍，但不利于学生主动性的发挥。因此，从促进学生思维发展的角度来看，问题的质量要比问题的数量更重要。

4. 数学课堂有效提问的设计

课堂提问是课堂教学普遍运用的一种教学形式。数学课堂提问是教师引导学生理解数学知识的有效手段，是沟通教学信息的纽带，是教学调控的依据。有效的数学课堂提问可以开启学生的智慧之门，唤醒学生的求知欲，增强学生的学习动力，同时又使课堂充满情趣和艺术的魅力。

怎样的课堂提问才最有效？从以下几个教学例子进行分析。

例1：圆的周长

在"圆的周长"课上，教师为了揭示圆的周长与半径（直径）有关，转动系绳的小球形成一个圆，让学生观察小球运行的轨迹形成的圆的周长。然后缩短绳子的长度，再转动，让学生继续观察。教师演示后提问："圆的周长与什么有关？"

例2：圆的面积

"圆的面积"课上，教师先让学生分小组动手操作，实现转化，将一个圆平均分成若干份，转化成一个近似的长方形。教师在"转化"这一环节上处理得非常好，通过四次转化（把一个圆分别等分成4份、8份、16份、32份），向学生渗透极限的思想。接着，就向学生提出了这样一个问题："你能推导出圆的面积吗？"

以上几个例子中，教师的提问都存在一些缺陷。那么，有效的课堂提问要注意什么呢？

（1）注重问题的思维含量

注重问题思维含量是指：所问问题要目的明确，设计有思考价值的问题。在问题设计时，教师不仅要考虑提什么样的问题，还要考虑为什么提这样的问题；使每一个问题既为活跃学生的思维服务，又成为完成本课教学任务的一个组成部分。问题的设计可以从培养学生的感知能力、分析综合能力、比较能力、抽象概括能力和创造想象能力等方面入手。使提问具有较好的启发诱导性和清晰的层次性。学生要解决的数学问题应该具有挑战性。

此外，教师还要从学生发展的角度出发，提供出接近学生已有知识、经验、智能水平，但又必须"跳一跳"才有可能够到的问题。目的是使学生有调动自己技能储备的欲望，展示自己才华的机会，锻炼自己意志的体验。

教师在课堂上留有一定的探索空间，这不仅有助于学生思维能力的锻炼，而且会让学生养成积极思考的习惯。

对例1中提问的分析：学生看到教师的演示，心里都很明白，就会一起说："与半径有关。"像这样的提问，实际上教师已经告诉学生答案，提问只是表面的，为了追求热闹的场面，表面轰轰烈烈，实则空空洞洞。对例1的提问的改进建议为：让学生先猜一猜圆的周长与什么有关呢？你能想办法验证吗？例如，滚动法：两个直径不同的圆滚动一周，发现直径长的，圆周长就长，直径短的，圆周长就短；绕绳法：用绕绳来证明直径与周长的关系。

问题有效性的体现有利于激发学生自主探究的欲望，具有一定的挑战性；能调动学生的思维积极性。学生就会想出各种各样的方法来说明圆的周长与圆的直径或半径有关。

（2）问题要有恰当的思维空间

设计提问时从学生的学习认知水平和数学学科的特点以及课堂教学40分钟的限制出发，要善于设计恰当的问题空间。

从发展学生的思维出发，提倡提"大"问题。教师在课堂教学中要处理好问题"大和小""多和少"的关系，才能使数学课堂促进学生知识技能形成，促进数学思考和问题解决，有利于健康情感的培养。

对例 2 中提问的分析：例 2 中教师提出的问题过大，不具有引导的作用。在实现了将圆的面积转化为近似长方形以后，教师应引导学生观察、比较、分析。该提问可将问题分成三个小问题：第一，圆的面积与拼成的近似的长方形的面积有什么关系；第二，拼成的近似的长方形的长相当于圆的什么；第三，拼成的近似的长方形的宽相当于圆的什么。

这样的提问符合绝大多数学生的实际水平和认知能力。在课堂教学中设计的问题难易和深浅要适当，如果过难过深，会使学生丧失回答问题的信心；如果过易过浅，则不利于学生智力的发展。

（3）问题要有数学味

数学课堂问题要围绕数学课的教学目标，在预设数学问题时，往往与创设的数学问题情境有关，数学情境的创设就应该服从于问题设计。必须处理好问题情境和问题的关系。

在进行提问设计时，还要正确处理预设问题与问题生成的关系。课堂进程往往围绕一些"大问题"来展开，有许多提问是可以预设的，但也有许多问题是在课堂里动态生成的，如探究型的课堂。

强调问题的生成性，并不等于教师不要预设，而是应更多地强调预设，在备课时应该预设学生学习的活动过程，预想学生在活动过程中可能生成的问题。

要研究的是如何预设得不留痕迹，如何在教师高超的预设下，使学生感到自己的主动创造有很多。优秀的课堂教学活动，应该是不断提出问题，解决问题，同时又是生成问题的过程。

教师在进行教学设计时，应对提出的问题反复推敲，做到少而精。一般来说，在一节课中，教师提问不宜过多，以提 3 ~ 5 个能真正促进学生思考，反映教学重点的关键性问题为宜。

（四）例题设计

数学例题是帮助学生理解、掌握和应用数学概念、定理、公式和法则的数学问题，是教师用作示范的、具有一定代表性的典型数学问题。例题是把数学知识、技能、思想和方法联系起来的纽带，是对知识、技能、思想和方法进行分析、综合和运用的重要手段。在这一节中将对例题的功能，例题设计的原则、步骤和编排等进行探讨。

1. 例题的功能

例题教学是数学教学的重要组成部分，是抽象的概念、定理、公式和具体实践之间的桥梁，是使学生的数学知识转化为数学能力的重要环节。它具有以下几项功能：

（1）引入新知识

数学中的概念、定理、公式一般都比较抽象，学生不容易理解，也不知道为什么要学习它们。通过例题引入，比较生动、具体的体现，容易引起学生学习的兴趣，激发学生的学习动机。在例题的基础上，通过抽象、概括、归纳、演绎得出概念、定理和公式。

（2）解题示范

通过例题示范，让学生在模仿的基础上，掌握解决问题的思路、方法，学会分析、语言表达和书写格式。在例题学习过程中，通过潜移默化的影响，学生逐步学会数学思维，领会数学的思想方法。

（3）加深理解

在初学概念、定理和公式时，学生对它们还只是初步的理解。通过例题的学习，在运用概念、定理和公式解题的过程中，学生会逐步加深对数学基础知识的理解和基本技能的掌握。

（4）提高能力

通过对例题的分析和运用解题策略的教学，进一步提高学生数学思维能力和解决问题的能力。具体表现为：善于运用某种方法和手段改变问题情境的能力；善于构思新的解题方法的能力；善于将数学方法迁移的能力。

2.例题设计的原则

例题设计应遵循如下的原则：

（1）目的性原则

设计例题首先明确目的，为教学目标服务。例题有的是为了引出概念；有的是为了推导某一个公式；有的是为了说明定理和法则的运用；有的是为了强调解题格式和书写规范；还有的是为了体现某种数学思想方法。教师要根据不同的目的选择不同的例题。

（2）典型性原则

要选择典型的、有代表性的问题作为例题，通过教学能举一反三、一题多解、一例多用、由例及类、由此及彼、触类旁通。

此外，还可以通过例题的示范，让学生掌握解题的一般方法和规律。

（3）启发性原则

选择例题时要注意富于启发性，要选择那些有利于启发学生思维，有利于创造条件让学生自己去发现的问题作为例题，引导学生对问题进行探索，进行多角度、多方向的分析与思考。

（4）科学性原则

科学性原则是设计例题最基本的原则，所设计的例题必须是准确无误的；条件必须是充分的、不矛盾的。例题的叙述必须是明确清楚的；题目的要求必须是切实可行的。

（5）变通性原则

设计例题时要注意能够一题多变，通过变化条件、变化结论、纵向引申、横向拓展，开拓思维途径和思维空间。

（6）有序性原则

例题的编排在内容和要求上要注意循序渐进，由浅入深、由易到难。

3. 例题设计的步骤

例题的设计有自编和改编两种方式，常用的方法有以下几种：

（1）类比

运用类比的方法对原题目的条件和结论进行改编，得到的新题的结构与原题类似。

（2）特殊化或一般化

将原题中一般的结论赋以特殊的值可以得到新的题目。

（3）引申和拓展

根据原题的已知条件，将原有结论做进一步的引申，得到新的结论。或者保持原来的题目要求不变，改变题目的条件，得到新的问题。也可以通过对原题不同角度的联想，同时改变题目的条件和结论得到新的问题。

（4）倒推

由题目预期的结果出发倒推，寻求实现结果的条件，编出新题。

（5）组合

将几个不同的题目组合起来构成一个新的题目。

4. 例题设计的编排

在教学设计中，例题的编排常见的有以下几种：

（1）一题多变式

从一个题目出发，由简单到复杂，由特殊到一般，不断改变其中的条件和结论，将得到的问题排成系列。

（2）分类式

某一内容的问题分成各种不同类型进行编排。

（3）递进式

按照对知识内容的要求不断提高，进行例题排列。

（4）同一题干式

在同一题干下设置不同的问题，由易到难排列。

5. 例题设计的案例

例如：小刚的妈妈参观展销会买了一件衬衣，用了 25.92 元。一条裤子要 34.50 元，一件外套要 75.80 元。还需要什么数据，才可以算出售货员找给小刚妈妈的钱？

第一，这件衬衣的原价是多少？

第二，小刚妈妈参观展销会的日期是哪天？

第三，小刚妈妈付给售货员多少钱？

第四，买这件衬衣节约了多少钱？

第五，小刚妈妈带了多少钱去参观展销会？

分析：显然，需要补充的是第三条信息。

（五）练习设计

数学练习是一种有目的、有组织、有指导的数学学习实践活动，是学生将所学的数学知识转化为数学技能、技巧，形成数学能力的途径和手段。小学数学课堂中的练习常见的有：准备性练习、理解性练习、巩固性练习、运用性练习、形成性练习、综合性练习、创造性练习等。

1. 练习的功能与设计的原则

（1）练习的功能

数学练习在教学中有以下几项功能：

①使学生进一步加深理解和掌握数学知识和技能。

②提高学生的数学思维能力和分析问题、解决问题的能力。

③促进知识迁移，提高学生的数学应用能力。

④有助于及时反馈信息，让教师了解学生学习的情况，检验教学效果，及时纠正学生的错误。

（2）设计的原则

由于数学练习的功能主要是促进和加深理解，以及进行学习迁移和反馈教学效果。因此，在进行数学练习设计时，有以下一些原则：

①目的性原则

练习设计必须有明确的目的，要根据数学课程标准和数学教科书的要求，选择和设计练习，通过做练习使学生理解和掌握数学概念、定理、公式和法则，达到预期的教学目标。

②层次性原则

数学练习必须有层次，有坡度，编排时由易及难、由浅入深，循序渐进、逐步提高。数学练习一般有以下几个层次：

A.模仿。与例题类型和难度基本相同的题目，通过练习提高数学知识和技能掌握的熟练程度。

B.变式。本质特征和例题相同，非本质特征与例题不同的题目。这类练习有利于把握概念的关键特征，加深对数学知识的理解。

C.灵活。通过综合和灵活运用数学知识才能解决的问题。这类练习主要用来提高学生的综合能力和分析解决问题的能力。

D.创造。这是一类带有思考性和创造性的问题，是需要通过创造性思维才能解决的问题。通过这类练习有利于培养学生的创新精神和创造能力。

③整体性原则

设计的练习要体现整体性，题目内容要全面体现教学目标，既要注意知识的掌握，技能的训练，还要注意能力的培养和数学思想方法的熏陶。

④适度性原则

数学练习必须保证一定的数量才能达到熟练掌握的程度，但是由于数学学习有一定的时间限度，而且要根据学生的不同水平，因此在设计时要适当控制练习的数量和难度。太多、太难不一定效果好，有时重复学习频率越高，保持的效率反而越低。

⑤多样性原则

数学练习的类型要多样，既要有客观性题目，又要有主观性题目。

数学练习的设计类似于数学例题的设计，但在练习的编排上常采用"题组训练"的方式，题组是练习的一种有效方式，充分体现练习的整体性和系统性，通常有以下几种情况：

A.把类型相同或相似的题目放在一起，通过练习让学生体会这一类问题的解决方法。

B.把处理方法相同或相似的题目放在一起，使学生能从数学思想方法的高度总结出解题的规律。

C.把一个大题分解成几个小题。

D.将几个小题按照从特殊到一般、从具体到抽象的次序排列，逐步引申和提高。

（六）讨论设计

讨论是教师和学生、学生和学生之间的一种互动方式，通过相互交流观点，形成对某一问题的较为一致的理解、评价或判断。

1. 讨论的功能

在讨论过程中，每个人发表自己的看法，对问题的结论进行修改、补充和纠正，使它更加准确、合理和完善。因此，讨论有以下几种功能：

（1）培养批判性的思维能力

讨论要求学生能充分发表自己的观点，并且学会用事实、概念、原理通过逻辑推理，论证自己观点的正确性。与此同时，还要发现和提出其他学生有关论点、论据和论证过程中的错误，通过交流取得共同的认识。

（2）激发学生学习的主动性和积极性

在讨论过程中，学生要发表自己的意见，提出自己的观点，说出与别人不同的看法，与其他学生争论，这就需要对问题进行认真而深入的思考，并且能用清晰的语言表达出来。这样学生的主体作用就能得到充分发挥，学生的主动性和积极性也能得到充分的调动。

（3）培养数学交流能力

通过讨论实现数学交流，学生能把自己对数学知识的理解、对数学问题解决的思考运用数学语言表达出来，并且能接受教师和其他学生的看法，相互沟通，从而提高数学交流的能力。

由于同一班级或小组的学生年龄基本相同，学习基础和认知水平也差不多，相互之间容易沟通。因此通过讨论可以互相启发，取长补短，促进学生的认知能力向更高阶段发展。

2. 讨论问题的设计

数学课的讨论有师生之间的讨论、学生之间的讨论、全班的讨论，也有小组讨论或同桌两人的讨论。不论哪一种讨论，在讨论前教师都要确定并准确地表述有待讨论的问题。一般来说，可以这样来设计讨论的问题：

第一，选择一些容易混淆的数学概念，看来似是而非的问题，让学生通过讨论澄清错误的理解，达到深刻的认识。

第二，选择一些答案不唯一、解法不唯一的数学问题，让学生发表不同的意见，提出各种不同的解法，相互比较，开拓思路。

第三，选择一些可能产生争议的问题，让学生争论和争辩，激发学生搜集新的信息的能力，重新调整自己的思维方式，通过争论增进学生对问题的理解。

第四，选择一些有思维深度的问题，需要通过抽象、概括、分析和综合才能解决的问题。

（七）小结设计

小结是在完成一个数学内容或活动时，对内容进行归纳总结，使学生对所学知识形成系统，从而巩固和掌握教学内容的教学行为方式。

1. 小结的功能

课堂小结可以由教师来进行，也可以由学生来做，还可以由师生共同来完成。小结是课堂教学的重要组成部分，它可以起到对教学内容画龙点睛、提炼升华、延展加深的作用。但在实际教学中，教师往往对小结不够重视，到下课铃响时，匆忙应付几句就结束了，造成一节课"虎头蛇尾"。有好的开端，但不能善始善终。所以，在数学教学设计中，应该重视小结的设计。

一般来说，小结具有以下几项功能：

（1）系统整理，形成结构

通过小结，将所学的数学概念、定理、公式和法则等进行系统整理、归纳，沟通各种知识之间的相互联系，使之条理化、结构化和系统化，便于巩固和记忆。

（2）突出重点，强化注意

通过小结，学生进一步明确教学的重点、难点和关键点，掌握运用数学概念定理、公式和法则时要注意的条件和范围。

（3）深化知识，提高素养

在小结数学知识和解题方法的基础上，使学生对数学思想方法的认识升华，进一步提高数学素养。在小结时，教师还可以提出一些有深度的问题，让学生进一步思考，课后进行探索，提高学生探究问题的能力。

2. 小结设计的原则

小结的设计应遵循以下几条原则：

（1）概括性原则

小结要对本节课所教的内容进行梳理、归纳、概括和系统化，突出最重要的知识、最本质的内容，把整节课的内容概括成几条。

（2）简约性原则

小结内容要简明扼要、突出重点、抓住要点、画龙点睛。小结的语言要明确和精炼。

（3）启发性原则

小结不仅要把当堂课所学的知识进行归纳总结，而且要联系、沟通前面的知识，从数学思想方法的高度进行提炼和升华，启发学生进一步探索和研究，使这节课"言有尽而意无穷"，让学生在课后进一步回味，展开丰富的想象和思考。

3. 小结的方式

小结的方式有很多，小学课堂教学中常用的有：

（1）归纳式小结

这是最常用的小结方式，通过教师或教师与学生的共同讨论，对一节课的主要内容和数学思想方法进行系统的总结概括和归纳，帮助学生厘清思路，巩固所学的知识。

（2）比较式小结

这种方式是在小结时，比较该节课所学知识的异同。可以由教师主动进行比较，也可以由学生主动进行比较。这种小结方式能再次激发学生的学习兴趣、启发思维，有时也可弥补教学中的不足。

（3）规律式小结

这种方式的小结，将该节课所学知识形成一种整体，使学生对知识形成系统的结构。

（4）讨论式小结

在进行小结时，教师根据本节课的教学内容及前面学过的知识，提出一个能深化理解，掌握概念和技能的问题．让学生去讨论，教师不要给出判断，要让学生思维自由展开，这样的小结有益于发展学生的思维。

（5）提升式小结

这种小结，不仅总结数学知识，而且从认识事物的本质、研究问题方法的角度，对教学内容进行提升，从数学思想方法的高度对这节课的内容进行小结。

二、数学教学媒体的选择与设计

教学媒体是教学过程中传递和贮存教学信息的载体和工具。

（一）教学媒体的作用

传统的教学媒体包括教科书、黑板、图片、标本、模型和实物等。现代教学媒体包括幻灯、实物投影、录音、视频录像、电影和计算机等。在数学教学设计中，必须重视数学教学媒体的选择与设计，因为它直接影响到教学信息传输和表达的效果。

教学媒体在教学中的作用，具体表现在以下几个方面：

1. 提供感性材料，提高感知效果

如通过幻灯、实物投影、视频录像、电影可以呈现事物的形象或变化过程，以强化刺激，唤起和加强注意。也可以将观察的对象和背景区别开来，突出感知对象，呈现感

知对象的整体和局部，以及它们之间的联系，便于学生形成清晰的表象。教学媒体还可以揭示感知对象的本质特征和非本质特征，让学生分辨。

2. 启发学生思维，发展学生智力

以计算机为代表的教学媒体可以使人的内隐思维活动外显，帮助学生运用比较、分析、综合的思维方法、归纳的推理形式，去认识事物和理解概念。

3. 增强学习兴趣，激发学习动机

电教多媒体可以真实地再现和模拟事物情境，以其特有的生动形象，声、光、色、动画等表现手段和方法，激发学生的学习兴趣和动机。

4. 增加信息密度，提高教学效率

应用教学媒体可以对多种感官提供刺激，通过多渠道传输信息，提高传播速度，增大信息容量。因此，运用与计算机为代表的电教媒体，可以增强信息密度，提高教学效率。

5. 调控教学过程，检查学习效果

教学媒体，特别是电教媒体是教学信息的重要反馈手段，可为教师调控教学过程和检测学习效果。例如，利用实物投影，可以将学生的练习及时反馈；计算机辅助教学系统则为学生自我反馈、自我检测学习结果创造了条件。

（二）教学媒体的选择

教学媒体的种类很多，有视觉媒体，如教科书、图片、板书、实物、模型、幻灯和投影等；听觉媒体，如广播、录音、唱片等；视听媒体，如电影、电视、录像、光盘等；交互媒体，如计算机等。不同的教学媒体有不同的特点和作用。

1. 教学媒体选择的原则

各种教学媒体都有自己的功能和局限，必须选择适当的教学媒体才能取得较好的教学效果。教学媒体的选择通常遵循以下几条原则：

（1）目标性原则

必须根据教学内容和教学目标来选择教学媒体。

（2）针对性原则

必须针对学生的实际情况，不同年龄、不同水平的学生要选用不同的教学媒体。

（3）功能性原则

各种教学媒体有各自不同的性能，它们的表现力、重现力、接触面、参与性和受控性都不同，在教学中发挥的功能也不同。所以，要根据教学媒体的功能来进行选择。

（4）可行性原则

要从本地、本校的环境、设备、条件出发，选择适当的教学媒体，不要提出不符合客观条件的要求。

（5）适度性原则

选择教学媒体必须注意适度，要恰到好处。只有需要应用教学媒体的内容时，才会

选择适当的教学媒体，不能到处乱用。教学媒体用得太多，反而会对教学形成干扰。

2. 教学媒体选择的方法

选择教学媒体一般可以根据上面所说的原则，按以下的程序进行：

第一，判断通过阅读教科书、看板书、听讲授和参与课堂讨论等能否掌握教学内容。如果能掌握，那就不必选择教科书和板书以外的其他教学媒体；如果需要视觉形象，那么可以考虑选择其他教学媒体。

第二，根据需要静止或运动选择教学媒体，如果只要求静止，那么可以选择图片、投影、实物和模型；如果要求运动，那么可选择录像、电影、多媒体。

第三，如果需要交互作用，那么选择计算机。

（三）教学媒体的设计

各种教学媒体有各自不同的设计方法，下面重点介绍板书、投影的设计，也涉及计算机辅助教学的设计。

1. 板书设计

板书是教师在黑板上书写文字、符号、图表等传递教学信息的教学行为方式。一切直观教具，不论像电影和录像节目那样昂贵复杂，还是自制的画片和模型那样便宜简单，都具有相同的目的，在学习者视觉上留下最强烈的印象。事实上，所有直观教具中，属黑板最普遍、最重要、最灵活。

（1）板书的功能

板书有以下的功能：

①增强语言效果，加深理解记忆。板书可以使学生从视觉上获得信息，使视听刺激相结合，加强教学信息传递的效果。听觉信息受到时间的限制，有时教师的讲解学生没有听清或一时还不理解，那么就会降低信息接收的程度。而板书要滞留一段时间，可以弥补听觉信息的不足，加深学生的理解和记忆。

②揭示知识结构，了解逻辑联系。数学教学内容的结构体系，通过口头语言的表达一般比较困难，而通过精心设计的板书来加以表达，学生对概念、定理、公式相互之间的逻辑联系就会一目了然。

③形象生动直观，启发学生思维。板书既有文字，又有图形，还可以有色彩，生动直观。好的板书，由于层次清楚、富有系统性，能使学生产生联想和类比，因此有利于启发学生思维，培养学生的分析和概括能力。

（2）板书设计的原则

板书的设计应遵循以下的原则：

①简明扼要，突出重点。板书必须概括地写出教学内容，提纲挈领，突出重点，以简练的文字表达丰富的内容。

②事前计划，合理布局。板书要有计划，要事先设计好布局。哪些内容写在什么位置，哪些内容要保留，都要做到心中有数。

③书写规范，示范性强。板书字体要端正，笔顺要正确，数学符号、公式书写要规范，画图要准确。

④形式多样，启发思维。要注意使用文字、表格、线条、图形等形式，再加上色彩，吸引学生的注意力，启发学生积极思维。

（3）板书的要求

①板书设计要具备科学性和计划性，即板书设计力求准确、科学。板书语言要做到准确无误，大小标题的书写要规范。要有一个通盘考虑，在进行教学设计时要认真安排；要注意把握好板书内容的顺序、板书的时间，过早或过晚板书都不能起到应有的效果。

讲授与板书的前后顺序有以下几种情况：

A. 先板书后讲授

教师在授课开始时，把本节课要讲的主要内容分成"分题"写在黑板上，然后一个分题一个分题地讲。每个分题要求板书的内容随着讲述写在分题的后面。这种板书适合高年级学生或复习课。

B. 写一个分题讲一个分题

这是教学中最常用的方式。这种板书讲写结合，能较好地控制学生的注意力。

C. 讲完一段再板书

若采用发现法或探索法教学，教师先组织学生观察发现、实验、动手操作后得出结论，教师再板书。

D. 全课讲完再板书

对于讨论式教学，教师在课间预习的基础上先将同学分为若干小组，然后小组讨论，交流发言，最后由教师总结归纳、写出板书或发动同学总结出板书内容。这时的板书可与电化教学手段相结合。

②板书设计要求精炼概括，系统完整

精炼概括：一是指板书要做到板示内容提纲化、要点化、条理化，通过板书，将零碎的知识聚合为整，抓住知识要点，从纷繁的知识内容中理出关键性提纲，起到提纲挈领的作用。二是指板书内容应是教学内容的精髓，言简意赅，重点突出，使板书起到画龙点睛的作用。

系统完整：一般情况，一节课使用一个板面，板书的安排应突出其独立性，应是一个整体，课本的主要内容能从板书上反映出来。

③板书设计要形象直观，具有启发性

板书应揭示教学内容的内在联系，能从简单几句话或几个词语的排列上看出整个事件发展的顺序，由一些简单图形、符号、数字可以形象地说明问题。板书应与直观教具的使用有机结合起来。

板书应当富有启发性。在板书的设计上，应该用精辟的语言展现课本内容的整体框架，使学生能从板书上受到启发，引发其积极思考。、

④板书设计强调设计巧妙，美观大方

板书设计既要美观大方，又要具有艺术性，能使学生受到美的陶冶。具体表现在以下两个方面：

A.内容要美。一是板书所用的字、词、公式或是符号一定要准确无误；二是板书一定要少而精，主要体现板书应该突出重点、点出难点和把握的关键点。

B.形式要美。板书的形式指板书内容的外在表现形式，如内容的布局结构，教师的书法、绘画等。形式美可以吸引学生的注意力，激发其学习动机和兴趣。因此，要求教师：一是书写规范化，字一定要写得工整、美观、大方；二是可使用一定量的彩色粉笔来加强板书的效果。

最后，板书设计要提纲挈领、条理清楚，书写的内容要言简意赅，既能表达出实质性内容，又能尽量缩短书写时间。此外，还需要表意准确，简明扼要，书写端正，编号规范。

（4）板书的分类

一般而言，板书有提纲式板书、表格式板书、图示式板书、设问式板书和简图式板书几种。

①提纲式板书。以教学的逻辑关系为线索，用简练的语言按一定层次写出知识要点。

②表格式板书。这是一种用表格组成的、以文字表述为主的板书形式。它的特点是形式简明、内容扼要、对比性强。

③图示式板书。这是以画图为主的板书。

④设问式板书。这是根据知识的主要纲目和内在联系，以提问的方式设计环环相扣的问题而形成的一种板书形式。

⑤简图式板书。这是一种应用简单的几何图形，结合文字、符号、箭头等进行板书和投影的形式，它的特点是比较形象直观、生动活泼。例如，四边形、平行四边形、矩形、菱形、正方形、梯形的关系可以板书的形式体现。

（5）板书板位安排与行列书写要领

①板位安排，其基本要求如下：

A.充分利用。充分利用黑板的有效面积，主要应做到三点：四周空间适当；分片书写；字距适当。

B.布局合理。在板位安排时，应当注意整体效果，合理布局。常见的板书布局如下。

中心板：以黑板中心为主板，不轻易擦。黑板两侧留有少许板面，以供辅助板书用，随用随擦。

两分板：板面一分为二，左侧 2/3 为主板，右侧 1/3 供辅助板书用。

三分板：以黑板左侧为主板，所写内容提纲挈领，以一、二、三等标号，内容始终不擦；中间部分为副板，用作小标题的板书位置，讲完一个大标题内容略作小结后擦去；黑板右侧作为机动，供绘图或做补充说明用。

C.主次分明。在板位安排上，要主次分明。应准确地把板书内容的主次在板位安排上体现出来，才能使学生明确重点，便于理解和记录。需要分层次时，应正确使用层次序号。根据视觉规律，人们在观看版面时，上部比下部容易引起注意；左边比右边引人注目。

②板书行列

A. 行列不直的原因。一是意识的错位，主要表现是意识范围狭窄和意识分散；二是习惯动作的偏差；三是视区的狭小。

B. 如何才能使行列写直。一是让自主意识参与调节；二是养成正确的书写习惯；三是不断调整和正确使用最佳书写区。

③布局和消除

A. 位置和排列。课题写在黑板中间或左面顶上的位置，字体大一些；主板书一般写在黑板的左边，副板书写在黑板的右边。

B. 出现和消除的次序。要注意板书的出现和消除的次序，哪些内容先出现；哪些内容后出现；哪些内容要擦去；哪些内容要保留，都要事先设计好。

2. 投影的设计

投影是教师用投影书写文字、符号、图表等传递教学信息的教学行为方式，有时也用投影演示实验或探究的过程，或者展示学生合作交流的内容等。

若教师使用投影书写教学内容，其主要方式有：

（1）提纲式

以教学内容的逻辑关系为线索，用简练的语言按一定层次写出知识要点。

（2）表格式

表格式书写又分为分类型和比较型两类。

（3）图示式

这种投影形式运用适当的符号、线条、箭头和图形表达教学内容。它的特点是条理清晰、形象直观。图示式分为分类式、线索式、流程式、简图式等形式。

3. 计算机辅助教学的设计

计算机辅助教学（CAI）是将计算机的功能用于教学的一种教学形态。在教学活动中，利用计算机及其技术模拟，可以帮助教师传导教学过程中的信息，完成教学任务。

（1）计算机辅助教学的特点

①交互性。计算机辅助教学最突出的特点是计算机可以实现人机对话，计算机不仅能呈现信息、提出问题，而且能接受学生对指定问题的回答，并对回答做出判断和评价，提供反馈信息。

②信息表达优化组合。计算机辅助教学把文字、图像、动画、影像、声音等信息集成和综合，内容丰富、直观形象、生动活泼，有利于激发学生学习的兴趣。

③有利于因材施教。计算机辅助教学课件是以学生为主体进行设计的，它可以让学生按照自己的要求进行学习，为实现与学生为中心的教学活动创设了环境。

（2）计算机辅助教学的基本模式

计算机辅助教学的基本模式是指利用计算机进行交互教学活动的方式，通常有以下六种：

①练习式。练习式是指通过反复练习而获得某种知识和技能。计算机向学生提出一系列问题，要求学生回答，并给予学生及时反馈和强化。

②辅导式。辅导式是指教师通过计算机和学生交互对话，辅导学生完成某种教学目标。计算机分析学生的反应，并给予适当的反馈和强化。当学生出现错误时，还可为学生提供补习的内容和方法。

③发现学习式。发现学习是指将学生置于构造好的环境中，并提供线索，使其分析和掌握新的概念和原理的工具，让学生通过探索、猜想获得新知识。

④问题解决式。问题解决式是指通过计算机呈现的问题情境，让学生自己来解决问题。

⑤模拟式。模拟式是指计算机来模仿真实的自然现象和社会现象。

⑥游戏式。游戏式是指围绕某个教学内容，创造某种具有竞争性的潜在学习环境，通过游戏的形式达到教学目的，可以起到"寓教于乐"的作用。

（3）计算机辅助教学课件的类型

计算机辅助教学课件，按照课件的功能和结构可以分成以下几种类型：

①程序型。程序型课件是把教学内容分成许多小单元，各单元按事先编制的程序依次呈现课件。

②随机型。随机型课件的结构是由一个主程序或若干个子程序组成，其主程序阐述课件的教学目标、学习方法和教学项目；而子程序则具体呈现各种教学内容和教学策略。学生可以根据自己的学习需要选择课件上的教学内容，这样有利于发挥学生学习的主动性。

③生成型。生成型课件是利用某种数据结构和算法，产生与学生知识水平相适应的多变数教学内容的课件。它向学生提供的教学信息不是预先存储的，而是在课件运行过程中自动生成的。

④智能型。智能型课件是使用计算机智能系统进行计算机辅助教学的课件。它可以实现学生与计算机之间的自然对话，检测和理解学生犯错误的原因，并提出最佳补救方案。

（4）计算机辅助教学课件设计的原则

①目的性原则。由于教学目标是一节课教学的方向和要求，还能为教学评价提供依据。因此，计算机辅助教学课件要能清楚地阐明教学目标，使学生能掌握重点，把注意力集中在知识的学习上。

②针对性原则。计算机辅助教学课件是为特定的对象设计的，不同的学生要设计不同的课件，设计的课件必须符合学生的实际水平。

③交互性原则。交互作用是计算机辅助教学区别于其他教学媒体的最大优势。因此，课件的设计要具有良好的交互性能，其包括练习测试的内容、应回答内容、反馈内容、辅导内容等。

④反馈型原则。对于提问的回答、练习和测试的解答要根据不同的学生、不同的内容提供多种形式的反馈。例如，低年级学生可以通过生动而有趣的动画形式进行反馈，高年级学生可以通过简洁明了的方式进行反馈；简单的问题可以直接以答案的方式进行反馈，复杂的问题则需要阐明为什么这样解答。

三、数学教学形式的设计

数学教学活动的展开需要一定的教学形式，教学形式是指教学活动中教师与学生为实现教学目标所采用的结合方式。在这一节中，先介绍数学教学的形式，然后就数学教学形式的选择与组合，以及数学教学设计方案的编制进行讨论。

（一）数学教学的形式

数学的教学形式指教学活动中教师与学生为实现教学目标所采取的结合方式。常用的教学形式有以下三种：

1. 全班学习

全班学习是教师按照课程标准、教学计划的要求，把教学内容统一进行传递的教学活动，全班学生在教师指导下统一进行学习。

这种教学形式的优点是教学效率高，能在规定的时间内学习较多的内容；同时接受教学的面比较广，具有规模效益。其局限性使学生的学习比较被动，主体作用不容易充分发挥，基本上按照教师安排的进度进行学习，难以适应学生的个别差异，也不利于发挥学生的创新精神和培养学生的实践能力。

2. 小组学习

小组学习是目前世界上许多国家普遍采用的一种富有创意的教学理论与方略。由于其实效显著，被人们誉为近十几年最重要和最成功的教学改革。小组学习就是以合作学习为基本形式，充分利用教学中动态因素及师生、生生之间的互动，促进学生的学习，以团体的成绩为评价标准，共同达成教学目标的教学活动。

这种教学形式的优点是给予教师与学生、学生与学生面对面密切接触和相互交流的机会，既有利于情感领域教学目标的实现，也有助于学生表达自己见解的能力。其局限性是要使小组成员都能积极参与，并且讨论取得效果有一定难度，教学进度也不容易控制。

3. 个别学习

个别学习是适应学生个别差异，发展学生个性的一种学习方式。它要求教师从学生的个别差异出发，对学习内容所涉及的各种因素、各个环节进行重新组织和调整。

这种教学形式的优点是能发挥学生的主体作用，有利于学生学习能力的培养，使程度不同的学生能根据自己的水平，决定学习的内容和进度，选择相应的学习条件，提高学习的效益。在这种教学形式中，教师可以对不同的学生进行不同的指导，学习的时间和空间灵活性大。其局限性是不利于学生与学生之间的相互交流。

从上面的分析来看，这三种教学形式都有各自的优点和局限性，在设计数学教学方案时，要注意扬长避短，相互组合，相互弥补。

（二）数学教学形式的选择与组合

从目前数学教学的实际情况看，虽然教师已经开始注意全班学习、小组学习和个别学习的相互结合，但是相对来说全班学习比重还是过大，小组学习往往流于形式，个别学习尚未引起充分重视。因此，在进行数学教学设计时，必须改变这种现状，要加大小组学习和个别学习的比重，增加学生参与课堂学习的机会。

所谓"十二原则教学"是指十分钟教学和两分钟思考或讨论。这种教学形式的理由是，从大脑与学习的研究中得知：如果大脑接受信息太多，会停止记忆。因此，对于一些教学内容较难的课题，两分钟思考或讨论有利于学生参与学习，便于学生理解和记忆。从记忆规律来看，最先说和最后说的内容最易于记忆，中间部分记住较难。换言之，通过"十二原则教学"让学生及时总结、记忆教师所教内容。

下面几种做法也可用作教学形式选择与组合的参考：

第一，在一些数学命题教学和问题解决教学过程中，采取先个别学习，后小组学习，再全班学习的形式。

例如，教学开始时由教师或师生共同提出问题，留出一段时间给学生独立思考，让学生每人都在纸上画画算算，尝试解决问题。然后学生分小组进行讨论，让每一个学生都用语言表述自己的思考过程和思考结果。再在教师组织下，全班进行讨论、修正，教师适当进行一些讲授，最后师生共同进行小结。

第二，在一些以训练数学技能为中心的教学过程中，采用先全班学习，后个别学习，再小组学习的形式。

先全班学习，如教师举例讲解数学基本技能的要点，个别学生进行示范演算，然后进行个别学习，让每一个学生独立进行练习，通过练习掌握数学基本技能。在此基础上，分小组进行相互交流，每个人在小组里表达自己的见解和结果，相互纠正错误，最后师生共同进行小结。

选择数学教学形式的关键是思考，如哪一种教学形式的哪些侧面可以实现什么样的教学目标，可以取得什么样的教学效果。

（三）数学教学设计方案的编制

在完成一系列教学设计工作的基础上，编制数学教学设计的方案。数学教学设计方案既是教学设计的总结和书面的记录，又是课堂教学的主要依据。根据数学教学设计的过程，数学教学设计方案应包括以下几项内容：

1. 学习类型

在对教学内容进行分析的基础上，写出本课时的学习结果和形式的类型。之后进行学习任务分析，确定学生起点能力转化为终点能力所需要的先决技能，明确学生学习本课前所要掌握的知识和技能。

学习内容的分析一般的教案都不写。主要原因是教师在备课时根本没有进行分析。实际上这部分内容是很重要的，是数学教学设计的基础，如果没有进行这些方面的分析，就不可能对数学教学内容有深刻的理解和掌握，也不知道原有知识、技能方面的起始状态，因而也就不可能设计出好的教学方案，而且通过书写教学内容的分析，还可以为下面书写教学过程提供更明确的依据。

2. 教学目标

根据不同教学内容和要求达到的水平明确写出该节课的课时教学目标，确定该课时的教学重点和难点。

3. 教学过程

根据教学设计的结果具体写出教学过程，包括以下几个方面：

（1）教学步骤

按照教学过程，结合教学内容呈现的先后顺序，写出教学的步骤，即"先做什么，后做什么"。对一些需要小组学习和个别学习的教学步骤应特别加以说明。

（2）教师活动

对每一个教学步骤写出教师活动的内容和方式，即"教师做什么，怎么做"。

（3）学生活动

对每一个教学步骤写出学生活动的内容和方式，即"学生做什么，怎么做"。

（4）教学媒体

说明哪些教学步骤需要使用教学媒体，教学媒体的种类、使用的要求，即"使用什么教学媒体，怎样使用"。

（5）教学后记

教师在课堂教学结束后用精简的语言写出自己的教学体会、经验、教训，以及对这堂课的简要评价。

教师在备课时如果能常常向自己提出一些问题，并且把它写下来，那么往往一份数学教学设计方案便可以应运而生了。这些问题可以是：

①本节课的教学目的是什么？它的重点、难点和关键点是什么？

②为什么要学习这个新内容，其实际背景、与先前内容的联系是什么？

③学生要具备什么基础，学习这个内容需要哪些先决技能，学生可能有什么障碍，如何帮助学生克服这些障碍？

④新的学习内容中蕴含了哪些数学思想方法，在教学时如何渗透这些数学思想方法？

⑤何时提问学生，提问的目的是什么？用什么方式提问？

⑥选用什么例题、习题？目的是什么？

⑦选用什么样的教学媒体？在教学中如何激发学生的兴趣？

⑧有哪些教学环节，各个教学环节所需要的大致时间是多少？

⑨应联系哪些章节进行练习巩固？应为后继学习埋下什么伏笔？

对于新手型教师，这样的自我提问有助于数学教学设计方案的编写。

不同的教师、不同的课可以有不同的数学教学设计方案的形式。

四、数学教学设计方案的评价

由于数学教学设计是以数学学习论、数学教学论等理论为基础，运用系统方法分析教学问题，确定数学教学目标，进行教学方案设计的活动。因此，数学教学方案设计的评价也是数学教学设计的重要组成部分，通过对数学教学设计方案的评价，可以对数学教学过程的各个要素和各个环节的选择与组合是否恰当、是否协调做出判断，并根据教学目标对设计方案进行修改和调整，从而实现数学教学设计方案的优化。

按照不同的分类标准，可将数学教学设计方案的评价划分为不同的类型。如按评价内容的不同，可分为对数学教学目标设计的评价、对数学教学整体方案设计的评价、对数学教学局部设计方案的评价；按评价功能的不同，可分为诊断性评价、形成性评价和总结性评价；按评价分析方法的不同，又可分为定性评价和定量评价。在这一节则主要探讨数学教学设计方案的形成性评价和数学教学设计方案的修改和调整。

（一）数学教学设计方案的形成性评价

数学教学设计方案的形成性评价是在制订和试行数学教学设计方案中的评价。通过评价获得反馈信息，如有不足之处，可以及时修改和调整。数学教学设计方案的形成性评价一般包含以下几项工作。

1. 制订评价计划

制订评价计划包括确定搜集资料的类型、制定评价标准两项任务。

（1）确定搜集资料的类型

通常所需要搜集的资料有两类：一类是学生的数学学习成绩，它反映的是通过设计方案的使用，帮助学生达到教学目标的程度；另一类是数学教学过程的情况，反映设计方案的使用情况。

（2）制定评价标准

在确定搜集资料类型以后，还要建立衡量这些资料的标准，也就是评价数学教学设计方案的标准。主要包括以下几个方面：

①教学目标是否恰当具体，符合课程标准的要求，符合学生实际？

②教学内容选择是否恰当，安排是否合理？

③教学过程设计是否符合学生的学习规律？

④教学方法是否有利于调动学生学习的主动性和积极性？

⑤教学活动是否体现了以学生的发展为本？

⑥教学形式是否符合教学要求？

⑦教学媒体选择是否适当，使用是否有效？

⑧实际教学效果怎么样？

2. 选择评价的方法

数学教学设计方案的选择评价主要有以下三种方法：

（1）测验

测验是通过一些试题对受测者的行为样本进行测量。当评价的目的是了解学生认知目标达成度的时候，测验就是一种常用的评价工具。

（2）调查

调查一般有两种方法：问卷法和访谈法。问卷法是通过书面形式向回答者提出问题，从答案中获取信息的方法；访谈法是通过与被调查对象进行个别交谈或集体座谈获取信息的方法。

（3）观察

观察是为了达到某种评价目标，教师专注于学生的行为和所处的环境，记录所观察的内容，获得必要资料的方法。

进行数学教学设计方案形成性评价时，将数学教学设计方案进行试教，在试教的同时进行观察。有条件时可请有关人员观察，并做好录像等记录工作，课后可通过问卷调查和测验，收集有关资料。再将这些资料进行整理、编码和分析，得出评价结果。在此基础上提出设计方案的修改意见。

（二）数学教学设计方案的修改和调整

在日常的实际教学中，教学设计方案需要不断修正和完善。通常情况下，一个数学教师教同一年级的两个班，第一个班级进行教学，可以理解为第二个班级教学前的试教，在第一个班级教学结束后，教师就必须对教学设计方案及时进行评价，并对它进行修改和调整。在两个班级教学结束后，对教学设计方案进行再一次的评价，并且再次对它修改和调整，为今后进行同一类型的教学做好准备。

在数学教学设计方案评价的基础上，首先确定方案是否需要重新设计，还是只需要做适当的修改和调整。一般来说，如果下列几条中有一条不符合要求的就必须重新进行设计：

第一，教学目标不符合课程标准或不切合学生实际。

第二，教学目标正确，但教学过程设计不能达到教学目标。

第三，教学内容的选择和安排，教学过程的设计不符合学生学习规律，不能调动学生学习的主动性和积极性。

如果上面几条都符合要求，总体来说没有原则问题，那么根据方案评价的结果可对方案进行适当的修改和调整。

第七章 小学数学单元整体教学模式构建

第一节 基于核心素养的小学数学单元教学设计的原理

一、理论基础

（一）建构主义理论

建构主义学习理论的代表人物有很多，其理论经过长时间的发展后内容也很丰富，用一句话概括就是：以学生为发展中心，学生通过借助他人帮助，并利用一些学习材料主动地对知识进行自主探索和意义建构。在学习的过程中学习者需要自主的去寻找信息、分析信息、提出有理有据的猜想并将所学内容与自己的生活经验和知识经验建立联系后再验证猜想。在学生自主探索与意义建构的过程中，教师是引导者，是帮助者，要处理好教师讲授与学生自主学习的关系，促进意义建构。

教师在教学设计时要充分分析学生的生活经验和知识水平，结合目标分析创设有助于学生意义建构的情境，为学生的迁移和意义建构创造有利的条件。这也直接决定了教学设计必须遵循以下教学原则：一是优先分析学生，以学生为中心；二是必须承认"情境"对意义建构有事半功倍的作用，学习者在一定的情境下打破原有的认知，实现对新知识的学习和掌握；三是强调"协作学习"的价值，学习者通过自主学习和合作探究及教师引导等方面的影响，知识结构和认知结构都会受到不同程度的冲击，从而完成对知识的自我更新；四是明确学习的本质其实就是完成意义建构，从某种意义上来说，教学设计是为了实现学生对所学内容的意义建构，因此整个设计是围绕意义建构而展开，并以此为出发点的。

（二）有意义学习理论

将学习按照学习材料与学习者原有知识的联系分为机械学习和有意义学习，而有意义学习的内在实质则是通过重新建立既有的认知结构对新认识的顺应和同化。一方面任何认知活动都离不开学生的主观能动性，都是学生在原有认知结构基础上的主动学习；另一方面有意义学习的实质是联系，新知识的学习都是将新知识与旧知识建立某种联系，并受到旧知识的制约。这也就意味着有意义学习必定要满足三层要求，即学习材料必须具备内在的逻辑联系，学习者有相应的认知基础，学习者具备建立新旧知识联系的学习心理倾向。

据此，教学设计必须做到：一是科学、合理地组织和安排教学内容，并充分考虑教材的逻辑性、系统化及其内部结构和学习者对知识的适应性，只有如此才能让学习者正确掌握知识的内在联系，从而获得更全面的认识；二是全面掌握学生的认知发展状况和理解水平情况，并找准策略确立学生在认知结构上的学习基础和新内容的相互联系，从而充分调动学生的学习兴趣，并产生积极性、主动性的心理倾向。

（三）大单元教学设计理论

大单元教学设计改变了以围绕"知识点"或"课时"进行设计的思路。确定大单元必须综合考虑教材中的结构体系，分析学生知识基础与心理发展水平，进而依据相关学科核心素养的要求将相关内容以大单元或其他形式进行整合。在确定大单元之后要通过设计真实的情景来促进大单元学习。所谓的真实情景是借助生活中的真实问题，在做真事过程中来渗透核心素养并评价核心素养的达成度。对于教师而言最能体现其专业性的是设计大单元学习方案，即明确六个问题：单元名称与课时、单元目标、评价任务、学习方案、作业设计、教师反思，每个问题均是以学生需求为本，实现"教师想要学生学会什么"到"学生怎样才能学得会"的思想观念的转变。

二、基于核心素养的小学数学大单元教学设计的特点

大单元教学活动设计作为以小学数学课程为主体教学内容的特殊教学设计活动，不仅具备了常规教学设计活动的基本特征，还有符合其规律的独有的特点。

（一）整体关联性

基于核心素养的小学数学大单元教学设计立足于将课程整合理念和教育思想、系统

整合的规划单元教学，因此必然存在着整体关联性的特点，主要体现在：

1. 教学内容的确定和安排的整体关联性

从总体上把握教学内容，保证了知识结构的整体性，有助于学生建立完善的知识网络，这也是区别于传统的课时设计的主要特点。传统的教学设计虽然能够更精准地把握一节课的重难点，教师容易操作，但是也容易割裂知识间的联系，遮蔽了知识的生长样态、思维的生长样态和学习的生长样态。

2. 对学生分析的整体性

因为大单元教学设计以建构主义学习和有意义学习为理论基础，所从要求从学生学习的视角出发，全面了解和分析学生的知识基础和认知发展水平。

3. 关注衔接的连贯性

由于教学内容繁杂且学习周期长，因此要求大单元教学设计应注意不同阶段的衔接要自然连贯，使学生不同阶段的学习既相对独立又相互联系。

（二）循序渐进性

单元教学设计不可能一蹴而就，也不可能一劳永逸，因此，大单元教学设计是一个不断改进创新与完善的循序渐进的动态发展过程。一方面，教师在教学设计的过程中能够随时针对出现的问题或最新的理念对教学设计做出调整完善；另一方面，教师通过对教学效果的评价与反思，对教学设计做出更科学合理的改进，供其他教师借鉴或服务于下一轮的教学。

三、基于核心素养的小学数学大单元教学设计的必要性

在教师访谈时，有些教师认为课时教学设计虽然能较准确地把握重难点和知识目标，关注的是"知识的传递与再现"，教师操作起来也更容易。但是对于学生而言，这些零散且没有内在联系的知识点缺乏内在的个人意义，学生只是把这些表层知识储存起来应付考试。这样不仅不会激发学生的学习兴趣和探讨欲望，反而会加重学生的身心负担，长此以往成为一个学习的看客或局外人，更不利于我国基础教育从"知识本位"时代走向"核心素养"时代。

而大单元教学设计所具有的优点能弥补或规避以课时为单位的教学设计，主要体现在以下几个方面。

（一）大单元教学设计更有利于撬动课堂转型，培养学生核心素养

核心素养不是教师直接教出来的，而是在实践中培养起来的，因此核心素养的培养并不是一蹴而就的。单元设计不是单纯知识点的传输与技能训练的安排，而是基于学科素养，思考怎样描绘基于一定目标与主题而展开探究叙事的活动，其目的是创造优质教学。但实际情况不是每一个课时都涵盖了所有的数学核心素养，且每一个课时所蕴含的数学核心素养都不尽相同，教师通过大单元教学设计系统连贯的研读课标、比较分析各

版本的教材、梳理课程内容主线、建立知识的本质联系、提炼数学思想方法和核心素养，比没有内在联系的课时设计更有利于学生的终身发展。

（二）大单元教学设计更有利于构建知识结构，促进认知结构化

大单元教学设计冲破"课时主义"的壁垒，教师以系统论为指导，站在整体的高度分析教材，把握整体知识体系和数学思想方法，将教材中零散的知识融合、重组、优化，让学生在看似独立的知识点中找到它们的内在联系；同时从整体上把握学情，从学生已有的知识基础和认知结构出发，通过设计学习情境，找到新旧知识的连接点，对新知识的意义建构，逐步形成学生自己的知识网络，促进认知结构化。

四、基于核心素养的小学数学大单元教学设计的原则

基于核心素养的小学数学大单元教学设计是教师的必备技能和素质。在建构主义学习和有意义学习及大单元教学设计理论的指导下，教师在进行大单元教学设计时应当遵循以下几个原则：

（一）强调系统间的整合联系原则

大单元教学设计以系统论为方法论基础，从整体上组织安排与整合单元教学目标、内容、课时、评价方式等，通过这样的整体设计帮助学生建构自己的知识网络，提高综合能力素养。

（二）以学生为主体的原则

建构主义学习和有意义学习理论认为学习过程依赖于学生的主动建构，大单元教学设计必须站在学生的立场来考量。因此教学设计要充分考虑学生的生活经验和认知水平并预测学生在单元学习后所能达到的水平，设计相应的评价标准检测学生的能力发展情况并以此为依据调整大单元教学设计。

（三）学科素养与核心素养相结合的原则

学生的核心素养是学生在长期的学科活动和社会实践中逐步培养和发展起来的，而并非教师教出来的。从这个角度来说，核心素养是各学科素养的综合和概括；而学科素养是核心素养的具体化和实现途径。因此教师在进行大单元教学设计时必须把学科素养与核心素养相结合。

五、基于核心素养的小学数学大单元教学设计的操作步骤

基于核心素养的小学数学大单元教学设计按"整体分析 — 设计方案 — 评价、反思与改进"的框架分为三个阶段：

第一阶段是对大单元做整体分析，其包括整合大单元教学内容、分析教学要素及编制单元教学目标。这是大单元教学设计区别于传统的课时教学设计的最大特征。

第二阶段是设计方案，其包括内容分解，课型划分，教学要点的把控，教学方法的选择，课时方案的设计。大单元教学整体设计"所强调的是一个整体，也就是一个大的森林"。不论是单元教学目标还是核心素养的落实，都需要课堂教学来实现。在大单元整体设计统领下的课时，教学设计必须将每个活动和流程放在一个整体的系统中去规划和设计，既要保持各课时的独立性，也要关注不同课时之间的联系，还有知识与方法的衔接与渗透。

第三阶段是评价反思与改进。数学教师应当依据目标实施教学并对教学效果进行多种方式、多个维度的评价，做到目标、教学、评价三者的统一。除此之外，教师还要依据评价结果对教学效果进行全面深刻的总结与反思，及时发现问题并提出整改意见，从整体上优化大单元教学设计。

具体操作如下：

（一）整体分析

1. 整合大单元教学内容

以"知识"为主线编排的单元。这种编排方式在某种程度上体现了知识间的逻辑性，并且也尊重了不同学段学生的认知水平和心理发展特征，但是缺乏"真实性"：它是从教师的角度出发，关注的是教师希望学生学会什么知识，而不是从学生的真实生活出发、从学生遇到的真实问题出发来思考学生需要掌握什么知识及怎样才能掌握这些知识。学生对教师强塞的知识缺乏学习的欲望，那么教学效率自然也低，更谈不上培养和发展学生的核心素养了。新的教学目标关注学生运用知识做事、持续地做事、正确地做事，重视知识的运用，因此才需要重新统筹规划和整合教学内容，形成大单元教学设计方案。

这里的大单元并非教材中编排的自然单元，而是一个教学中心。它可以采取多种方式进行组织：如以重要概念或核心知识掌握为主的大单元；思想方法渗透的大单元；基本能力和培养素养的大单元等。教师可以根据教学内容、学生基础、课标与数学核心素养要求，选择确定单元内容。因此，教师必须研读、比较和分析不同版本的教材的思想与结构，读懂课标的理念与相关要求，根据学情创造性地使用教材。

2. 教学要素分析

教学要素分析是大单元教学设计最基础也是最不可或缺的环节，对教学要素的分析是否全面透彻直接决定着大单元教学设计方案的优劣。

3. 编制大单元目标

确定课程与教学目标的依据主要是学习者的需求、社会发展的需求及学科发展的需求。核心素养就是以学科为依托，为适应社会的发展而对人提出的基本要求的规定。一线教师在编制大单元教学目标的时候要体现出目标的顺序性与整体联系性和高屋建瓴的作用，避免将课时目标简单粗暴地叠加，体现数学核心素养循序渐进地渗透与培养的特点。

（二）设计方案

这是大单元教学设计从宏观过渡微观、落实数学核心素养的关键阶段，它包括课时规划和课时教学方案设计两个方面。单元整体流程与规划主要指在大单元整体分析的基础上做出的安排，包括教学内容的分解、课型、教学要点和教学方法及相对应要落实的数学核心素养。课时规划将单元教学目标分解到不同课时内容中，在分解和设计的过程中受整体观念的指导，各阶段及不同课时保持相对独立性又相互联系。而课时教学方案设计包含了课型、目标、教法与学法还有教具安排、教学流程和活动设计，它要求教师站在学生的立场以学生为主体，思考通过创设怎样的流程使每部分的知识和教学连贯衔接，从而促使学生主动建构知识体系，发展数学核心素养。

（三）评价、反思与改进

评价、反思与改进是大单元教学设计必不可少又容易被忽视或遗忘的环节，具有承上启下的作用。评价能真实地反映课程现状与目标的偏离度，现存的问题及有待修正的方面，及时提供反馈。教师在实施教学后，首先自觉根据制定好的评价标准对学生的学习效果进行多维度的评价，然后根据评价结果总结利弊，对教学内容、目标、流程等进行反思、修改与完善。这样做不仅有利于下一轮教学，也有利于教师专业的发展。

第二节　基于核心素养的小学数学单元主题教学设计框架的构建

一、基于核心素养的单元主题教学设计的特征

（一）整体性

整体性是单元主题教学设计最本质的特征。单元教学设计从总体上遵循"整体—部分—整体"的规律，具体表现为"整体设计—依序实施—整体评价"的实践流程。基于核心素养，站在大概念和单元主题的角度，用整体观的思想对教学内容更好地把握，打破自然教材中已有单元或者章节的局限，将若干具有内在联系的课程元素进行整合形成的教学主题，由原来局限的点状教学转化为结构化、系统化的单元教学，促进课程内容的机构化、系统化。通过对各种教学要素的分析，制订单元和课时教学目标，从整体考虑学生学情和认知规律，设计教学活动，实施课时教学后通过整体评价，规范和改进教学设计方案，有助于学生构建系统性的认知结构，实现深度学习。

（二）生本性

生本性体现的是"以学生为本"的教学理念，是单元主题教学设计的基本出发点。教师应以学生认知为起点，运用多种教学手段和方式，进行"知识的建构"，设计侧重思考学习的"学案"，引导学生积极主动学习，强调"目标—达成—评价"的一致性，通过"真实性评价"支撑"真实性学习"，从而实现"真实性学力"，促进数学核心素养的形成。同时，要关注"人的发展"，在教学设计生成的过程中充分考虑学生间的个体差异，设计进阶的层次分明的学习活动和任务，由易到难、由浅入深、由低阶到高阶地开展教学，促进每一个学生都得到最大化的全面发展。

（三）动态发展性

动态发展性是单元主题教学设计的重要特征之一。单元教学设计是一个不断反思、优化、改进和完善的循序渐进的动态发展过程，主要体现在三个阶段：第一阶段是教学实施前，通过前期分析和单元内容要素分析，重组单元后，进行"目标—评价—教学"一体化的设计，不断生成教学设计；第二阶段是教学实施中，根据教学实际，不断调整单元内具体课时的教学设计；第三阶段是教学实施后，通过教研活动的磨课过程，反思教学设计存在的问题，并不断进行优化、完善，以便下一轮的教学顺利开展，如此反复。在这个动态生成教学设计的过程中，有助于教师的阶段性创新意识的发展。

二、基于核心素养的单元主题教学设计研究的要点

数学单元教学设计是从整体出发，基于数学核心素养，重组选定单元内容，从学生的认知出发，对数学单元整体进行优化生成的动态教学设计。基本操作步骤包括单元教学内容确定、教学要素分析、单元教学目标编制、设计单元教学流程及评价、反思与修改五个方面。

单元教学设计有两种形式，一种是逆向教学设计，实现"教—评—学"的一致性，即基于学习目标设计，进行评价任务的设计，最后设计学习活动；另一种是"科学—写作启发"式教学设计，首先编制单元的概念图，其次基于概念图确定大观念及其子观念，最后规划与大、小观念相一致的活动。目前单元教学设计多采用逆向教学设计，"以终为始"即关注学生的学习，更多地考虑如何通过评价设计制订教学过程中的情境、活动等设计帮助学生参与、发展和展示理解，最后通过思维可视化呈现进行整体效果评估和反思，实现思维进阶。

单元教学设计是基于目标的"学—教—评"一体化，确保教学质量。单元教学设计的基本步骤是解决"到哪里去？""是否到了那里？""怎样到那里去？"的问题，即教学目标的确定、学习成果的评估及教学过程的落实，有助于学习桥梁的搭建，设置学习路径，让深度学习在课堂发生。学习目标是核心，学、教、评共享学习目标，从而达成一体化。完成学习目标设计后，设计用于证明目标达成的学习任务，即评价任务，通过立足真实情境的学习任务，更加贴近学生生活实际，激发其内在动力；通过学习任务

融合解决问题的方法、路径设置学习活动，引导学生阶段性地发展，勇于挑战、不断进步；教学活动中嵌入评价任务，以表现性评价为主，整个学习过程贯穿于其中，通过交流互动深化学生思维深度，培养学生的表达能力，提高课堂活力和质量。

三、基于核心素养的小学数学单元主题教学设计的前期分析

（一）多版本教材分析

国家对教材的编写有基本的要求和规定，课程标准是全国统一的，为丰富教材的版本形式，避免模式化，允许教材有灵活的编制思路和呈现方式。因此，不同地域、不同人员编写的教材，其结构内容编排形式也就各不相同，因此，不同版本的教材在同一年级、同一学科所呈现出的内容结构会存在较大的差异。教材内容分析，是基于课标、学生发展、教材内容等的整体分析，不仅应该涵盖教材整体内容、各组成部分和所需课时，还要厘清教材中的基础知识、重点知识和拓展知识、应用性知识等。通过对同一主题内容进行多种不同版本教材对比分析，可以直观地总结出所使用版本教材的优势和不足，这有利于了解教材的编写意图，更好地解读、整合和重组教材，也有助于汲取不同版本教材中优秀的方面，为创造性和个性化地理解与使用教材奠定了基础。

实施教材整合的前提是教师能够深入研究课程标准，整体把握学科本质，熟练掌握学科知识和能力体系。整体把握教材并解读分析是教师的基本专业能力，同时也是高质量教学的前提。从宏观上整体把握知识之间的内在联系，横向厘清知识脉络，把握知识间的联系；微观上深入解读教材，了解编者意图。教师对教材的分析就像数学中的点、线、面、体，知识的掌握分为四个层次：一是只能掌握单一的知识点，不能把它们串成一条线；二是能把相同的知识点串成一条线，不能把不同类型线的知识横向并联，形成一个面；三是能够把同年级知识的横纵联系形成知识面，但不能将不同年级某一学段的知识联系起来，形成一个知识体；四是能够把整个学段的知识横、纵向整体联系起来，形成一个完整的知识体。单元教学设计中的教材分析就是第四层应该达到的水平，通过认真研读教材，整体把握知识内在规律、学生认知规律和学科教学规律的内在关系，将知识间的内在联系形成知识网络，以便全面而深刻地理解和驾驭教材，基于学生实际创设出问题情境、选择合适的教学方法，进而促进学生的全身心参与和认知发展水平的提高。

（二）思想方法解读

"图形的认识"是一个抽象的过程，学生将在已有图形经验的基础上，结合当前我国教材中对"图形的认识"部分的内容特点进行具体分析。首先认识常见的立体图形和平面图形，基于现实情境，通过观察、想象、操作、推理、归纳等方式探究图形的特征，感受立体图形与平面图形间的相互转化过程，并运用所学图形知识解决数学问题，促进学生空间观念和几何直观的形成。

1. 从外部特征到内部规律的认知发展规律

"图形的认识"内容是按照从"立体图形—平面图形—立体图形"的"外部特征"

到"内在规律"的认知发展规律开展的，首先由立体图形和平面图形表面的特点切入，然后逐步探究图形更深层次的特征及关系，符合由易到难、由浅入深、循序渐进的学习进阶和教学规律，实现从具体到抽象的逻辑转变，促进学生空间观念、几何直观和推理能力的培养。

2. 基于观察到操作的图形探究方法

"图形的认识"通过调动学生的感官，强调首先通过"观察"直观感受生活中实际问题的几何图形特征及模型，总结归纳几何图形的基本特点，并进行信息建构；其次通过"操作"，如摸一摸、剪一剪、摆一摆等实践活动，进一步将提取出的有效信息内化于知识结构，深入探究几何图形的特征，有助于学生空间观念和推理能力的形成。

3. 源于生活实物抽象再应用于生活

"图形的认识"强调几何图形与生活的联系，从生活实际出发，将熟悉的物体抽象成几何图形，在图形的认识及特征探究后，再应用于生活，即充分利用所学的图形知识及性质，将生活中复杂的数学问题变得简单、清晰，有助于探索解决问题的思路，进而分析、解决问题，提升学生的学习兴趣，进一步发展学生的问题解决能力，促进学生应用意识和创新意识的发展。

（三）教学对象学情分析

学情是指学生在一定的单位时间或某一项学习活动中的学习状态，主要包括学生的知识基础、学习方法、心理认知、理解能力、学习兴趣等。学情分析是教学设计的前提基础和重要环节，是因材施教的基础。学情分析通常称之为"教学对象分析"或"学生分析"，教育心理学理论是影响最终教学设计的重要因素之一。

学情分析是为研究学生的认知心理、能力水平和实际需要，根据学生现有的状态，进行教学设计，合理知识衔接，调整教学过程，更有效地达成教学目标。培养和激发学生的学习动机，有助于提升学生的学习能力，促进学生的终身发展。学情分析包括"学前学情分析""学时学情分析"和"学后学情分析"，即开展教学前，首先教师对学生的生理特点、心理特点、整体情况与个体差异、已有知识储备与经验能力、本学科学习状态及学习新知识时可能遇到的困难等方面的观察，为后续的教学设计与教学的开展奠定基础；其次是在教学中动态观察学生学习的情况，以此为依据对学生的学习进行评价，及时调整推进课堂教学生成；最后则是在教学后，教师通过学生的学习成果来了解教学成果，促进反思与改进，为接下来的教学场景和内容预设与调整提供保障，优化教学设计，最终达到因材施教，促进学生最大限度地发展。学情分析可以采用的方式有观察、提问、交流、测试等。

四、基于核心素养的单元主题教学设计基本结构的分析

（一）单元教学目标分析研究

教学目标是教学设计的核心，也是教学过程和教学评价设计的依据，因此单元教学设计的关键步骤是从整体上编制清晰、具体、适切、可操作性的教学目标。单元教学目标是指单元学习后，学生应该获得的学科核心素养，也就是解决"我要去哪里"的问题，即"要解决什么问题？期望学生学会什么？"，指向的是学生通过单元学习后预期的效果，主体是学生；因此便于评价，目标指向的是大多数学生可以达到的最基本标准。单元学习目标源于课程标准、教材、学情和学科核心素养，设计单元学习目标要基于各要素分析，细化学科课程标准，从全局、整体上统领导向评价设计，再逆向指向教学设计；再将单元教学目标有序分解，逐步落实到课时目标，层次分明并阶段性地制订课时目标。因此，单元学习目标的达成关键在于课时目标的设计，清晰界定单元内的子内容，恰当制订单元内课时的具体任务和学科核心素养，由低阶思维到高阶思维，由基础走向迁移，最终有层次、分阶段、有步骤地实现单元目标。

单元学习目标的确定，首先要基于课标要求，深入分析单元内及单元间的学习主题内容，从学科核心素养出发，确定学生在知识内容、能力获得、素养提升等方面应达到的水平；其次基于教学对象的学情分析，了解学生现阶段的认知特点、知识储备和核心素养的水平，针对学科内容和核心素养，构建基于核心素养的单元主题教学目标，细化单元内具体课时教学目标设计，从而解决基础性、关键性的问题；最后基于教学实施与分析进行目标检测，通过校内外的开放研讨交流，不断反思与完善，确定最终的单元学习目标。

教师在制订课时目标时，应以单元目标为直接基础且不局限于其中，将单元目标进行简单分配、分解和层级分化形成。简单分配即简单直接地将单元目标分配到各个课时；分解即将单元目标分解为多个课时目标；层级分化指的是单元目标是整体的高阶的，将单元目标分化成若干个层级，形成层层递进、阶段上升的课时目标。

（二）单元教学评价分析研究

基于核心素养的单元主题教学设计下的"学—教—评"是一致的，基于学习目标，设计检验目标达成情况的学习任务，即评价任务。核心素养的评价不同于对知识的评价，重点是对通过学习知识转化为能力的评价。因此，评价的内涵不仅局限于"考试"，而且贯穿于教育教学全过程中的包括形成性评价和终结性评价的多元评价体系。评价与其他各环节是密不可分、相互影响的。教师应当先在实施教学之前依据单元教学目标设计目标达成评价，制订评价标准，然后在教学中嵌入过程评价，接着进行结果性评价，最后开展增长对比的评价分析。

达成评价是对单元目标是否达成以及达成的程度怎样进行的评价，能够引导、促进学生的深度学习，同时也是教师进行教学反思的重要依据，通过深入分析达成度较低的目标，寻找原因、制订对策，并在教学设计和实际教学中持续改进，保障教学质量的不

断提升。达成评价注重形成性评价、评价内容的有效性，即考查学生"思考了多少、领会了多少"，目标的达成度即对各个目标的达成情况做分析和结论以及评价结果对教学反思和改进的作用。

过程性评价旨在改进教学，促进教学质量提升，重点考查学生在学科学习过程中表现出来的学习态度、参与程度和核心素养的发展水平。过程性评价能够促进思维进阶，除了学生书写说答外，还可以通过探究、动手实践、作品展示等形式来体现。同时也可以借助表现性评价，要求学生基于具体的真实情境或模拟情境，通过学生解决问题过程的表现，考察学生的知识掌握程度、能力的获得状态、核心素养的达成水平等方面。

基于知识学习水平，对数学核心素养水平进行分类，提出了知识学习中核心素养的知识理解、知识迁移、知识创新对应的 3 种能力水平。给出学生核心素养评价的理论框架，可以用于学习过程中具体核心素养的评价，也可进行综合测试应用中核心素养水平的整体评价。

（三）单元教学过程分析研究

学习过程的好坏直接影响学习效果的程度，促学就是促进学习过程的改善和优化。设计教学过程，本质上就是设计经过怎样的教学过程，能够获得什么样的学习成果。只有设计好教学过程，才更有可能达成预期的成果。

单元教学的结构化是基于深度学习，在大观念、大情境、大任务、大活动的引领下，将目标、课时、情境、任务等要素规范组织形成一种有结构的整体。单元教学的结构化设计通常采用分级设计，一级是大任务或大问题；二级是分问题或分任务；三级是课时学习中的学习活动。教学活动是预设与生成的过程，是教学设计与学习过程的有效衔接的关键。结构化不仅是知识与技能的结构化，更是教学活动的结构化，其设计多采用"逆向设计"，关注"学生的学"，考虑怎样设计活动能够帮助学生参与和发展，促进高阶思维和学生整体核心素养的发展。单元教学过程是基于学习内容各要素分析和教学对象分析，对单元教学目标及单元教学评价设计进行分析，从整个单元的教学内容知识结构逻辑和核心素养目标出发，设计教学方式与进阶的学习活动，进而形成单元教学方案。要从整体上实现单元目标，需要将单元主题细化至每一个课时中，设计单元的阶段划分及各阶段课时的划分，使得各阶段间、各课时间相对独立又彼此联系。另外，在了解每节课间及其与总目标之间的关系后，还要设计每个课时的具体教学方案，循序渐进地促进学生核心素养的发展和提升。

学前准备的设计为学习过程奠定了良好的基础。通过分解基本问题和大任务，将学习进阶的思想渗透在学习活动的设计中，其中包含知识迁移和应用或者知识的理解与批判。把目标分解成具体的任务活动，制订与学习目标认知类型相匹配的教学策略，设计基于学生心理发展的教学活动。

达成素养导向的学习目标，关键在于是否具有挑战性的学习任务，这个挑战性体现在规划性和整体性、实践性和多样性、综合性和开放性、逻辑性和群体性。核心素养的培养是基于问题情境通过探究与实践解决问题来实现的。因此，基于数学核心素养的教学活动，应该把握数学的本质，创设合适的问题情境，从数学角度发现问题、提出问题和表达问题，引导学生通过自主探究和合作交流来解决问题，最终促进学生数学核心素养的生成与发展。教学活动包括教师活动和学生活动，教师应在教学环节中呈现问题情境，能够提出驱动性问题和学习任务的类型，与学生活动相对应，示范并引导学生领会思想方法，关注课堂的生成，引导学生参与任务学习、形成正确的思维方式并主动表达，选择科学、合理、恰当的评价方式和测评工具，持续性地评价学生的目标达成情况，促进学生的学习与发展；与教师的教学活动相对应，学生的学习活动是围绕教师设置的学习任务来开展的，基于真实的问题情境，通过分析任务发现数学问题，提出问题、解决问题并对自己的学习成果进行交流分享，获得实质的发展。单元活动的设计主要分为三个步骤：一是从学习目标出发，基于学习内容和教学对象分析，设计具有挑战性的学习任务；二是基于解决现实情境中的数学问题，预设学生在学习过程中可能存在的表现和遇到的困难；三是检验学习活动的设计是否满足"教—评—学"的一致性，不断优化学习活动的设计。

五、基于核心素养的单元主题教学设计的优化改进

在深度学习教学实践中，持续性评价有助于教师进行教学、反馈及改进的过程，有效促进学生学习的改进。教学的反思与改进是根据学情分析和目标达成度的对比反思，总结学生的发展变化和表现，以及核心素养水平的动态，从设计、教学实施、评价等方面进行反思，找出影响教学效果的原因并对教学设计进行完善与改进。在此基础上，及时撰写反思结果与改进意见，突出单元教学设计的改进策略及预期目标，即基于这节课的学习成果及对应的改进策略，将怎样促进学生的发展及核心素养的达成。

一是可以先借助访谈法了解核心素养的背景下一线教师进行小学数学教学设计的现状以及对单元主题教学设计的了解和应用情况；然后把握当前小学数学教师的教学设计思路和态度，同时了解学生的学情；在完成跨年级"立体图形的认识"单元教学设计后，再次与一线优秀数学教师访谈，针对单元教学设计进行探讨、反思与优化完善，进一步为本研究提供参考。

二是利用教育实验法，试图对前期构建的基于核心素养的小学数学"立体图形的认识"单元教学设计课例进行教学实验。拟选取某小学六年级的两个班作为实验班和对照班，将教学设计应用于实验班进行教学，按照单元课时实施后，对实验班和对照班进行单元学习整体评价，对比分析结果并对教学设计进行优化、改进。

第三节 基于小学数学核心素养的教学情境创设

一、基于小学数学核心素养的教学情境创设的优势

（一）情境表征方式丰富多样，提升教学效果

情境表征是根据创设不同类型的情境，呈现不同类型的表征方式。情境表征也影响着学生进入情境的状态与投入程度，多样化的表征方式能有效地提升教学效果。那么，教师如何利用情境表征在情境教学课堂实现良好的效果尤为重要，而教师提供任务支架，帮助学生在情境化中体验与感受表征不失为一种有效的方法。该方法对于教师的自身教学经验、教学组织与实施的手段和方法有一定的要求，因此，教师需要根据情境类型与学生的学习实际情况调整并选择不同的呈现方式，构建与情境类型的紧密关联性，从而展现不同情境类型的不同程度的特性与作用。

当前情境教学课堂的呈现方式具有多样化，教师善于利用图片、视频、操作等不同呈现形式来刺激学生的视觉、听觉、肢体与原有经验等，充分调动学生的学习注意力与动手实践的操作力，有效地促进学生抽象概括与数学建模等思想的培养。

（二）情境类型创设典型，强调真实生活与活动情境

情境类型应根据教学内容以及学生的认知与经验进行选择与创设，尤其是在小学阶段，选择适宜的情境类型有利于激发学生的学习兴趣并优化学习效果。生活情境需要教师遵循学生原有的认知水平并结合教学内容，根据学生平常的真实社会生活现象和所面临的生活困难等进行情境创设与呈现，其情境素材来源于学生的实际生活现象、自身实际面临的生活问题以及其他社会常态化问题，引导学生关注现实、热爱生活。活动情境要求教师在情境教学中秉承以操作活动概念为基础创设活动情境，将复杂的数学知识融入活动情境，以创设问题情境为导向，激发学生的学习热情，引导学生在情境化的活动之中积极参与和探索，形成学生的数学思维并锻炼学生的操作实践能力，培养学生创新精神，其情境素材来源于师生与生生之间的互动、竞赛类游戏以及现场还原与模拟等，从而加强教学互动。

当前情境教学课堂中情境类型较为丰富，不同的情境类型具有不同程度代表性的特点，教师尤为注重生活情境和活动情境，其中生活情境具有真实性、典型性与适应性；活动情境具有趣味性、思考性、可操作性。情境素材的类型选择与创设教学情境具有密切的联结效应，不同类型的情境其素材来源具有交叉性、共有性与差异性。情境素材大致来源于生活的实际现象与生活问题、互动类游戏活动、数学自身学科资料与跨学科综

合资料以及多媒体技术支持的科学资料等。情境素材要求教师在教育教学过程中长期积累，要根据教学内容与学生需要进行有效的积累与筛选，同时也需要掌握一定技巧性的方法和途径，自然对当前课堂教师的教学能力与教学经验有着相应的时代要求。

（三）情境效用提升，注重诱导学生的学习动机

结合情境效用的结果来看，当前情境教学课堂情境效用总体上有了明显的提升。根据不同的教学环节具有一定程度的差异。核心素养的本质要求在于数学思想的培养，强调学生的思维能力与不断学习的能力，以促进学生全面综合的发展，其中强调保护学生学习与探索未知的学习动机。大部分教师在课题导入环节尤为注重形成良好的课堂氛围，而学生的学习动机又是调动整节课的节奏和效果的关键因素。因此，教师应根据学生已有的经验与教学内容的具体任务进行规划与创设，不断地诱发学生探索新知识的欲望与激情；教师在概念教学环节注重学生抽象思维的培养，调动并发展学生的数感、符号意识等能力；在合作探究疑难环节，注重师生与生生之间的教学互动，通过参与不同类型的实践活动探索疑难进而获取新知识，强调学生的主体性作用，在解决疑难过程之中培养学生的推理、运算等逻辑推理能力；在巩固应用环节促进知识的建构与迁移应用，引导学生利用当前课堂所学知识来解决问题达到学以致用，提升学生的迁移能力；在构建数学模型环节，教师将创设简单的现实情境与问题情境引导学生建构相关简单的模型思想，逐步培养学生的模型思想、运算素养以及数据整理与分析能力。

（四）多媒体信息技术的广泛应用，创新教学方式

随着新时代的快速发展，信息技术也逐步广泛地应用在情境教学之中，新的技术与设备为当前课堂提供了更优化的平台，为学生创造了更简易、更高效的学习方式，同时对教师在课堂教学中如何恰当地利用好多媒体技术提出了更高的挑战，也对教师自身的专业素养与教学能力提出了更高的要求。

教师善于运用多媒体技术在情境教学课堂上进行情境创设，通常教师利用相关多媒体信息技术将数学情境与数学知识直观地呈现与展示，将数学知识与数学问题简单化，创设符合学生的认知水平的问题情境，具体的教学方式是将视频、图片、平板作图软件、几何画板、与手机模拟软件等方式来展现不同的场景模拟、声音、色彩以及准确、客观的数据。由此，面对当前课堂，教师需要通过不断引用新型的教学手段与方式，扩展学生的学习途径，能够进一步引导学生对数学知识进行更加深入细致的探索，并有利于学生进一步把握数学知识的本质。

（五）教学工具巧妙引用，优化课堂效率

基于数学核心素养培养的课堂情境教学中，应注重工具的巧妙引用，通过选择相关合适的教具建构数学知识，让学生在问题解决的过程中形成数学思维并提升实践创新能力。教学工具的重要性不言而喻，以此要求教师在情境教学时应该有效地利用工具，优化课堂效率，打破传统的固有的教学方式，进而不断地更新和开创教育教学方法和手段。

首先，根据相关部级优课的分析，较多教师会利用多媒体设备进行辅助教学，多媒

体形式丰富、设计巧妙，有利于吸引学生的兴趣，不仅简化复杂的数学知识使得直观呈现教学内容，更是提升了课堂的效率并优化教育教学手段，同时也为学生创设了多样化学习形式，可见教师们充分发挥新时代信息技术设备为现代教学服务的作用。其次，板书与资源工具方面都有恰当的引用。关于资源工具，教师通常利用各种形式、不同种类的工具贯穿于情境教学，静态式与动态式结合的形式打破传统模式化的教学手段，借用合适的工具来探究问题，激发学生的学习动机且培养学生抽象思维、实践操作与合作探究的能力。关于板书，教师通常用口头表述结合板书书写的方式，不仅能吸引学生的注意力、同步学生的学习思维，更能有效地梳理教学内容。因此，在情境教学中，教师对教学工具巧妙应用能提升课堂效率并促进情境教学对小学数学核心素养培养的优化作用。

二、基于小学数学核心素养的教学情境创设策略

小学数学部级优课中教学情境创设的维度分析和内容分析，归纳了以小学数学核心素养培养为基础的教学情境创设的优势与存在的问题，针对当前小学数学情境教学有以下几个方面的策略：一是强化教师情境创设理论素养，践行学科核心素养的培养；二是优化教学资源的开发，丰富情境素材的来源；三是结合教学内容与任务，创设连贯化的主题情境；四是注重跨学科综合应用，优化情境创设；五是灵活运用教学工具，提升信息技术应用能力；六是深挖情境创设的效用机制，瞄准小学数学核心素养的全面培养。

（一）强化教师情境教学理论素养，践行学科核心素养的培养

目前，教师在课堂情境教学实践中存在着一定的困难，教师在面对实际存在的情境创设的相关问题与挑战时未能利用相关理论知识进行分析与突破。因此，应该顺应当前核心素养背景发展的趋势，强化教师情境创设相关理论素养，并逐步提高教师的情境创设意识。

第一，深入解读新课标改革的时代要求，争做促进学科核心素养培养与发展的先行者。先进的教育理念对教师的专业素养与专业的教学技能提出了更高的要求，需要教师与时俱进。深刻把握小学数学核心素养的内涵与要求，把握数学核心素养的先进理念并强化小学生相关数学核心素养培养的重要程度。全面了解数学学科核心素养与情境教学之间的密切关系，并进一步把握新课标对情境创设的要求，加强对教学情境创设的作用与小学数学核心素养培养的紧密关系。深刻学习情境创设的相关知识与教学方法，充分发挥教师的教学主导作用，结合教学目标与教学内容的相关要求，以培养小学生数学相关核心素养为核心，将对学生核心素养的培养落实到实际的课堂情境教学之中。

第二，从教学情境创设的组织与实施的具体过程可知，情境创设相关理论知识为情境教学实践奠定重要的基石，那么深化教育学理论知识、数学学科理论知识和教学知识尤为重要。在全面把握好数学学科理论知识和专业知识的同时，应强化教育学理论知识且不断加深对课堂教学情境创设的相关理论与文献的学习。倡导并组织相关小学数学情

境创设的培训，为教师搭建观摩学习与广泛交流的学习平台，为教师加深相关数学情境创设理论素养提供重要的保障。通过实际的优质公开课堂进行观摩与学习，不仅为数学情境创设积累实践经验，也作为自身衡量与评价的情境教学的参考标准。了解和学习同行业国内外专家与学者的相关教育教学经验，辩证性地看待相关观点与做法，积累并更新相关教学情境创设的手段与方法，恰当地引进到实际的课堂教学之中。鼓励教师与同行教育教学者展开合作交流，积极参与相关学术论坛与讲座，汲取并借鉴优秀教师的相关经验与优势，紧跟新时代教师的要求与发展，促进课堂情境教学改革与发展。

（二）优化教学资源的开发，丰富情境素材的来源

优化情境教学资源的开发与建设，扩展情境素材的来源并丰富情境呈现方式，是提升情境创设有效性的重要手段。一方面，为小学数学情境创设提供便捷化、优质化的服务，为教师创设并优化线上教研平台，教师可在线上进行优质的课堂教学案例的展示与观摩、学习。教师也可以实名制注册，在线上传并分享自己的教学视频案例，其他同行业学者通过公开评价的方式有针对性提出肯定性与建议性的意见，这不仅扩大了衡量和评价的观摩人群，教师更能全面性地了解情境教学的优势与不足。此外，还可通过选拔与评级不同等级的情境教学案例，其案例更多展现的是教学者经过精心的设计、打磨与优化的优质案例，那么关于情境创设的方法、流程以及组织实施等方面都是具有一定的借鉴意义。线上平台具有易操作性、快捷性、交互性等特点，教师应该恰当地利用好网络资源，因此，教师可以通过线上平台相互交流切磋并及时积累相关优秀的教学经验。情境素材的形式应呈多样化的趋势，其中包括视频、文本、表格、几何图形、图片、操作实践、游戏、故事、实验、模拟等，教师应结合教学目标、教学内容、学生的学习水平以及课堂的实际效果选择符合学生认知与经验的情境素材进行优化与再设计。同时，应针对教师的教育教学能力、学生的知识水平、学段的教学要求进行个性化、适宜化的情境创设，以培养学生的核心素养为目标的优质情境教学，促使学生个性发展与全面发展。另一方面，相关教育部门与学校应加强教学资源的开发与建设，倡导教师充分使用好相关课程资源，全面掌握其开发的方法与策略，扩宽情境素材的获取途径，为情境创设的资源积累提供保障。教师应该对教材进行创新性的挖掘与解读，明确教材所凸显的教育教学思想与理念，细致把握教学目标与教学内容，为进一步探索情境教学的实践道路奠定基础。深化新课标对核心素养与情境创设之间的作用认识，明确掌握课程内容的要求与知识体系，综合情境创设的各个要素，以培养小学数学核心素养为导向，灵活地运用好与发挥好情境教学的方法与作用。可以提供小学数学趣味图书、数学史资料、其他学科资料、数据测量的工具与数据收集设备、组织校园数学活动、创设数学园地以及创设数学实验等方式，丰富情境创设素材的来源，积极地创设形式多样的生活情境、活动情境和多媒体技术情境等，全方面地扩展与丰富情境素材的资源库。要求教师在课堂教学时应根据小学生的学龄阶段和认知水平与经验，创设科学的、适宜的情境，利用相关情境教学手段与方法充分发挥情境素材的作用，为教师情境教学实践开辟新道路。

（三）结合教学内容与任务，创设连贯化的主题情境

情境教学应适宜于实际的教学内容和教学任务，教师在课堂教学中应结合具体的课堂教学内容与教学任务，创设合理的科学的情境。具体的教学内容对情境创设有一定的内容限制，那么情境教学应该指向一节课中明确的教学内容，教师应结合合作探究、迁移应用、逻辑推理以及数学建模等方式，通过数学概念、定理等内容进行情境内容的实践教学应用，有目的性地考虑情境内容的各个要素，简化并降低复杂的数学知识的学习难度和理解难度，促进数学知识建构与加工，发挥情境创设的最大化教学实践价值。当然，根据情境创设的各个构成要求与组织实施的要求来说，情境教学对具体的教学内容也有一定的要求，并非每堂课都进行情境教学与每节课创设越多的情境越好，应综合考虑各个方面的具体情况进行最优化的课堂教学。然而具体到一节课的情境创设不应只出现在某一环节或者是为了情境创设而去设计情境，其情境教学的设计问题与实施应用问题更需进一步细致化考虑。情境创设应该合理化地贯穿于整个教学过程之中，在此过程之中情境的连贯化设计与数学知识的提出、发现与获得的紧密联系，能够形成整体的知识结构，有利于学生构建知识模型并充分激发学生的学习动机。从始至终连贯化的主题情境，能够促使各个教学环节紧密联系并流畅地进行，从而促进师生与生生之间有效沟通，因此，在教学环节之间，情境创设的连贯性的重要作用不言而喻，教师应该学习并恰当地创设连贯化的主题情境。综合来看，以上都对教师的教学组织实施能力与教学设计能力提出了更高的挑战，需要教师提升自我的专业知识与素养、情境教学的设计能力以及情境创设的组织与实施能力，结合着教学目标与教学内容，帮助学生从情境中提炼与学习数学知识，进而形成数学思维，实现教学目标。另外，在课标的背景下，还提出了应结合教学任务与数学学科核心素养的培养创设合理化的情境。教学任务对情境教学有了一定的任务与目标导向，并对情境创设提出了相应要求，避免教学内容与教学任务割裂，应在适合于教学内容的基础之上，以最终实现具体的教学任务和教学目标为导向，促进学生数学核心素养的培养，最终优化情境创设的效用机制。

（四）注重跨学科综合应用，优化情境创设

为顺应随着新课改的发展，对教学目标与教学内容都提出了更高的要求，具体就数学学科而言，实际的教学内容与数学知识都存在一定的难度，会涉及其他科学知识，因此，对教师的综合教学能力也提出了一定的挑战。目前，在实际的情境教学中教师关于科学情境或其他学科情境创设较少，大多偏向数学学科自身情境，因此，迫切需要教师注重跨学科综合应用进行有效的情境教学。应寻求学科独特价值与多学科共有价值的协调融合，要求教师在掌握数学学科自身的知识与教学能力的同时还应广泛学习与掌握其他学科的知识，且在实际的课堂教学中能够将两者的知识进行有效的建构与整合，将其他学科的相关知识、教学手法与思维培养方法灵活地运用到数学学科的教学之上，能够有效地丰富学生的知识领域且提升学生的学习效果。所以，根据具体的教学内容创设合理化、科学化的其他学科情境也是必然的趋势，教师应注重跨学科综合应用，不断地优化情境创设的教学效用。

（五）灵活运用教学工具，提升信息技术应用能力

教学工具是支持学生解决数学问题情境的技术支持与资源保障，教师灵活运用教学工具，对于情境教学的创设具有重要的导向作用。如何挑选合适的教学工具、如何筛选情境素材以及如何发挥情境创设的资源工具的作用都值得教师进一步思考。以传统的教学工具为例：板书和具体的实物工具。板书通常能直观呈现整节课的知识脉络与体系，且能够较为侧重地突出教学重点与难点，能够直接地反映与呈现教学内容与教学任务，那么作为较常见与传统意义的教学工具是不容忽视与不可取代的；实物工具主要是卷尺、天平、量角器与计算器等，此类教学工具在情境创设的合作探究与迁移应用等环节发挥着有效的作用，为学生提供便捷地测量工具与计算工具，加强学生实践操作与解决疑难的能力。另外，多媒体还是具有现代教学特点的教学工具，主要呈现方式为多媒体课件、图片、视频等，打破静态式的学习状态，能有效地结合学生视觉与听觉，唤醒学生的生活的真实情境与原有知识经验，使新旧知识之间建立有效地连接点。在最大化地保留现实中复杂情境的同时也提升了学生情境想象与迁移能力，充分调动学生的学习兴趣且促进学生的数学思维的形成。因此，在课堂情境教学中，教师能够根据教学内容与任务，选择合适的情境素材且能在各个教学环节灵活运用教学工具是尤为重要的。

随着时代的发展，创新教学方式与手段均成为教学改革的必然趋势，而作为信息化时代，信息技术是推动教学改革的重要加速器。掌握与时俱进的新的信息技术应用于情境教学，是创设数学情境的重要技术支持与保障。要求教师应提升信息技术的应用能力，利用现代信息技术进行情境创设，提升情境创设所呈现的效果，从而提高课堂效率并优化教学效果。具体来说，教师在情境教学的过程中，利用信息技术进行情境创设的方法主要体现在以下两点：一是可以利用平板、手机软件进行动手操作、客观精准的记载以及录制等，提高学生的动手操作能力和感受信息技术的时代奥秘；二是可以通过现代虚拟技术创设情境再现、现场还原、数学实验以及情境模拟等数学问题情境，给学生创设一个较为真实的情境，使其拥有亲身参与的亲切感与实践感，最大化地还原真实情境不仅弥补了课堂教学时间和空间的局限性，还有效地提升了课堂效率。

（六）深挖情境创设的效用机制，瞄准小学数学核心素养的全面培养

教学目标的设定是在具体的课堂教学过程中，在不同领域、不同内容的教学中，教师在关注具体知识技能的同时，更应当关注这些知识技能中所蕴含的核心素养，所需要的核心素养以及可以培养的核心素养。因此，在实际的课堂教学中，教师应该明确把握具体的教学内容中所包含的数学核心素养培养的要求，在新课标的指引之下，教师应秉承核心素养的先进理念与数学核心素养的要求对教学目标进行调整且进一步促进情境教学改革，深挖情境创设的效用机制，瞄准以小学数学核心素养的全面培养为靶心的情境教学，在实践中进行精准射击。具体来说，要求教师将情境创设的作用与小学数学核心素养的培养紧密结合，情境创设效用在课堂教学的各个环节体现得较为清晰、明确，在新课导入环节通过图片、视频或情境模拟等方式创设真实的生活情境等，充分调动学生的学习动机；在新的概念、定理等教学环节创设符合教学内容的数学学科情境或科学情

境等，促进学生归纳概念或新知识的能力，并逐步提升学生的抽象思维能力；在探索疑难的环节创设符合学生认知的问题情境，激发学生的求知欲与探索欲，引导学生发挥学习的主体性并促进学生之间交流合作，逐步培养学生的实践操作能力与逻辑推理能力；在对该节课的新应用巩固环节创设活动情境，引导学生将新知识与旧知识进行构建建立联结，并用形成的连接点来突破疑难最终达到问题的解决，从而有效地培养学生的知识迁移与再生成的能力；在数学建模的环节创设连贯化的主题情境或多媒体信息技术情境，以某一个主题情境为整体的教学过程的主要衔接点或者利用现代信息化技术为教学服务，能够促使知识建立明晰化的知识结构与模型，逐步培养学生的模型思想与数据分析能力。

三、基于小学数学核心素养的教学情境创设模式

（一）模式的含义

数学本身就是一门关于模式的科学，广泛涉及并应用于自然科学和社会科学的各个领域，教学情境创设模式是根据建构主义、弗赖登塔尔再创造等理论或思想指导下构建出的一种教学策略体系，其中教学策略体系主要包括情境创设的目标、情境创设的原则、情境创设的教学分析、情境创设的方法、情境创设的评价与情境创设的流程。该种模式是将情境教学理论与实践高度融合从而对教学情境创设的相关经验提炼，为教学情境案例设计奠定基础，也为小学数学教学情境创设实践提供指导。

（二）情境创设目标

情境创设目标是衡量与评价最终实现的教学效果的重要标准，情境教学课堂实践效果也是根据实现的具体子目标项来衡量的。

（三）情境创设原则

1. 生活性原则

生活性原则是指在情境教学时创设生活情境，要求教师最大化与最优化地还原真实的生活现象、与学生生活的实际情况密切相关的以及根据实际的社会生活直接引用或者经过加工的真实事件进行情境创设。创设生活情境有利于引起学生情感共鸣，能够在此情境中亲身感悟、激发、发现与想要解决和探索问题的学习欲望；也有利于学生建立新旧知识的联结，可以根据以往的生活经验来简化数学问题，从而促进知识的构建与再生成。在新课标引领之下，明确创设社会实际生活情境对于学生数学学科核心素养的培养具有重要的意义，脱离现实情境是不完整的和不具备现实意义的，因此，在教学情境创设时，教师需要及时关注、发现与提炼真实的相关社会现象以及与学生高度相关的实际生活，展现情境创设的真实性与生活性，为培养学生的数学学科核心素养而实践。

2. 针对性原则

针对性原则是指情境创设应该紧紧围绕教学目标、教学内容以及学生的学段和认知

水平等来采取有针对性的措施，具体有以下要求。第一，情境创设应以小学数学核心素养培育为核心目标，再根据不同的教学内容确定具体的教学目标，从而在具体的子目标的基础之上有针对性地进行情境创设。第二，情境创设需要全面掌握并分析每章节、每节课的课程标准与教学内容，针对具体的教学内容并结合着教学重点与难点进行有针对性的设计，将具体的教学内容、设计的数学知识与情境之间构建密切的联系，使学生能够有效地把握并分析相关数学知识与信息。第三，情境创设应根据学生的学段、学龄以及相关认知水平等实际情况进行教学设计。情境教学的最终目的是能够促进学生的核心素养与数学思维，情境创设需要根据学生的心理特点、认知水平等其他相关的实际情况来进行创设。同时，在情境创设时，教师应注意学生的个体差异化，根据不同层次、不同水平的学生在各个教学环节进行差异创设，促进学生更好地学习数学知识、更能针对性地提升学生的关键能力，实现满足学生的实际需要。

3. 连贯性原则

连贯性原则是指在情境教学时，应遵循衔接恰当的连贯性与环环递进的层次性等要求进行设计，实现情境与数学知识进行有效建构，从而引导学生在感悟与探索情境的过程中解决数学问题、获取数学知识并形成数学思维。创设贯穿于始终的主题情境能够将数学知识由简单到复杂地进行教学，并在整个教学过程中有效地集中学生注意力，学生也能循序渐进地解决并获得相关知识。情境是一个动态的过程性较强的学习活动，基于小学数学核心素养的培养应注重学生的终身发展，那么在情境创设的过程中就应尽可能地实现情境数学化的逻辑性、完整性，能促进学生在情境中获得更优化的学习效果以及更全面综合的数学素养。

4. 主体性原则

顺应新课标的要求，教师不仅承担着传授基本知识与技能的责任，还要全面考虑学生的基本活动经验与基本思想。在实际的课堂情境教学中，教师是情境教学的主体。那么在情境创设时就应要求教师注重师生交流与沟通，在探索情境教学过程中以培养学生的数学核心素养为最终目标，提高学生的综合素养。所以，要求教师应不断地强化自身的专业素养与教学能力。当前的教育倡导"以人为本"的教育理念，那么在实际的小学课堂教学中，学生作为学习的主体，在教师的引导与帮助之中积极主动地接受并学习知识，感受与体验知识的形成、发展与再生成的过程，在此学习的过程中充分发挥学习的自主性与积极性。在实际的情境教学之中，为了更好地发挥学生学习的主体性需要教师在情境创设时创设适宜的情境并进行恰当的引导，重视学生的情感因素与真实经验从而充分调动学习的主动性与趣味性；注重学生的动手操作能力与解决疑难的精神从而引导学生积极参与自主探究、合作探究与活动操作，最终促使学生成为真正的学习主体。在此过程中，强调了教师的引导性、学生学习参与的积极性与全面性，在不断地获取知识与积累经验的同时能够促使学生综合能力的培养与提升。

5. 整合性原则

整合性原则体现了情境素材的形式多样、情境呈现方式的多样性与情境类型丰富全面，也彰显了数学学科与其他学科的知识和信息以及其他相关知识的相互借鉴、相互交融的特点。突出整合性原则，有利于学科核心素养与其他相关学科核心素养发挥融合与协调的作用，在情境教学中，教师应该注重积累并扩展情境素材的来源，根据教学内容与教学任务，选择合适的情境类型与具体的情境呈现方式进行情境创设，同时，拓展学术视野，有意识地借鉴并利用其他相关学科的思维方式与教学方法等为增加情境教学的有效性而不断探索与开拓。

（四）情境创设教学分析

教学分析是整个教学活动不可缺少的重要环节，它不仅是教学设计的前期分析，也是教学活动设计的提前准备的必备要素。同时，它还是课堂结束后对教学活动设计评价与反馈的不可或缺的要素，教学分析能够将教学活动中的感悟与感情性素材不断地转化为规律与认识，从而积累教学经验并提高教学质量。教学分析在情境教学过程中尤为重要，是教学情境创设的重要依据，也对教师在创设有效情境时选择恰当的材料具有重要的教学意义。

1. 数学课程标准分析

对数学课程标准的分析是情境创设的首要步骤，同时也对情境创设具有重要的价值，关于数学课程标准的分析，包括教学目标和内容标准的实现过程两个方面。明确教学目标是目标实施的第一步，数学课程标准把教学目标分为三个维度：一维是知识与技能，这是小学阶段学生应该实现的最基本、最重要的目标；二维是过程与方法，这是学生在学习过程中形成数学思维、提升关键能力的重要影响要素；三维是情感态度价值观，这是情境教学时教师应该全面考虑的目标之一，注重学生的情感状态尤为重要。在明确实现三维目标的过程中，以一维为主线，渗透三维并在教学过程中将充分实现。将数学三维目标进行整合，进一步将其内容要求分解为数学核心素养目标并以此为导向，合理恰当地创设情境进行有效的教学活动设计，为培养学生的小学数学核心素养鉴定理论基础和引领先锋。然后，需要对数学课程内容标准的实现过程进行进一步的分析，其中包含了数学情境创设的方法、呈现方式、程序与资源等。根据数学课程标准的要求来看，对数学课程内容标准实现的具体要素都有一定的要求。从教学资源来看，教师应该根据数学课标的要求对教学资源的类型进行合理的开发、选择与利用，为创设数学情境提供更优质化的手段。另外，教师还需要对数学课程标准中所展现的情境创设方法、实施步骤与程序进行进一步的深入分析，深挖其思维方式与逻辑结构，积累一定的教学理论经验，为教学活动设计提供充分的准备。

2. 学生学习需要分析

学生学习需要分析是指教师对学生学某一内容或者知识点前的实际状况和已经具备的经验和当前的真实水平进行分析，了解学生当前的具体情境与所期望的状况之间的差距的过程。教师全面掌握学生的已有知识与能力后进行情境创设，有利于创设符合学生认知与已有经验的问题情境或活动，设计符合学生认知能力范围内等难度的问题，能够有效地实现所期望的教学目标的最优化；有利于激发学生的学习动机，从而唤醒学生对已有经验的利用与迁移促使知识的再生成，提升学生探究和解决问题的欲望，促进学生形成数学思维并不断提升学生的能力。在实际的课堂教学中，教师教学的对象是学生，那么全面了解学生学习的实际情境以及学生学习水平与能力是必然的，通过对学生已有知识与能力的分析进一步明确所要求的教学目标之间的差距，根据差异化的分析结果来合理选择情境素材、资源等，从而为创设符合学生认知水平的情境或者活动做铺垫。

3. 学生特征分析

学生特征分析是指对学生相关能力以及状态等进行分析，了解学生具体的学习情况，为教学活动设计提供依据。教师应根据对学生已经具备的知识与能力及学生相关的认知结构来衡量学生所达到的知识水平与能力；同时根据学生的平时学习表现并结合自身的教学经验与能力来了解学生的认知差距与障碍，选择差异点创设适宜的情境，调动学生的原有认知经验，提升学生发现问题的能力；根据学生的学习动机等确定情境创设所涉及的情境领域与范围以及选择适宜的情境素材，满足学生的生活经验与学习兴趣；根据学生的身心特征与学习状态等结果的分析，全面把握了解学生的身心发展规律，充分考虑学生的学习状态与思维方式，有利于教师选择恰当的情境呈现方式与教学资源工具等。综合以上来看，关于对学生特征的分析为教师选择情境素材、创设情境问题、情境呈现方式、教学资源工具的选择以及整个教学活动设计都提供了重要的依据，也为教师优化情境教学效果与提升情境教学经验与能力具有积极意义。

4. 数学学习内容分析

数学学习内容分析被称为数学任务分析，是对整个数学教学过程中的内容进行全方面的综合分析，也就是以学习目标为基本出发，分解所学数学内容的范围、广度以及深度。要求教师以培养学生的数学核心素养为所要达到的总的教学目标，将学生需要掌握的小学数学核心素养的构成部分以及相关等级关系进行分析与分解，逐步划分为下级子目标，在根据具体的子目标分解细化数学学习内容，从而构建数学学习内容与学生的知识水平与能力以及各个组成部分之间的联系来促使创设适当的数学情境。其中主要是对数学教学情境创设中所涉及的数学教材内容的分析，其包含了数学教学内容的广度、深度及教学重难点、数学教材内容与数学课程标准之间的内在联系、数学教材内容在课程及教学过程中的作用、数学教材结构联系及学习路径等分析为数学教学情境创设提供具有价值性的借鉴与依据。

5. 教学重难点分析

教学重点分析是教师教授的关键点以及学生知识掌握程度进行评价的必备要素。教学难点是指对于学生的接受程度和知识水平来说具有一定的难度和较为复杂结构的知识内容。实施实际的课堂情境教学时充分全面地了解教学的重难点，根据学生的认知水平有弹性地进行设计与调整，有效地突破本节课的重难点，从而有针对性地为情境创设提供依据。

6. 教学目标分析

教学目标是教师在教学过程中对于最终实现的教学效果和学生取得学习效果的最终展现与阐释，它也是教学活动设计的出发点，要求教师应当明确教学目标并进行分析，为情境教学做好准备。教学目标分析是指教师在对数学课程标准、学生学习需要、学生的特征、数学学习内容以及教学重难点等方面的分析基础之上对教学目标进行的分析。将教学目标细化为各个不同的子目标以及结合差异化的教学内容，使其实际课堂所要求的具体的目标也具有针对性与差异性。因此，教师在数学教学情境中确定情境创设的具体目标时，应该充分把握对教学目标的全面分析，为情境创设提供依据并以实现学生的数学核心素养的培养为核心目标。

7. 教学资源分析

教学资源是一种重要的教育资源，教学资源的建设与开发是影响教育信息化发展与教育教学质量的重要手段与途径。因此，对于教学资源的研究与分析是为教师在情境教学时提供了丰富的素材来源与相关技术支持和设备支持。教材作为重要的教学资源，在教学情境创设方面尤为重要，那么教师能够全面精准地掌握并分析教材是教师设计教学活动的基础，也是实施好一堂情境教学课的前提条件与关键准备。对于小学数学教材的分析，应该充分考虑图文结合、动静结合等呈现形式带来的视觉、听觉和动手操作的联结效应，科学合理地选择小学数学教材中形式多样的素材，其中主要包括图形、表格、文本、几何图形、游戏、生活案例，以及操作实践等。那么面对小学数学教材中如此形式多样的素材，教师应该如何筛选与使用是值得斟酌与思考的，需要注意的较为典型的情况如下。在当前小学数学教材中，对较为枯燥的、纷繁复杂的、缺乏时代进步性的、过于抽象化的知识与素材进行调整与转化，遵循学生具体的认知情况，创设符合学生需要的具有发展性、生活性、时代性、趣味性等特点的数学情境；对较为死板的、不具有弹性的、质量过低的素材进行删减与改造，根据教学目标和教学任务来选择具有较高质量、实用的素材，创设具有弹性、生活实用性、可操作性等特性的数学情境；在充分把握小学数学教材的多样素材的同时，教师应综合考虑各个因素并结合自身的知识、生活经验、数学学科自身的背景知识以及其他学科、其他领域的相关资料进行与有效地整合、调整与改造，为创设多样化的、跨学科跨领域的数学情境做好充分的准备工作。除了教材以外，教师还应该充分收集、开发和利用其他各个途径资源，为情境素材提供更广泛的资源途径和外部支持。充分掌握并分析校内外数学相关的教学资源，及时了解像趣味数学基地、数学乐园、奥赛冲刺等相关活动，为情境创设的素材提供更广泛的条件支持。同时还可以通过对各个教研网络平台、教师培训会、专业交流会、相关网络资料以及其他有关联的数据资料与书本，从中汲取相关教育专家的建议，并借鉴和分析相关教师优秀的案例，不断地突破情境素材的途径并不断地丰富情境呈现的方式，为提升情境教学能力奠定基础。

（五）情境创设方法

情境创设的有效性体现在创设具体目标以及相关教学任务的完成度与实现度，根据情境创设的基本理论、创设目标与创设原则，在情境教学时如何能够创设较高质量的具有鲜明特性的数学情境则需要教师掌握一定的实施方法。将在小学数学核心素养培养与情境教学之间的密切联系的基础之上，结合相关优秀教学案例、自身的教学实践经历与课堂观察的感悟，综合整理了以下几种情境创设的方法，其中主要包括结合实际问题与社会现实生活情境、结合认知结构差异创设活动情境、结合多媒体现代技术创设时代发展情境、利用数学与其他学科的连接点创设综合情境。

1. 结合实际问题与现实背景创设生活情境

首先，数学知识贯穿于生活的方方面面，教师应打开教学视野与教学思维，有意识地将生活现象、社会实际问题与数学情境教学相结合，让学生感悟数学知识的实际价值与魅力，促进数学核心素养的培育。教师应善于将生活中有效的、有学习意义的实际问题与数学知识建立高度的关联性，创设符合学生生活经验与原有认知的生活情境，促进新旧知识的建构与迁移，提升学生发现、提出并解决问题的能力。另外，教师还应充分掌握并分析学生的现实背景、亲身经历、生活经历与认知结构的基础之上，创设符合学生认知的真实客观的现实情境。对于小学阶段的学生来说，要求教师全面地掌握学生已具备的学习能力与生活经验，同时了解学生的学习兴趣与实际的生活背景，选择恰当的情境素材并创设具有一定趣味性和真实性的数学情境，满足学生的自我需要与自我发展。在小学数学核心素养培养的背景之下，构建知识与社会现实生活的紧密联系，创设生活情境利于引导学生用数学知识解决相关问题，培养学生的数学知识巩固与迁移能力，锻炼学生的数学思维。

2. 结合认知结构差异创设活动情境

首先，面对学生的认知水平与认知结构、学习状态与学习风格都存在着个体差异性。不同学段也存在着阶段特征性的情况，导致学生的思维方式和学习能力的差异化，教师在面对不同个体之间的不平衡性该如何进行情境教学是值得深究的。学生是学习的主体，学习活动则是促进学生逐步成为构建与探究知识的主动者的重要源泉，因此，教师应该有针对性地创设形式多样的数学活动情境。针对学生的认知结构与认知水平创设不同形式的数学情境活动，营造良好的学习氛围，巧妙性引导学生通过实践操作与疑难探究等方式去感悟和学习知识，实现感性认识到理性认识的跨越。同时，教师在创设数学情境活动时应注意将小学数学核心素养培养投射于其中，通过自主活动培养学生的集中注意力与整体思维，通过创设小组合作探究活动提升学生相互交流、共同协商、探究解决疑难问题，在解决问题的过程中相互感受学生之间不同的想法与思维的碰撞，有利于促进学生自我反思和思维综合性的发展与提高。

3. 结合多媒体现代技术创设发展性情境

在现代化社会迅速发展的背景之下，多媒体信息技术不仅渗透在生活的方方面面，还与小学数学情境教学有着密不可分的重要关系，信息技术已经不断地成为教师课堂教学的重要教学辅助手段。数学学科本身具有复杂性，在一定程度上影响学生的学习进度，也是他们学习数学面临的一大挑战，那么教师将充分利用好多媒体信息技术进行情境教学，化解学生学习困难的同时提高教学效率。例如，教师可以充分利用视频、音频等调动学生身体的各个部位，为学生展现丰富生动的情境，使学生深刻理解数学知识，并拓展学生的视野与培养直观想象能力；在学习几何知识时，教师通过几何画板、动画以及相关软件来展现静态与动态的、线条变化、平面与立体的图形，使学生能够直观地感受到图形的特点与变化，深刻把握数学知识的高度联系；从教学工具的使用来看，教师在传统的板书的呈现方式的基础之上，还可以引用平板、手机以及相关软件创设实践操作活动、情境模拟、游戏等，来调动学生积极参与数学活动，提升数学知识的客观真实性并优化教学质量与教学效果。

4. 利用数学与其他学科连接点创设综合情境

首先，明确数学学科与其他学科的知识的融合性与关联性是具有实际的意义，其中包括平时需要学习的各个学科都蕴含了丰富的数学知识，因此，教师应充分利用数学学科与其他学科之间的连接点进行情境创设。例如，语文里面的诗歌、散文、谚语、典故等与社会现实密切相关，教师应充分开发与挖掘相关融合知识，积累各学科的综合素材，在情境创设时深刻展现跨学科情境的渗透魅力，促进学生对数学知识的深度理解并加强其他学科综合知识的掌握，从而提升情境教学的教学质量并为培养学生数学思维而引领先锋。其次，关于小学数学核心素养的培养，其包含了学生的数学思维与能力，而不同类型的情境其展现的作用也是不同的，那么需要教师结合实际的教学目标与教学任务创设综合情境。所以，在实际情境教学过程中，教师应明确教学要求，注意教学的综合性与学生学习的兴趣度，将总情境与局部情境进行有效的整合与调整，巧妙地将情境创设小学数学核心素养的培养发挥最优化。

（六）情境创设评价

通过对情境创设目标、情境创设原则、情境创设教学分析与实施方法的研究基础之上，从情境创设的认知情况、情境创设的组织与实施过程以及情境创设的反馈效果三大方面给出了基于小学数学核心素养培养的情境创设评价标准，并分为三级指标，具体呈现如表 7-1 所示。

表 7-1　基于小学数学核心素养的情境创设评价标准

一级指标	二级指标	三级指标
情境创设认知情况	情境创设对数学核心素养的培养	了解程度、注重程度
	情境创设的态度	兴趣、实际运用情况
	情境创设的目的	是否以数学课程标准为导向，以实现小学数学核心素养为核心目标
	情境创设的原则	是否体现生活性、连贯性、针对性、融合性、主体性
	情境创设的教学分析	数学课程标准、学生学习需要、学生特征、学习内容、教学重难点、教学目标、教学资源
情境创设的组织与实施过程	情境创设的素材来源	自主创设、直接获取、网络资源、其他学科背景知识、教师培训、教育专家
	情境创设的教学环节	课题导入、概念教学、合作探究、应用巩固、数学建模、拓展
	情境创设的类型	生活情境、数学自身情境、活动情境、多媒体信息技术情境、其他学科情境
	情境创设的途径与方法	结合实际问题与社会现实创设生活情境、结合认知结构差异创设活动情境、结合多媒体现代技术创设时代发展情境、利用数学与其他学科的连接点创设综合情境
	情境创设的呈现方式	呈现的形式、方法和时间是否合理
	情境创设的主题性	总情境与局部情境之间恰当的贯穿与调节，体现情境的整体性和关联性
	情境创设的教学工具	教学工具的选择是否符合教学内容和教学任务，是否做到工具之间的协调搭配
	情境创设的作用	学习动机、抽象思维、逻辑推理、合作探究、迁移应用、建模思想
	情境设计	紧扣学习内容，满足学生的需要与遵循学生的特征，符合学生的认知、贴近社会生活的实际问题、体现趣味性特征、满足时代的进步性与开放性
情境创设反馈效果	教师	引导学生参与和解决问题情况、是否引导理解和感悟情境、提问情况、课堂氛围、反思、关注学生反应程度
	学生	兴趣、参与讨论与探究、喜欢程度、主动思考、主动回答、回答问题次数与方式、参与讨论与探究问题

第八章 小学数学作业设计

第一节 与单元作业设计"邂逅"

一、数学大概念的意蕴

数学的核心大概念是"整体化"—— 一个数词可以表征不同数字的能力。数学大概念是内容、过程和价值的融合，既包括对于核心内容的本质理解，也包括知识形成和应用过程中所体现出来的思想方法和思维方式。就数学单元大概念而言，大概念是数学素养和数学知识的桥梁，是反映单元知识的本质、体现一致逻辑的思维、关联数学或其他学科的认知模块。如小学数学三年级下册"小数的初步认识"单元的大概念是：小数是正整数计数向相反方向的延伸，源于测量更精准的需要，小数与整数、分数都是计数单位的一种表达。其中，"小数源于测量更精准的需要"体现了小数的"前世今生"，表达了小数的意义；"小数是正整数计数向相反方向的延伸"反映了小数的"来龙去脉"，阐明了十进分数的本质；"小数、整数、分数都是计数单位的一种表达"，是将数的学习统一到计数单位的大体系中。

二、大概念对设计结构化的小学数学单元学习的意义

　　课程内容结构化的本质是知识或元素之间的关系表达，目的是通过关联将零散的、碎片化的知识建立起具有逻辑化、一致化和整体化的结构。大概念是理解与把握各知识与内容板块之间关联的桥梁，对设计结构化的小学数学单元学习具有如下重要意义。

（一）大概念有利于理念融合并形成学习逻辑

　　不同的组织方式会形成不同样态的课程结构，一般有遵循学生认知、学科发展以及现实经验等组织方式。大概念其"大"的特性能够融合各种组织的理念，整合教材、学科以及经验，进而聚成指向素养的学习逻辑，让学习内容最大限度地"活化"。"数与运算"主题主要通过现实经验来组织，这样编排的课程知识分布相对零碎，如果不能厘清知识之间的内在关联，把握主题中的数学大概念，就容易给教师的"教"与学生的"学"带来误解。例如，"运算定律"单元，经历几个课时教学，学生往往还以为运算定律的学习意义在于简便计算，却忽视了运算定律是保证运算结果唯一性的重要规则和代数推理的重要依据。

（二）大概念有利于反映本质并构成一致序列

　　"学习进阶"是指学生在较长一段的时间跨度内，学习某一核心概念（技能）时，经历一个连续的理解水平不断深化，思维方式不断发展的过程。小学数学主要课程内容的各学习主题，以螺旋式上升的方式设计编排，所以特别需要大概念模块去贯穿，统领各个字段的相关单元，反映不同内容的共同本质，构成结构一致的、具有长期意义的学习任务序列。

　　具有广泛统摄力的大概念，用"少而精"的认知模块建立尽可能多的联系。数学单元大概念除了阐明单元知识的本质之外，更是具体地体现了"从哪里来"的知识本源，"已在哪里"的现有表征、特征，又表达"将到哪里"的发展方向，反映知识理解从简单到复杂、从单一到丰富、从低级到高级的进阶过程。

　　例如，"统计与概率"的学习领域，可以用"数据分类和数据表达"大概念统领在一起，使统计教学构成目标一致的任务序列。具体而言：第1学段，主要以"数据分类"为主题，从事物分类过渡到数据分类。第2学段和第3学段，重点学习"数据的收集、整理与表达"，体现了统计学习的重点是数据的收集、整理与表达的分析过程。更长远地看，小学阶段要求学生学会初步分类、对数据进行描述性的统计分析；初中阶段则涉及分类的原则与方法，如四分位线、百分位数等，并要求对数据进行推断性统计分析。

　　又如，图形的认识可通过"直边图形的特征一般从边和角及其关系进行认识"的大概念反映认知本质，将阶段编排的内容重构成认知方法一致的任务序列。具体到三角形的认识，第1学段直观描述三角形边和角的特征；第2学段探索三角形的分类，以及边、角之间的关系，如任意两边之和大于第三边、三角形内角和等于180°等；第3学段则是研究三角形的边、角与面积之间的关系。

　　对于教师而言，大概念有利于理解单元知识与数学体系的关系，以及所对应的核心

素养。基于大概念视角，教师能整体把握和设计单元学习任务，并在教学中做到前有蕴伏、中有突破、后有发展，保证学生每个阶段的主题学习"形断神不断"，实现学生思维的不断进阶。

（三）大概念有利于联结单元并形成课程整体

大概念是作为统领数学内容的"隐线"，具有地位的统摄性和意义的丰富性等特征，可以为单元之间、学科之间重构关系，促成有意义学习。通常学生以为学习平移、旋转是画出运动后的位置，在方格纸上依据对称轴画出图形是学习轴对称图形的目的，彼此对"运动"主题关系不清，容易造成理解上的"断层"。

例如，在"图形的运动"中，采用"在变化中寻求不变性""是什么引起了变化"的大概念去统领，就能让学生"看见"3种运动之间的联系与区别，形成横向内容有层次，纵向思维有关联的图形运动的"大单元"。即轴对称图形、平移、旋转3种运动，图形的大小和形状始终保持不变；本质是图形上点的位置发生了变化，要确定图形运动前后的位置关系，只需确定点的位置发生了什么变化。事实上，"在变化中寻求不变性"的大概念，不仅是学习数学的科学重要方法，同时还具有广泛迁移的"生活价值"，为孩子探究自然和社会发展提供了重要思维方式和发展动力。

又如，"负数"的大概念：负数是依据计数需要和数字自身发展，向另一方向的扩展。这个单元大概念表达了负数是数向相反方向的一个延伸，是相反意义的量核心，并阐明构建方法与正数基本一致，在学习中必然会遇见负小数、负分数等数轴0的左边，另一个宽广的、与正数对称的数学世界，让原本隐性的思维、纵向的关系变得清晰可见，与横向的学期知识构成一个网状的、结构化的课程整体。

三、"双减"背景下小学数学单元项目化作业设计实践探索

（一）"双减"背景下单元项目化作业之"意"

所谓项目化作业，就是以项目为载体的课后综合实践性作业；所谓单元作业则以单元整体为框架，整体建构知识体系和作业架构，精简作业总量，多学科融合，多方位融合。而单元视角下的项目化作业，则是以单元为单位、以项目为载体，在教学目标引领下，重组、整合单元内容，设置可供学生选择的、与生活息息相关的项目，学生在探究、合作中综合运用学科知识，解决真实情境中的实际问题，提升学生综合素养。

（二）"双减"背景下单元项目化作业之"特"

1. 选择性

在"双减"背景下，单元项目化更趋于人性化。学生可以按照自身能力自由选择作业或者遵从自己的内心去选择喜欢的某项作业。

2. 生活化

项目化作业不仅基于大单元、大知识体系，更贴近学生所处的生活环境，创造良好

且亲切的学习氛围，使学生不经意间在生活中感受数学、学习数学，更将数学运用于生活。

3. 结构性

单元化项目学习既纵向连接教材、关联内容，又横向并联相关主题内容。不仅可以体现知识体系之结构，更能体现生活数学之结构。

4. 多元化

与传统作业相比，最为显著的特点就是作业多元化。用更为开放的目标、更为鲜活的过程、更为丰富的资源、更为主体的感受来代替传统作业的枯燥乏味，机械重复。

（三）"双减"背景下单元项目化作业之"变"

1. 基于基本内容的单元项目化作业设计

数学不是一门孤立的学科，应融入各学科组成的大知识之中，所以要关注数学与其他学科的综合，要让学生善于应用数学、会学数学和喜欢数学。课标从数学学科的角度提出数学要与其他学科整合。因此，与之相关的数学单元作业也可以进行整合。

2. 核心知识在单元项目化作业设计中的体现

核心知识就是指框架结构完整、应用性广泛、具有一定拓展性的基础知识。根据核心知识可以牵引出许多与其有关或存在相似概念的知识，经过一定的排列推理，又能形成相关知识体系。例如，在教学六年级"比例"这一单元后，设计"测量学校钟楼的高度"这一单元项目化作业。

方法一：明确竹竿、钟楼自身高度与其影长之间是正比例关系，运用已学的测量方法分别得到竹竿、钟楼的影长，再用两者之间已知的正比例关系求得竹竿、钟楼的高度。

方法二：学生身高与钟楼之间也存在一定的比例关系，要求学生站立在钟楼旁边，水平方向拍下两者合影照片，接着量出照片中钟楼的高度和学生的身高，再量出学生的真实身高，最后根据比例计算出钟楼的高度。

方法三：钟楼的高度与影长可近似看作形成一个三角形，利用等腰直角三角板进行测量，准备一支激光笔放在三角板靠近底边处，不断调整两者的距离，使激光笔照射光线到钟楼最高处顶点，根据等腰三角形的性质，激光笔和钟楼的距离与钟楼的高度是相同的。

3. 基于拓展知识的单元项目化作业设计

教师基于整合拓展知识设计数学单元作业，帮助学生形成有条理、有框架结构的知识体系，符合《新课标》中对于教学目标的要求，特别是在情感态度价值观方面有进一步的提升，渗透数学新思维。

目前，学生的数学核心素养能力正处于平稳上升的状态，数学教育究其根本，依旧是在素质教育中各方面综合发展。然而，在"双减"背景下，在小学数学单元视角下项目化作业如何才能谋变创新？首先要打破一纸、一笔、一卷的单元作业设计与检测方式，改变作业传统样态，从学生根源处解放作业刻板印象。其次要实现评价主体多元化，评价方法多样化。从教师处解放"唯分"主义思想。最后则是推进单元项目化作业系统化，扩展充盈、实践探索、形成体系。相信在实现这三步走的基础上，单元项目化作业之"变"一定落在一线教育教学最需要处。

第二节　单元作业设计的"有机整合"

一、小学数学单元整体教学设计实践

（一）小学数学单元整体教学的基本流程

教学的一般模式：ADDIE 分析课程的前后关系，进行教学分析以确定教程预期的认知、情感与动作技能方面的目的，同时，分析学生学习具备的内在条件和外在条件。设计是用于指导教学开发的计划或蓝图。开发是指准备那些用于学习环境的材料。实施是指在开发完成之后把教程投入使用。评价是最后一个阶段，来确定问题解决方案是否成功。

小学数学单元整体教学的基本流程有：单元分析、发现问题—分析问题、提出构想—关键课例、展开设计 — 教学实践、验证构想 — 反思完善、提炼框架。

1. 单元分析、发现问题

单元分析可以分为：教材分析与学生分析。教材分析可以从"纵向""横向"这两个角度深入解读数学知识间的逻辑结构和逻辑关系。"横向分析"是指教师通过分析课时之间、单元之间相关内容之间的关系，把握学习内容的本质。也可通过比较不同版本的教材在该内容的编排、教学目标、教学重难点等的处理方式上的不同，取长补短，为教学设计提供思路和策略。"纵向分析"是指分析与教学内容相关的前沿后续知识，从数学知识的发生、发展过程出发，将相关的内容进行贯通串联，挖深拓展，从点状教学走向结构教学。

教学设计必须适当注意学习发生的条件，其包括学习者自身的条件和外部的条件。在单元整体教学中，教师要了解学生的学习基础和认知规律，分析学生原有的知识水平；在教学设计时，教师要了解学生已经知道了什么？不知道什么？哪些知识的理解是有困难的？学生的"现有状态"和"潜在状态"是怎样的？

在分析基础上，教材在编排上存在：教材的序和学生认知的序有些是不匹配的，或者教材的序和数学知识本身的内在逻辑不符等问题，因此，要从整体上梳理出更适于儿童认知建构和学情基础的知识脉络，合理整合和拓展，使得学生的学习更有针对性，更具深度和宽度。

2. 分析问题、提出构想

在整体性原理、结构性原理等科学理论指导下，体现更具整体和结构的教学内容与更适合学生探究和认知建构的教学内容，结合对教材和学生的分析发现的问题，集体备课，分组研讨，分析问题，讨论整合重构板块，对单元之内、单元之间甚至是整个学段中相关的教学内容进行教学序列的重构，提出单元教学整体的初步构想，重构单元教学内容和教学重难点，重构是为了构建更加合理的教学序列。重构的第一步骤，调整单元序列。在此基础上，进行整合。整合后一定会有课时多出来，又可以增加课时或者在某一节课后做目标上的拓展。简言之，重构需要做三件事：调整单元序列；整合单元内容；拓展单元目标。

3. 关键课例、展开设计

由于时间的限制和研究的需要，在单元整体教学研究中，只能选取其中有代表性的、作为单元核心概念的内容进行设计和课堂实践。在整体初步构想的思路下，以典型单元中的典型课例为抓手，展开设计。在设计中立足学生的学习基础和认知规律，凸显数学知识的整体性、关联性和结构性，实现教材的知识序和学生的认知序能够较好的匹配。同时，在学生研究活动中，体现自主探究、迁移学习、联系视角、关联学习、系统建构等学习方法的渗透。在学习素材上尽可能多地提供综合的、多元的、可供主动探究的学习资源。

4. 教学实践、验证构想

实践出真知。基于关键课例的设计，可采用 5～6 人小组形式，挑选一个单元内容进行主题教研，集体备课，人人参与，模拟上课，经多次试教，不断反思和改进，最终形成较为成熟的设计案例。在实践过程中，根据学生的课堂学习情况，及时调整教学环节，完善教学设计，让教学内容在逻辑结构上更整体、更有结构性；让学生的学习方法更自主、更有探究性；让教材的知识序和学生的认知序有机融合，使其更符合数学知识的体系逻辑，也更符合学生的认知规律，不断的完善学习序列，达到目标扎实丰盈。

5. 反思完善、提炼框架

课程整合实施的成效，主要表现为以下三个方面：一是学生核心素养的提升。二是教师专业素养的提升。三是课程整合目标的达成。考察课程整合是否实现了目标统整、内容重构、教法创新；是否做了减法，减去了重复、交叉的内容；是否为实施拓展性课程腾出了时间。

在教学实践的基础上，结合教师课堂、学生反馈和学生问卷，不断地进行反思和经验总结，提炼教学设计的得法与不足之处，完善关键课例的整合设计。从而提炼出单元整体教学设计的整体框架，提升教师自我反思能力和科研水平，为以后更好的教学研究和服务课堂打好实践基础。

（二）小学数学单元整体教学设计行动研究

在小学教材中，部分内容的教学目标是交叉重复的，如 0～9 的认识、表内乘法等，在多个课时里都有数的意义、数的顺序、数的计算的目标重复。虽然部分内容教学目标不同，但是在教学内容上却有很大的相关性，如除法和有余数除法，平行四边形和梯形。有部分教学内容虽不同，教学目标却相似，如各图形的高。还有些课时内容目标不同，内容不同，但多个内容之间存在关联，在整合课时教学时，又兼容多个目标的渗透和关联，如三角形的认识单元。

二、小学数学单元整体教学设计的策略

单元整体设计的策略可以从 3 个角度切入：一是横向结构关联，通过连续的单元整体设计来促进学生的养成，包括知识的掌握和技能的形成、能力的培养和学习素养的提升等；二是纵向结构关联，从知识发生发展的全过程，前沿后续、来龙去脉、整体认知，同时，适度拓展，提升学生学习能力素养；三是从学生的学习角度考虑单元整体教学的实施开展。

（一）横向结构关联，构建合理教学序列

1. 单元架构作导引：整体概览，明晰数学的知识脉络

单元整体教学最大的特点是体现整体，在关联中体现整体，在整体中搭建结构。这个整体性的落实不仅可以从内容上进行整体建构、搭建知识脉络，还可以利用概览图在单元起始让学生对整个单元有一个整体初步的感知。帮助学生在单元学习开始对单元内容、课时安排、内容作用、前后联系上建立整体的认识。在设计阶段，教师需要提前对单元内容有一个深入的分析，了解内容之间的联系，把握数学知识的结构，以便对学生有针对性的学习指导。在绘制阶段，建议让学生在预学的基础上带着对知识的初略感知和关联理解，尝试绘制和表达。在概览图的使用时间上，可以在单元教学的起始、中间、结尾进行使用，充分发挥概览图在单元整体教学中的统领、回顾和反思的作用。

2. 迁移学习找共性：强化方法，实现数学的迁移学习

综观小学数学教材，在内容上相似、教学目标相同的教学内容不在少数，比如"表内乘法""表内除法""0～9的认识"等单元内容的学习，"表内乘法"教材中将乘法口诀的认识编排为两个单元6个课时，"表内除法"用2～9的乘法口诀求商安排在两个单元6个课时。这些内容结构的相似导致教师的教学方法和学生的学习方法上有很大的相似性。如果教师按部就班按照课时教学，学生学习则无探究的欲望和学习的兴趣。本着整体性和结构性教学思想，教师在处理教材时，就需要寻找相关知识、方法和思想的连接点，统整相关教学资源，达到帮助学生整体建构知识的目的。教师教学时可以将这些内容进行适当的整合，减少重复内容，如将2～6的口诀和7～9的口诀整合，利用2～6的口诀求商的方法迁移学习7～9的口诀。在教学过程中，强化方法和共性，弱化内容和课时，在单元之间横向关联，构建合理的教学序列。在教师的教学方法和学生的学习方法上，教师教授和学生自主探究相结合，重点打造起始课，注重方法的迁移和学生学习能力的培养。

3. 对比教学找不同：找准关联，凸显概念的本质学习

教材中有些内容虽然教学目标不同，但是知识的逻辑结构上却有很大的相关性。如表内除法和有余数除法、平行四边形和梯形、图形之间的高等，在教学设计时，教师可以尝试将这些内容不同但概念相关的课时进行有机整合，实施对比教学，找准概念间的本质联系，在本质区别和关联处重点展开课堂研究。如表内除法和有余数除法在概念上最大的区别是没有剩余和有剩余；平行四边形和梯形本质区别是两组平行和一组平行；各个图形高的区别是点到直线的距离还是直线到直线的距离。教师在教学过程中要创设情境或者学习任务帮助学生探究这些概念之间的本质联系，从知识的逻辑结构和概念内涵夯实概念本质的学习。实施对比教学，引导学生透过现象看本质，主动探究知识之间的区别和联系，把握概念本质的同时，也从整体上搭建知识脉络和结构体系。

4. 多重目标互渗透：多向关联，实现知识的整体渗透

有不少内容在概念上存在多重目标关联，如三角形单元中，三角形的认识和三角形的三边关系、三角形的分类、三角形的内角和的关系，都有彼此之间难以割舍的联系。教师在教学设计时，就要对单元教育内容先有一个整体性的认识，清晰每一个课时的教学内容的目标和作用，同时，还要从知识结构性的角度，分析每板块学习内容之间是否有必然的联系，在教学设计和实践过程中，根据目标的达成和课堂教学进度，进行有意识、有计划的彼此渗透。目标的多重不代表每个目标都要去全面落实，在目标的设置上要体现主次，哪些知识是课堂上必须习得的，哪些知识是作为渗透，在后期学习中还可以持续跟进的？如三角形的认识教学中，要以三角形的认识和高作为主要目标进行教学，而三角形的分类、三角形的内角和可以作为其中的一个拓展目标进行知识孕伏。让学生感受到数学知识之间是相互关联的，是根据一定的内在结构存在的。

（二）纵向延伸拓展，贯通知识前后关联

"纵向"主要是寻找与本教学内容相关的前沿后续，发生发展，以把握该教学内容在整个小学数学知识体系中的位置与作用，从而为确定单元教学目标提供有效的支持。"纵向"可以分为数学知识的前后联系、数学知识的单元逻辑、数学思想方法的纵向关联。知识的纵向关系指的是数学知识的发生、发展过程。数学思想方法的纵向指的是思想方法上的贯穿与融合。

1. 纵向延伸显宽度：前后关联，打通知识的前沿后续

数学知识的前后联系指的是与该知识相关的前沿后续，将相关的内容进行贯通串联，挖深拓展。这就需要教师对数学知识有整体的认识以及统筹规划的能力，要能从更广的角度，更高的视野去了解教材，深入剖析学习内容在整个数学知识体系中的分布和作用，打通不同阶段学习板块之间的联系，帮助学生构建知识整体脉络，实现知识迁移。如二年级下册的除法单元与除法相关的同余问题、倍数问题、植树问题等后续知识的关联，与除法相关的同数连减等前沿知识的关联。又如平行四边形、梯形的高与三角形的高的前后关联。沟通新旧知识的联系，了解学习内容的前沿和后续，将有助于学生从整

体上把握数学知识，让知识序和认知序有机融合，更符合它的体系逻辑，更符合学生的认知规律，在增加学习序列的同时，也不断完善着学习序列。教师要做个有心人，在教学中有意识地全面了解教材，不仅能从横向寻找联系，更能从知识前后体现关联，帮助学生感受数学知识的整体性和系统性，以及关联性，使得数学学习板块更加完善和清晰。

2. 单元序列遵结构：把握顺序，遵循教材的知识序列

数学知识都有一个发生、发展的过程。如数概念的学习就是一脉相承的，从20以内、100以内到1000以内、10000以内等数的认识，都是从数的意义、数的组成、数的大小、数的计算等方面展开学习，在单元内部的认知序列上是有明显的递进关系，即前者的学习是后者学习的基础，这样的逻辑关系是不能随意更改的知识序，在教学顺序上必须基于教材的知识序列。又如，除法和有余数除法单元设计，它也是必须遵循除法的意义，通过除法的运算、除法的应用、除法的拓展这样的知识序开展教学。图形与几何领域亦如此，如三角形单元，三角形的认识、三角形的分类、三角形的内角和也是不能改变的序。因此，在单元整体教学设计中，教师要深入分析数学知识各部分之间的逻辑关系，哪些内容是不可改变顺序的递进关系，哪些内容是可以改变顺序的并列关系，在基于学生情况和教材分析基础上，根据教学的需要，适时调序、整合和拓展，通过连续设计优化知识序列，完善教学认知序。

3. 透过知识寻思想：逐级递进，数学思想的一脉相承

单元教学不仅关注知识的整体性，同时也要看到知识背后的思想方法的贯穿体现。如教学平行四边形的认识、面积单位、平行四边形的面积、三角形的面积、梯形面积、圆的面积。这些内容之间的关系都会服务转化思想。如果从纵向的长远角度考虑，转化思想逐级递进，就会很清晰。教学平行四边形面积的时候，就要突出一般的化归；教学三角形面积的时候，就要从分类的角度突出归纳推理，它也是转化。因此，教师在看一个内容时就要想到很多内容，贯通知识的同时，尤其是数学思想，也是一脉相承的。虽然这一观点在本课题研究中，暂无体现，但是对于单元整体教学中对数学知识的教学以及学生思维方式的培养，也是相当重要的。

（三）基于学生学情，把握结构合理立序

单元整体教学设计不仅要从教材的角度，对教学内容进行深入剖析，而且应基于学生的学习情况，对学生的知识基础和认知规律进行实时的了解和分析，根据学情设计单元整体教学，适时调整教学重难点，调整教学顺序，整合教学资源，做到"眼中有教材，心中有学生"，使教学既符合数学知识的逻辑结构，又切合教学对象的主观心理，解决学生的学习困难，满足学生的学习需求。

1. 学情诊断立起点：立足学情，调整教学的重点、难点

单元整体教学一定是基于学生学情的基础上进行教学的。教学应突出体现学生学习的难点，对于学生掌握比较困难的又是教学目标的重难点的内容，教师在教学中要有意识地进行强化。例如，"表内除法一""表内除法二""有余数的除法"三个单元的学习中，在学生的前测中，发现学生对除法的计算的学习不存在问题，而对除法与乘法、

减法之间的关系和竖式的理解和试商上有困难，在教学设计时，教师要抓住学生认知上存在的问题，在整合时，除了内容上有所调整外，目标上也要体现整合的侧重。即弱化计算，强化关系，突破余数的理解和试商的难点。及时调整教学的重难点，使得学生的学习更有针对性和有效性。

又如，平行四边形和梯形，在前测中对平行四边形和梯形的认识是没有多大问题，但对两者的关系以及四边形的关系理解困难，那么教师在整合设计时，就要及时调整重难点和教学方法，在整合时不仅要考虑教材的结构，更要关注学生的认识基础，做到"眼中有教材、心中有学生"。

2. 学情把脉循规律：关注序列，顺应学生的认知建构

在分析学生的学习情况时，一般从学生认知基础、学生心理状态和学生的认知规律三个方面入手。学生的认知建构是有一定规律的，教师在教学中，要准确诊断，及时了解，适时调整教材的知识序列来顺应学生的认知建构。如在教学"三角形"单元时，对该单元进行了学情调查，在分析学生对三角形的疑问中发现，学生对于三角形的认知是有诸多问题需要解决的，说明学生对于三角形的学习是有一定的建构顺序的。在教材的知识序和学生的认知序无法完全匹配的情况下，建议还是要以学生的认知序为主，根据学情诊断，及时分析、调整教材的知识序，通过调序、整合教材，调整教学内容和教学策略，使其更顺应学生的认知建构，帮助学生更好的学习数学。

3. 整体教学促养成：结构学习，提升学生的学习素养

单元整体教学重在整体中搭建结构，在结构中找关联，这样的教学模式有助于学生在数学学习过程中整体的视角思考问题，用联系的思维看待事物。在单元整体教学中，教师对单元教学内容进行分析，重构的过程，其实就是给学生一种示范学习方法的过程。在单元教学前，都会带着学生对整个单元内容进行梳理，整理出一张单元思维导图，这个思维导图就是对整个单元的概览，再跟着思维导图，进行细化课时目标的深入学习。在教师的教和学生的学的过程中，结合思维导图和课堂教学，不断地回顾和反思学习过程。这样的教学策略在提升教师备课质量的同时，也有助于学生深度学习和认知结构的自主建构，为学生以后的学习，积累更多行之有效的学习方法，促进学生整体、结构的思维方式养成，举一反三、融会贯通，养成关联学习，系统架构的学习习惯和思考习惯。

第三节　单元作业设计的"三评合一"

一、小学数学教学中优化作业评价路径探析

教学是师生的双边互动，而对作业的批改评价，则是有助于师生展开良好互动的桥

梁。教师在批改作业时可以掌握学生的学习情况，学生从教师的批改中能得到教师对自己的态度、满意度等反馈，与此同时，学生在教师的评价中还能得到针对性的反馈，感受到教师对自己的关注，心理会产生更强的向师性，从而提升自身学习的效率。

（一）教师合理运用作业评价的作用

1. 可以给学生以鼓励，增强学生的自信心

无论是大人还是小孩，都需要被肯定、被赏识，有了赏识，才会有做事、学习的动力，学习起来也更有内驱力。因此，教师在作业评价中要多用赏识的语言，挖掘学生的闪光点。赏识的语言可以激励学生，让学生变得越来越有信心，成为更好的自己。特别是学习成绩不是那么稳定的学生和掌握知识情况不太好的学生，教师要抓住学生作业中的闪光点，用肯定的语句进行赞赏，并提出希望。

语言，是打开心灵的钥匙。教师的评价对于学生来说有比较大的影响力，学生大多会把教师的话语放在心上，在教师的肯定下能产生学习的动力，从而主动完善作业中的不足，增强学生学习的信心。教师从内心深处赞赏、欣赏学生，关注学生每一次的进步，有利于建立和谐的师生关系。学生会把每次写作业当作一次与教师交流的机会，在学习知识的同时，体验到教师的理解、信任、尊重和鼓励，会获得满足感和成功感，从而逐渐建立起学习的自信心。

2. 可以帮学生养成良好的学习习惯

良好的学习习惯对人的一生都起着非常重要的作用。尤其是小学，其作为基础教育的起始阶段，是培养良好习惯的关键时期，教师要帮助学生养成良好的学习习惯。例如，有着不同个性以及对知识掌握程度不同的学生对作业的态度也不同：喜欢数学学科的学生对待作业比较认真，能够独立思考；逻辑思维强的学生，在解题过程中思维清晰，有独创性的方法；而不喜欢数学、粗心大意的学生对待作业就不认真，即使教师批改了，也不思考错在哪里，为什么错了。学生个性不同，作业完成程度也参差不齐，所以教师评价要讲求针对性、艺术性，通过或委婉、或严厉、或个性的评价发挥作业的作用，对作业严格要求，纠正学生在学习中出现的错误，及时了解学生学习数学的困难，培养学生认真负责的学习态度，帮助他们养成良好的学习习惯。又如，有的学生写作业很快，正确率也高，但就是字迹不工整，教师在评语中就可以肯定他们的优点，同时，委婉地指出他们作业中存在的不足，可以这样写"如果你的字和你人一样帅气就更完美了"，帮助学生逐渐养成认真书写的习惯。对于一些粗心大意的学生，教师在评语中要指出其错误的地方，提出改进的方向，帮助学生改正粗心的毛病，养成做题后仔细检查的好习惯。

总之，小学生正处于身心发展的阶段，各个方面还不稳定，教师要根据学生的个性特征、发展阶段及时调整评价，注重学生自身的纵向比较，善于寻找学生身上的闪光点，及时鼓励与表扬，使他们树立学习的自信心，从而在教师评价中不断进步。养成良好的学习习惯不是一蹴而就的，但只要教师以平和的态度对待学生，在课堂上做到时时提醒，

课下做到适时督促，用真心关怀学生，使用具有针对性和激励性的评价，常抓不懈，就会使学生受到鼓舞，主动写作业，从而提升学生学习的效率，逐渐帮助他们养成良好的学习习惯。

3. 可以调动学生的学习的积极性

作业评价是一种很好的沟通师生情感的方式，可以拉近师生之间的距离。教师对学生用不用心，可以通过各种细节体现出来。虽然教师在学生作业上写评语会加重自己的工作负担，花费更多的精力，但能更清楚地了解学生的学习情况，以此更加有针对性地开展教学。

学生可以通过作业这个平台，实现与教师的交流，教师可以运用评价调动学生参与学习的积极性，特别是学习成绩不理想的学生，教师要着重关注，写评语时要多花费一些精力，并保持连续性，不断在作业中调整评价语言。学生感受到教师的关注和呵护，会改变自己的学习态度，变被动学习为主动学习，以此既增强了学生学习的积极性，又使他们体验到了学习的快乐。长此以往，一定能收获良好的效果。

评价不是目的，而是一种手段。评价要求教师用发展的眼光来看待学生，发挥自身导向的作用，注重学生今后的发展。教师在评价时要尽量从积极的方面入手，把鼓励和批评结合起来。表扬时要落到实处，并指出学生下一步努力的方向，批评时要肯定学生进步的方面。这样才有利于调动学生学习的积极性，促进学生全面地健康。

（二）优化作业评价的路径

新课改要求学校减轻学生的作业负担，对此，教师用好作业评价这个途径可以有效地达成这个要求。通过布置作业，教师能及时掌握学生学习的情况，以此发现自己教学方面的不足，从而及时调整教学方式和教学内容，提高课堂教学质量。

1. "纠错＋鼓励"性评语，帮助学生纠错

教师要改变以往单纯用对错来批改作业的方式，可以在作业评价中加入文字性评语，打破常规，运用新颖的方式来批改作业。如"仔细审题，你再试试看怎么改正""注意书写格式的规范呦""这一步应该注意什么呢"等。学生在作业中出现审题、书写、计算、分析等方面的失误时，这些文字性评语可以起到很好的指导作用。学生可以根据教师的提示去思考并改正，在这个过程中，学生不仅能知道哪里做得不好，还能知道如何改正。评语起到了提升学生自主思考、自主学习的能力。不少学生在作业中会出现一些细节方面的问题，如审题不清、计算过程中粗心大意，导致计算结果出错。针对这类学生，教师可以在作业中用彩笔着重画出学生粗心大意的地方，并进行标注：不要忘了看条件，或者这道题计算的先后顺序是什么，第二步的运算符号是什么，等等。在指出不足的时候，还要加一些鼓励性的话语，如"你的方法很好，细心些准行""进步很大，老师为你高兴""付出是会有收获的"，这些对帮助学生养成良好习惯的语言，会使学生感受到来自教师的关爱以及教师对自己的信心，从而对数学学习产生更加浓厚的兴趣。总之，好的评语能使学生认识到自身在学习中存在的不足，并能改正自身的坏习惯。

2. "引导＋启发"性评语，启发学生创新

教师要运用引导性评语给予学生启发，开发学生潜能，培养学生的创新能力。例如，对于可以"一题多解"的题目，教师可以针对数学掌握好的学生写如下评语："你解得很巧妙""想一想还有什么更好的解法""你一定还有更好的方法"等。这样的评语可以激发学生的创新意识，让学生从不同角度、不同方向去分析、思考问题，促使学生灵活运用所学知识解答各种变化的题型，克服思维定势。

如有这样一道应用题：火车客车长 120 米，火车货车长 255 米，两车分别以每小时 60km、45km 的速度前进，在双轨道铁路上，相遇时从车头相遇到车尾相离需要多久？这道题可以运用分析法和列式法两种方法解决，大部分学生会更加青睐分析法。对此，教师就可以在解答正确学生的作业上写如下评语："解答正确，分析到位，可以再仔细思考一下，是否可以用更好的方法进行解题。"这样的评语，不仅肯定了学生的学习态度，还引导了学生主动寻求解决问题的新方法。

3. 创新评语形式

人们在网上交流的过程中会经常用表情来增加对话的趣味性。对此，教师在评语中也可以借鉴表情的作用，采用图画的方式，使自己的评语个性化，不再是"优""阅""√""×"，用一幅幅充满创意的简笔画代替，再配上暖心话语，能够调动学生学习的积极性。除了配上图画以外，教师还可以将英语加入其中，如对于作业完成度比较好的学生，可以写上英文的"很好""你太棒了"等词语。学生看到有图画、有英语的评语会感到新奇，从而更加认真地完成下次的作业，并期待下次作业的批改结果，以此激发学生学习的兴趣。

（三）评价语言应注意的地方

教师评语应实事求是，而不应放大学生的优点，对学生的缺点视而不见，教师要切实指出学生作业中存在的问题，要简洁、明了，充满希望，让学生感受到教师的真诚，这样评语才能起到应有的教育效果，否则会适得其反。

事实证明，在小学数学作业中用好评语，有利于师生之间情感的沟通，也有利于调动学生学习的积极性，更有利于促进学生的全面发展。教师要注重把评价这种"过程教学"落到实处，为学生学好数学知识保驾护航。

二、评价机制

批改作业是教师极为重要的一项工作，是数学教学活动中不可或缺的一环。然而在批改学生作业时，教师总能有一些发现，如有些学生的作业存在抄袭现象；有些学生顾此失彼，一道题目前半部分的计算过程是一种思路，而后半部分又是另一种思路；还有些学生在解题过程中照搬照抄教师上课时推导的结论定理，却不知道结论的推导过程，学生对于数学知识的探究只停留在表面，没有深入探究的勇气与毅力。面对这些现象，教师需要建立适当的评价机制，因为只有中肯、实际的评价才能明确指出学生的问题，

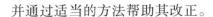

并通过适当的方法帮助其改正。

（一）审题习惯的评价

数学是一门逻辑性强的学科，在数学问题的探究解题过程中，一个运算符号的错误就会导致最终结果出现偏差从而前功尽弃。"失之毫厘，谬以千里"是数学解题的真实写照。教师在批改学生作业时，往往会发现学生存在最多的问题就是审题出现偏差。学生在拿到一道数学题时首要的任务就是审题，但是由于小学生身体发育尚未成熟，天性好动，集中注意力较为困难，学生审题不认真的现象屡见不鲜。教师应当根据学生的这一特性，制定相应的行之有效的整改措施，加强对学生逻辑思维的训练。例如，对学生提出硬性要求，解题之前必须先读题三遍等。

部分命题人往往习惯于在题目中设置"陷阱"，这是利用了学生的不良审题习惯。大部分学生审题只读一遍，一小部分同学甚至根本不审题，拿到题目的第一反应就是开始进行运算。命题人正是抓住学生的这一心理，习惯于在题目中设计迷惑项，同时还习惯于将题目的枝干弄得臃肿复杂。例如 3.4 与 0.6 的和乘以 2.7 与 1.6 的差，所得积为多少？什么数的 3 倍加上 4 与 7 的积，和是 49？尽管这些题目在成年人眼中简直是"小儿科"，但是对于小学生来说，这种文字叙述题的难度远高于直截了当的计算题。再加上学生基础掌握不牢靠，对于数学概念理解不透彻，容易造成思维混乱，甚至产生对题目的厌倦与恐惧。审题习惯评价是教师建立一个完整评价机制的开始，更是评价机制的最基础部分，教师应该重视对学生审题习惯的培养，锻炼学生的审题意识，增强学生的审题能力，从而提高学生的解题正确率。

（二）知识系统评价

学生在经过适当的审题、解题训练之后势必会形成一定的审题技巧，在这种前提下，如何正确规范解题就成为关键。解决数学问题的过程是一个系统协调的过程，需要多种知识与能力的配合，只有不断变通的思维方式与深厚的数学理论知识的相互配合才能正确地解答每一道数学题。每个学生的思维方式和学习能力都存在差异，因此每个学生的知识盲区和漏洞也都不尽相同，教师在批改学生作业时无法程序化、快速化地进行。每个学生的错误类型和错误方式各不相同，每种错误的类型都值得教师花时间与精力去分析、整理、总结之后制定合适的教学策略，针对学生的问题进行相应的训练。

需要格外注意的是，教师在批改学生作业时不能带有主观情绪，不管学生作业中暴露的问题多么严重、所犯的错误多么低级，都不能只用一个大大的叉号回应学生的作业。不管学生作业对错，学生对待作业的认真态度值得教师温柔以待，大大的叉号不仅是一种简单粗暴的回应，更是教师对学生自信心的一种打击。学生在解题过程中可能花费了大量的时间与精力，仅仅一个叉号就否定了学生的全部努力未免过于武断。教师应该分析、指出学生在解题过程中出现的错误，指导学生查漏补缺。

（三）思维评价

数学是一门严谨的学科，数学知识之间存在复杂的逻辑关系。无论是小学数学还是更高阶段的数学都是如此。学生在作业中暴露出的最严重的问题就是逻辑思维混乱，从学生作业的涂改痕迹中可以很明显地判断出学生的逻辑思维混乱、解题思路不清晰，甚至根本不知道如何解题。反思平时的教学活动，教师在课堂上过于强调知识与技能，却忽略了数学学习中最重要的思想与方法。数学本身的特质就是逻辑性、思维性和抽象性，但是教师对其鲜有提及，不注重思维方向的引领，导致学生对教学本质的感悟也就少了。

对作业进行评价的同时，教师要注重发掘作业背后的问题，针对学生的混乱思维和错误理论开展针对性较强的教学活动，培养学生都有一个思维清晰、逻辑性强的数学头脑。

三、评价策略

（一）注重激励方法的合理运用

在对小学数学作业进行评价时，教师应充分地考虑素质教育的具体要求，从不同的角度对学生的作业完成状况做出合理的评价。在具体的评价过程中，为了促进学生未来的全面发展，激发学生数学方面的更多学习潜能，应注重激励方法的合理运用。具体表现在：

第一，结合学生的个性差异及解决实际数学问题的能力水平，给予数学基础知识薄弱的学生更多的鼓励，避免他们丧失学习数学的自信心。

第二，从不同的方面对学生的数学作业完成状况做出评价，充分肯定不同学生的解题思路及问题处理角度的创新性。

第三，对于数学作业完成中存在困惑的学生进行更多的指导，培养他们良好的学习和生活态度，提高作业完成质量。比如，对于小学数学作业完成中出错较多的学生，应及时地做好沟通交流工作，用鼓励的方式引导学生不断提高自身的数学能力，激发他们更多的学习热情。

（二）设置合理科学的评价标准

在小学数学作业设置的过程中，需要改变传统的只顾注重不同题型正确率的评价标准，也应从学生作业完成过程中的态度、规范性等方面进行充分的考虑，确保小学数学培养目标的顺利实现。因此，需要设置合理、科学的评价标准，对学生完成作业过程中的规范性、正确率等进行合理地评价，并给不同的学生进行加分，实现小学数学作业评价标准多样化。比如，教师可以在数学作业评价的过程中，对书写质量良好的学生给予一定的鼓励，提升其学习自信心。

（三）加强创新化评价机制的构建

为了增强小学数学作业评价的有效性，需要加强创新化评价机制的构建。具体表现在：

第一，以多层次、多角度的方式对学生数学作业完成状况进行评价，保持评价方式的多样化。

第二，加强对素质教育理念的深入理解，用创新化的思维方式评价学生数学作业完成质量，给予学生未来完成数学作业中更多的指导，避免相同的问题重复出现。

第三，根据不同题型的难度做出客观地评价。比如，教师可以对独立完成难度较大数学题型的学生进行表扬，并号召其他的学生学习，确保小学数学作业整体完成质量的提高。

正确地认识小学数学作业的设计与评价策略，从不同的方面对设计思路及评价策略的实际作用效果进行综合的评估，有利于提升未来小学数学教学的整体水平，满足素质教育的同时提高学生的数学能力，确保学生能够在规定的时间内有效地完成数学作业。因此，未来小学数学作业内容设置的过程中，应充分地考虑其设计的合理性，并运用科学的评价方式处理其中存在的问题，促使这些数学作业的完成能够达到预期的效果。

第四节　单元作业设计的改进方法

一、小学数学菜单式作业设计与实施

（一）研究背景

1. 已积淀的学校文化值得去挖掘、传承、弘扬

作为老校，百年来积淀的深厚文化底蕴，是一种宝贵的财富，是一种发展的资源。"明德、博学、善思、敢为"八字校训，既具古色古香之雅韵，又含新世新意之美质，文字无声，魅力自在。明德者，知书达理、恪守仁德之谓也。博学源自《中庸》中"博学之，审问之，慎思之，明辨之，笃行之"，是希望学生通过刻苦学习和实践，获得广博的知识。善思，学而思，学问方能进步；思而行，行而力，事业方能成功。敢为，就是以超人的胆略，勇于实践，实事求是，开拓创新。"明德、博学、善思、敢为"的书香文化所蕴含的学术、文脉，积存的环境、氛围，值得进一步去挖掘、传承、弘扬。通过该课题的研究，学校的文化在学生的学习、活动中得以传承、彰显，以推动学校特色文化的发展。

2. "七色花评价体系"等待去巩固、延伸、深化

"七色花评价体系"是学校的一大特色。七色花是由七片不同颜色的花瓣组成，七种色彩包括红、橙、黄、绿、青、蓝、紫，分别代表所要追求的七种素质：品格高尚、成绩优秀、身格强健、乐于阅读、书画拿手、能唱能奏、善于实践。一片花瓣代表一个美好的画面，但是只有在它完整组合的时候，才能呈现一种特殊的美感。"七色花"使学生作为学习的主人跨出了一大步，它契合当今新时期的教育教学主流发展——努力让

学生成为学习的主体。"你点我播菜单式"作业是在"七色花评价体系"研究的基础上，把研究的触角深入、延伸、根植到课堂教学及学校的各种活动中。扩大学生选择的范围，进一步提高、巩固、强化学生的选择能力，积极发扬"自由、活泼、和美"的学校文化。这些为"你点我播菜单式作业"的研究提供了一定的研究基础与理论、实践操作的指导，有利于研究工作的顺利开展。

（二）研究的设计

1. 研究目标

通过"你点我播菜单式"作业形式的研究，架起学校作业和学生选择之间的桥梁，从而让学生从苦学到乐学、从乐学到善学，提高学生的整体水平。

通过"你点我播菜单式"作业形式的研究，探讨新课程背景下学生自主选择性学习的途径和策略。

通过"你点我播菜单式"作业的形式研究学习活动，培养有追求、有主见、有能力、有品位的学生。

2. 概念界定

你点我播：指教师有目的、有计划地根据学生原有知识结构、教学内容、知识经验等设计相关作业，学生则根据自身的学习能力选择性地完成教师布置的作业，最终达到"不同的人在数学上得到不同的发展"。

菜单式作业：指实现作业互动，尊重学生实际和个性差异，让学生自主选择，想"吃"什么自己点。"菜单式"作业，顺应新课程标准对数学教学的新要求。构建数学作业的新形式，是促进学生学习方式变革的一个重要方面。

3. 设计理论依据

（1）学生是学习的主体

新课程以"一切为了学生的发展"为核心理念，它认为每一个学生都是发展的、具有巨大潜能和独特的人。教师要相信每一个学生都能成才、成功。要相信只要找到因材施教的办法，每一个学生都能够成为天才。学生是有思想、有个性、具有主观能动性的人。学生是学习的主体，学习是学生自己的事，作为教师，不能包办代替。要让学生体验获得知识的过程，而不是告知学生现成的结论。

（2）学习是一个主动建构的过程

建构主义学习理论认为，学生有效的学习过程不是学习者被动地接受知识，而是积极地建构知识的过程。知识不是通过教师传授得到，而是学习者在一定的情境即社会文化背景下，获取知识的过程中借助其他人（包括教师和学习伙伴）的帮助，利用必要的资料，通过意义建构的方式而获得。

（3）教学是为了激活学生的学习

学生是学习活动的主体，教师在学生认识活动中起着引导和指导作用。学生的学习需要教师的指导和组织才能进行，但学生对知识的掌握，认知能力的发展，道德品质和世界观的形成，要经过他们自觉的、积极的努力，教师不能包办代替。因此教师在教学活动中要不断地培养学生的观察能力、思维能力、分析和解决问题的能力，教会学生学习的方法，这样才能使学生在积极主动的氛围中，开启思维的通道，融合知识和学习的方法为一体，成为智慧潜能开发的学习过程。

教师在教学中运用新课标的理念指导作业的设计与实施，通过对常规数学作业设计与实施的改革、突破和创新，努力形成新的教学理念，切实提高学生的数学素养和综合素质。

4. 基本框架

"你点我播菜单式"作业设计中，点是灵魂。学生愿意点什么样的作业，教师就设计怎样的作业。学生在作业中，最适合的步子是阶梯性；最喜欢的方式是挑战性；最迫切的需求是合作性；最真切的感受是体验性。教师了解了学生点的意愿之后，就要展示出丰富多彩的菜单式作业了。学生在"作业超市"里自主选择作业，根据教师与家长的示范，完成自创、自销、自编型的作业，可以与教师、家长、学习同伴互相研讨，还可以在完成作业之后，对作业的成功、失误、质疑之处进行反思、小结，以促使自己在学习上更上一层楼。

（三）实践操作

开放性学习活动，以"最适合的步子、最喜欢的方式、最拿手的优势"为核心理念，学生在教师的引导下，进行各项自主的学习与活动，自主选择自己感兴趣的学习方法、内容、材料等，主动地建构和重构自主选择的学习活动。

1. 点出"我"的意愿：菜单式作业的设计理念

（1）最适合的步子 —— 阶梯性

学习能力先天有差异，有差异的学生做无差异的作业，势必会造成有的学生"吃不饱"、有的学生"吃不了"的现象。这样，学生的能力发展就会受到遏止。承认并尊重这种差异，是主体性学习的一个重要特点。因此，对不同水平的学生的要求应有所侧重。年龄的差异对学生学习能力有着重要影响，必须根据学生的年龄阶段进行层次化作业设计，为每一个学生创造发展的条件和机会，使学生成为实践的成功者。

教师在平时教学的练习环节，布置不同层次的作业，让每一种不同水平的学生自由选择，这样一来，那些学困生再也不会因为难题而苦恼；那些尖子生也能享受到"跳一跳摘到桃子"的无限快乐。设计不同水平的作业能使学生的学习态度越来越好，学习数学的兴趣也日益浓厚。

（2）最喜欢的方式 —— 挑战性

充分承认学生与生俱来、带有自我实践的创造力，让学生在完成课外实践性作业的同时，积极引导学生创造性地学习，培养学生的创新精神和实践能力。

学生们喜欢上数学课，特别喜欢做一些挑战题。因此每周要挤出半节课时间，为学生上一些简单的数学思维训练题。学生们都特别盼望，在思维训练课中，他们个个抢着积极发言，思维活跃，课后会互相提问，并且有很多学生从一开始的害怕做挑战题到一拿到作业总是先做挑战题，做出后很有成就感，还会主动要求父母买思维训练书籍，或自己钻研，或与同学讨论。对于他们来说，学习思维后的愉悦、成就感促进了爱动脑筋习惯的养成。

班中总是有一些学生的数学水平比较高，如果教师能够给这部分学生设计一些挑战题并让他们去完成，这些学生在挑战难题成功后一定会感受到愉悦。

（3）最迫切的需求 —— 合作性

综观以前的数学作业，教师过于片面地强调独立思考，没有将合作作为重要的素质来培养。可以设计一些合作型作业，允许学生自主选择完成作业的方式，鼓励他们与人交流，进行有效合作。同时，数学学科也可以与其他学科开展合作性作业，使学科间相互渗透、相互配合、相互迁移，促进共同发展。

现在的小学数学教学中，有很多数学内容是需要学生合作完成的，学生在合作的过程中学会表达、学会倾听、学会分享，同时学生的合作能力也得到了培养。

（4）最真切的体会 —— 感悟性

最真切的体会以情境开放为前提、学生身心体验为形式、发展创新为目的，它要求学生在学习过程中，不拘泥课本，不迷信权威，强调在已有知识经验之上，动手实践，自主探索，自觉体验知识的产生、发展全过程，积极提出自己的新问题、新观点、新方法。

2.播下"我"的策略，菜单式作业的实践途径

在数学新课标的指导下，设计具有开放性、创造性、实践性的数学作业，以多样的形式激发学生的作业兴趣，让学生"情动"。

（1）"作业超市"—— 选择型

"作业超市"式作业是本文所主导的作业主要方式。作业超市的内容分为基础必做型、扶弱补差型及能力提高型，目的是让学生在这些作业方式中，根据自己不同的学习基础、起点、学生对已学知识情况、学生的能力情况选择最适合自己的作业，以培养他们的选择能力，挖掘学习潜力，得到最优发展。

基础必做型，紧扣当天所学的内容，主要目的是用来巩固新知。

扶弱补差型，这是针对一部分基础薄弱的学生布置的，浅显易懂，有利于他们获得成功的快乐，增强学习的自信心。

能力提高题，这种题目有一定的难度，主要是针对基础好的学生设计的，有利于培养学生思维的灵活性和深刻性。

（2）"自创自销"—— 自编型

"学生是数学学习的主人"，在作业的设计中，充分体现学生的主体地位，提供给学生自主参与探索、主动获取知识、分析运用知识的机会，尽可能让学生对自己的作业进行自我设计、自我控制、自我解答，让学生真正成为一个学习的主动者、探索者和成功者。

①教师示范：在新授课后的练习环节，教师根据本节课的教学内容出一些开放性的

题目让学生进行练习，在练习的过程中提高学生思维的灵活性，同时也积累丰富的活动经验。

②家长模仿：在平时的学习过程中，有能力的家长要经常翻阅孩子的作业本和单元试卷，把孩子经常出现的错题记录下来，然后根据自己孩子学习的特点及不足之处，针对性地模拟试题，以达到巩固知识的目的。

③学生自创。学生根据本堂课的知识和自己的领悟实际情况，设计相关的习题。这些习题教师可进行筛选，进入备课题库，供全班同学学习，也可以给学习同伴练习。在作业的设计与完成中，增加学生学习的自信心。

（3）"互助研讨"——合作型

综观数学作业，教师过于片面地强调独立思考，没有将合作作为重要的素质来培养。其实，可以设计一些合作型作业，允许学生自主选择完成作业的方式，鼓励他们与人交流，进行有效合作。

①与同学合作：做社会调查、办手抄报设计、单元检测卷之类的作业都离不开学生间的合作，有的甚至需要一段时间的合作。为完成这一类作业，学生既分工，又合作，大家出谋划策、彼此信任、互相帮助，在互动中促进了交流，在交流中学会了合作。

编制试卷的过程，是学生对知识进行梳理的过程，也是同伴合作交流的过程。一份试卷的编制使学生更深刻地感受到自己是学习的主人，主动学习的意识得到了激发和增强。

②与家长合作：一些学生不能独立完成的作业，可以让家长参与到作业中来，这样学生既可以学到知识，又可以调动学生的积极性，使得作业具有浓浓的"亲情感"。如"我和妈妈比口算""我和爸爸妈妈比解应用题"，又如参加一次家庭大购物，让爸爸妈妈协助你，由你来选择、购买、付款，让你体验一下如何合理使用人民币，在这种具有亲情的环境中，学生学会了交流、学会了合作，知识、技能、情感都得到了发展。

在调查性实践作业中，学生求真、求实，经过计算比较和分析概括，提出了合情合理的方案，而且富有时代气息。通过这个合作性学习活动，孩子和家长的关系越来越密切，同时也提高学生解决现实生活问题的能力，培养学生的核心素养。

③与教师合作：通过学生与教师共同合作来完成某项作业。这类作业不仅丰富学生的生活体验，还充分发挥学生的创造精神。此外，在作业过程中，学生还体验到了与他人合作的乐趣，培养了学生的协作意识。

这样的作业，学生参与的积极性很高，都想通过自己有"挑战性"的问题来"难倒"教师和同学们，学生的自主性、独立性和创造性得到了培养，突出了学生的主体作用。

合作型作业，让学生们在与同学、与家长、与他人协作完成作业的过程中，学会了交往、沟通、合作，建立起一种和谐友好的人际关系，享受着团结合作的快乐。

（4）"体验交流"——反思型

在数学学习中，由于学生之间存在着差异，他们对问题的看法、对知识的理解不尽相同。在合作交流中，可以使学生对知识的理解更全面，解决问题的方法更多样。所以，当学生领会了一些学习方法后，就试着布置一些交流性的作业，让学生在小组内交流自已对问题的看法和解决问题的策略。这样既减少了学生不必要的写，增加了学生的说，促进了学生思维能力和口头表达能力的发展，同时也培养了学生主动与同伴合作，积极与他人交流的良好习惯。

①成功经验的分享。在一天的数学学习中，学生们学到了某一个新知识，认识了一个新事物，总是会喜不自胜，迫不及待地找人交流、分享。

比如当一名同学学会了人民币的新知识时，回到家中，妈妈便安排孩子进行实践活动，而且这个活动是与人民币的知识相关的，通过这样的活动，孩子积累了快乐的活动经验，并把活动经验与同学分享，在分享的过程中又一次享受到快乐。

②失败错误的反思。在日常的练习、作业和考试中，所有学生都会出现一些错题。在对小学数学"错题"资源开发中，"CT 卡"的利用是一种很好的方法。CT 原是医院用的一种功能齐全的病情探测仪器。现在，迁移"CT"——这个通俗、易懂的名称，设计成小巧玲珑的卡片，简称"CT 卡"，为小学生研究数学错题服务，不但能使学生容易接受，而且比较形象。将"CT 卡"设计成如下几个栏目。

错题源：是指从某次课堂作业、家庭作业，或者单元测试、期中、期末考试中摘录下来的题目，也可以包括课堂上的回答问题和日常数学学习中碰到的可操作性的题目，可以写成"某单元测试卷，某月某日家庭作业，练习与测试某页"等。

找错点：把真实的错题、全题完整地记录下来，找出题目中最核心的错误，并画出来。比如，计算题在记录下整个错题的基础上，还要把错的第一步画出来；应用题也要求将全题完整呈现出来，计算过程也应同时记录下来，并画出错点。

析错因：顾名思义就是分析错题的根本原因所在，比如是认知方面、能力方面还是方法层面的问题，也可以写是用错了哪个公式等。

自订正：因为"CT 卡"的本身不易过大，因此将错因写在卡的反面，将正确的订正过程写在卡的正面。

获启示：学生在这里可以小结此题错误让自己所获得的启示，比如是粗心、前面学习得不够扎实，从错题中折射出自己成长中的问题，要想少错题，就先要做好人等。

③疑惑不解之质疑。孔子曰："疑是思之始，学之端。"在自主探索过程中，学生往往会产生这样或那样的疑惑和不解，思维处于一种"愤悱"状态中，急需知道为什么，因此要给学生提问的自由。只有在一次次的释疑中，才能激发学生进一步探究的欲望，也才能让学生敢于去尝试下一次的精彩提问。

体验交流——反思型作业，为学生提供一个用自己语言表达数学思想方法和情感的机会，使学生从机械性、重复性的题海战术中解脱出来，使他们体会到学习数学的乐趣，不再是只会做题就能学好数学的想法。同时也给了学生一双"数学的眼睛"，培养了学生留心观察身边的事物的习惯，记录着他们瞬间的心灵闪动，让他们体会到学习数学成功的喜悦，感受成长的快乐，同时也为教师的教学注入了一股新鲜血液，提供了一条崭新的教学思路。

（四）成效

1. 从学的角度看：提高了作业的有效性

"你点我播菜单式"作业，其出发点是试图走出传统的一些操作思路，重建一种与学生性格和兴趣相匹配的数学作业。这一思路，充分体现了"以人为本"的教育理念。实践证明，菜单式数学作业较之传统的方法，的确是体现了一种切实有效的优势。

（1）学习数学兴趣变浓

兴趣是最好的老师，通过对数学作业形式及评改制度的一系列尝试改革，在很大程度上激发了学生学习数学知识的兴趣，培养了学生的各种能力。

（2）完成作业内动力增强

靠外在的诱惑或威胁来维持学生的学习活动，使之对作业产生兴趣、热情，来提高学习效果，但缺乏自主的精神，压抑学生的主动性和能动性的发展。新型的作业布置形式及评价方式让学生们感受到了自主选择的权利，使"苦学"变成了"乐学"，也逐步养成了他们探索、分析问题以及生生之间的交流合作等方面的综合能力。

（3）课业负担减轻，作业质量提高

作业设计方式摆脱了作业"一刀切"的现状，它不仅减轻了学生的学业负担，而且促进了每个学生的发展，使学生的身心得到健康和全面地发展。分层次的作业设计与布置形式，做到了让优等生"吃得好"、中等生"吃得饱"、后进生"吃得了"的分层效果，有利于学生个性的发展，使每一个学生都体验到成功的喜悦。

2. 从教的角度看：促进了教师的创造性

第一，保护学生实际的差异，尊重了学生个性，激发了学习兴趣，促使学生养成良好的学习习惯。通过个性化作业的实践，学生养成了独立作业并能按时完成作业的好习惯。学生的自尊心和自信心得到了发挥，使他们真正成了学习的主人。

第二，为学生提供了一种循序渐进的学习方式、一种开放的学习氛围，为学生掌握必备的数学基础知识和基本技能打下一定的基础，培养学生学习的主动性。

第三，为教师提供了一个创造的空间，激发教师的教学智慧，教师只有自己摸索、钻研过作业设计，才知道怎样正确地引导学生去学、去做，这样既融合了师生关系，又形成了引导式的教学方法；既提高了教师的教学能力，又提高了学生的学习效果。

"讲之功有限，习之功无已。"在数学教学过程中，教师不仅要重视课堂上知识的传授，更要重视"习行之功""你点我播菜单式"作业，使学生的知识在作业中升华、技能在作业中掌握、能力在作业中形成、思维在作业中发展。

二、小学数学练习课的设计与教学

练习课教学在整个小学数学教学中十分重要，但现今练习课中重操练、轻理解，重笔算、轻推理，重算法、轻应用的倾向依然存在。基于练习课的重要性与现实性之间的矛盾，提出对练习课进行探索和研究。练习课设计和教学应遵循层次性、趣味性、适度性和及时反馈的原则，还认识到只有精心设计，才能有效提高练习课教学的课堂效率，提高教学质量。

（一）练习课的重要地位

练习课，是相对于新授课、复习课等而言的，指在学生理解新知识的基础上，以学生独立练习为主要形式的课型，它的主要目的是使学生巩固、提高及应用刚学习的知识。新课教学是捣珍珠的过程；练习课则是精心加工珍珠，使珍珠更加光彩夺目的过程；复习课是把加工好的珍珠颗粒进行分类，再串成项链的过程；综合实践课是把串好的珍珠项链展示出来的过程。这个比喻十分生动，让大家对于不同课型的作用有了形象的认识，特别是对练习课的重要作用有了比较感性的认识。

练习课既是学生掌握知识、形成技能、发展智力和能力、养成良好的学习习惯的必要过程，又是教师掌握教学情况、及时反馈调节的一种重要手段，练习课在教学中承担巩固和加深对新授的知识理解和形成技能、技巧等任务。学生对于新知识的学习，必须达到"知道""理解""掌握"和"应用"的要求。对于"知道"和"理解"，一般学生在新授课过程中基本能达到，而对于"掌握"和"应用"，需要通过进一步合理巧妙的练习才能达到。

（二）练习课设计的基本模式

在具体实践中，感到练习课确实难上，不仅是难在：要精、要活、要趣、要实，而且更难在"没有套路可寻"。对练习课的教学环节安排是"仁者见仁，智者见智"，根据自己的一些经验归纳出练习课一般过程，来加以"模式化"，与大家共同探讨。

1. 准备阶段 —— 忆

练习是形成技能的重要途径，练习课主要是训练学生良好的数学技能，同时伴随着巩固知识、发展智能和培育情感。因此，在学生进行练习之前，应当特别要注重让学生自觉地对知识进行回忆，使学生在心理、生理、情感、知识等方面做好必要的准备。

这个阶段是学生将新知识提取再现的过程，重点是引导学生对所学的知识进行梳理，帮助学生厘清知识线、分清解题思路、弄清各种解题方法联系的过程，是练习课不可缺少的环节。教师要根据学生的回忆，进行从点—线—面的总结，做到以一点或一题串一线、联一面，特别要注意把新知识与旧知识之间进行纵向、横向联系和比较，构建知识网络，让学生归纳、总结来回忆所学的主要内容，可以让学生进行讨论、口述。这是对前一节新知内容的回忆，更重要的是与旧知识相互联系，目的是让学生明确这节课练习的目标，为开展练习做思想上和内容上的准备，这一阶段时间可长可短，形式可静可动。

2. 导练阶段 —— 练

这一阶段主要是通过教师精心设计的一组组练习题，或边练边评，或由学生一鼓作气练完后再逐题评讲，达到练习的目的。其间以学生"练"、学生自己的"评"为主，以教师"评"为辅。有些习题让学生做后只需对一下答案，不必评讲。

3. 提高阶段——析

这一阶段应该注重对练习进行反馈、评析。解题重要的不是统计做了多少题目，而是否掌握了一类题的实质，即有无形成基本的解题模式，只有真正掌握了一类问题的解题思路，才算掌握了解答这类题目的基本规律。当学生练习到一定程度时，教师就应不失时机地引导他们总结和概括出练习的基本经验和教训，并获得有意义的练习成果。

4. 综合阶段——用

通过练习提高学生运用知识解决实际问题的能力、发展学生的思维能力是练习课的核心。在练习设计中，可通过典型多样的实际问题，提高学生解决生活问题的能力。这一阶段的练习要体现综合性、发展性，它是在原有知识的基础上进行延伸，是为今后的知识打好埋伏，播下"种子"。综合题、思考题一般放在这一阶段。

5. 检测阶段——评

学生练习了，教师讲评了，师生又一起概括了，这时就有必要检测一下练习效果，对练习的结果进行评价。练习完成时，可选取数量适当的题目进行当堂检测。教育心理学十分重视教学评价与反馈，其认为通过教学评价给予学生一种成功的体验或紧迫感，从而强化或激励学生好好学习，并进行及时的反馈和调控，改进学习方法。

（三）练习课研究的实践

1. 练习课的设计应讲究实效，才能有效提高课堂效率

练习课的设计应该根据教材内容，围绕教学目标，选择合理的教学形式，精心安排练习的内容，既要整体考虑练习方式，又要考虑练习设计的具体内容，把握好练习的量和度，使学生学而不厌、做而不烦，做到难易适中，体现多样性、层次性和趣味性的特点，从而加深学生对数学知识的理解，达到巩固知识、形成技能、培养良好的逻辑思维能力、提高学习效率的目的。

（1）练习课设计注重层次性，使不同层次水平的学生都有所提高

学生在发展过程中，存在着兴趣、性格、能力等方面的客观差异。在练习课教学中，教师应该承认这种差异，区别对待各个层次的学生，使他们在各自原有的基础上得到发展。"圣贤施教，各因其材，小以小成，大以大成，无弃人也。"因此，教师的"教"应适应于各个层次学生的"学"。要扣紧课程要求，从学生的实际出发，制订不同层次的教学目标，力求使中等程度以下的学生能达到新课程标准的基本要求，中等程度以上的学生能有所提高。在同一节课内，既要面向全体学生的"合"，又要兼顾培优辅差的"分"，做到分合有序，层次分明。尤其在练习课教学中，教师更要注意采用多层次的教学模式，设计出多层次的问题和练习，以供学生思索，使其择优而行，以适应因智质不同或学习基础不同而造成的差异。这样，才能使学生充分发挥自己的聪明才智，在心理上获得满足。例如，在教学了解有关图形的面积计算之后，根据教材中"在一个面积较大的图形剪裁面积较小的图形"这一内容时，教师在图形面积计算的练习课上，就可以做到分合有序、层次分明。

例如,《图形面积计算的练习课》。

出示问题(提供给学生材料,任选一题完成):

①在一张长 40 厘米、宽 30 厘米的长方形纸中,最多能剪多少张长 15 厘米、宽 10 厘米的小长方形?请你设计并裁剪。

②在一张长 40 厘米、宽 30 厘米的长方形纸中,最多能剪多少张底为 15 厘米、宽为 10 厘米的小三角形?请你设计并裁剪。

③在一张长 45 厘米、宽 35 厘米的长方形纸中,最多能剪多少张长为 15 厘米、宽为 10 厘米的小长方形?请你设计并裁剪。

这三个问题看上去很相似,其实设计中很讲究层次性:第一个问题是最简单、最基础的,哪怕是中下水平的学生也基本能独立或在教师略微地指导下完成,虽然他们的速度比较慢;而对于中等水平的学生,在较轻松地解决了第一个问题后,仍有余力和信心继续解决第二个问题,关于"在一个面积较大的图形剪裁面积较小的图形"方面的知识又有了进一步的提高;而对于第三个问题,有一定的难度,特别是设计、裁剪的环节,但对于一部分优等生来说,成了美味的"点心"。这样的分层设计,考虑了不同层次水平学生的需求,使学生根据自己的能力水平的不同都有了符合自身要求的进步。这样使学生充分发挥了自己的聪明才智,每个学生都有机会体验成功的乐趣,在心理上都能获得满足,能够达到练习课预期的目标。

(2)练习课设计注重开放性,真正着眼于提高学生的思维能力

练习课应注重开放性,是指在练习课中的练习题应以"以人为本"的教育思想为指导,以"大众化"的数学思想为出发点,从开放、富有兴趣着手,紧密联系生活实际和学生已有的知识、经验,使他们成为主动发展的主体。练习课具有开放性,主要体现在所设计的练习题上。因此,"习题"应该是能引起学生发散思维的一种习题和运用已知探索、挖掘未知,从而发现、"创造"数学的开放性习题。通过开放式的练习,有利于培养学生的数学应用意识和能力。设计开放性习题及开放性练习课的目的是有效地调动学生学习积极性,使他们主动地进行学习,加深对知识的理解和掌握,诱发创造性思维,还有利于提高学生应用数学的意识和能力。例如,在学习了求组合图形的面积的知识之后,练习课的设计除了要加强学生巩固基本的求组合图形面积的方法外,还可以设计一些开放性的习题。

这样的设计一方面是为了培养学生数学图形思维的广阔性、灵活性和深刻性;另一方面是为学生之间和师生之间的交流奠定良好的基础,为学生表达自己的观点和解题策略提供了更大的交流空间。

(3)练习课设计注重趣味性,有利于提高学生学习的兴趣

兴趣是最好的老师,它是学生主动学习、积极思考、勇于探索的强大内驱力。为了使学生对练习课产生兴趣,教师可以根据学生的心理特征,精心设计形式多样、新颖有趣的练习,从而促使学生顺利地进入最佳的学习状态,这一点对于低年级学生的练习课教学尤其重要。

练习是学生获取知识、形成技能、发展智力的重要手段。低年级学生特别容易对于大量的枯燥的口算、笔算不感兴趣，甚至产生厌倦心理，学习处于被动状态。因此，在低年级练习课教学时，教师更应注重趣味性。如果把练习的内容寓于游戏之中，就能帮助他们从厌倦的情绪中解放出来，唤醒他们主动参与练习的激情，收到事半功倍的效果，并从中体验成功的喜悦，唤起学生兴趣盎然地再一次追求成功的心向。所以，在许多低年级练习课教学设计中，往往会创造和设计很多新颖有趣的游戏与竞赛活动，如找朋友、夺红旗、对口令、小动物找尾巴、小猫钓鱼、速算接力等。把枯燥乏味的计算练习变成丰富多彩的游戏与竞赛活动后，学生兴趣浓、情绪高、思维活、反应快，在"玩""乐"中获取知识，增长智慧。

总之，练习课一般应以游戏等不同形式为中心组织练习活动，因为这样的教学符合学生爱玩好动的天性，能有效地调动学生手、口、脑，为多种感官参与学习活动创设最佳环境，能吸引全班学生积极主动、愉快地投入学习中去，能使原本枯燥的教学变得生动有趣，收到意想不到的教学效果。

2. 练习课教学要体现目标的多元化，全面提高学生的能力

虽然练习的基本内容学生是学过的、熟知的，但练习不应是简单的重复，这要靠教师精心组织、着意引导。教师要认真钻研大纲和教材，把握好练习的要求，改进练习课的教学方法，制订好练习计划和设计好练习过程；在教学中，要改变过去以教师的串讲为主的传统做法，就要把练习课上成促进学生各种能力全面发展的课。

（1）练习课教学中应注重培养学生"说"的能力

由于语言表达具有重要的提炼功能，所以思想经过语言精确表达后，就增加了意义和迁移的可能性。应该把语言表达看作思维的一部分。在练习课中，注意加强对学生进行"说"的训练，不断提高学生"说"的能力，对于提高课堂教学质量、发展学生智力能收到特别好的效果。练习课中的"说"，可以说猜测（估计）、说思路、说疑义、说检验。练习课中怎样培养学生"说"的能力呢？

首先，调动学生"说"的积极性，培养学生"说"的习惯。在练习课教学中，教师主要可以通过以下几个方面调动学生"说"的积极性：一是教师创造轻松愉快课堂教学气氛，让学生可以毫无顾虑地把自己的想法说出来；二是教师在课堂中必须热情鼓励学生，耐心启发，使学生大胆地说出自己的想法；三是必须精心设计课堂练习及提问，使学生有问题可想、有话可说。如果学生说得不够完整、准确，没有条理，教师要耐心启发引导，直到学生基本把自己的想法讲出来为止。要注意的是，当把问题展示给学生后，要给他们充分的时间思考。还要注意练习课上要使尽可能多的学生有机会说，有时一个问题可以由几个学生来说，还要注意为学习水平较差的学生创造说的机会，或有意让他们回答比较容易的问题，教师需要多给予肯定与鼓励，使他们也逐步会说并分享成功的喜悦。

其次，要使学生说得好，即说得完整、准确、有条理，就要有目的、有计划地进行严格的训练。在练习课中具体要做到：严格要求，训练学生"说"的准确性。数学教材

中许多内容的表述都有其固定的形式，如基本概念、计算法则等，新授课时，主要是要求学生能通过主动探究发现、总结这些规律，在练习课中学生就能规范地表达了。学生要在练习中会说，就要做到说得完整、准确、有条理；教师应启发引导，促进学生"说"的条理性。在练习课教学中教师首先必须设计有层次性的练习和恰当的问题，一步一步地启发学生分析问题、寻求答案，其次引导学生把自己的想法、思考的过程表达出来，使思维条理化，激励学生求异，培养学生"说"的创造性。比如，在练习课教学中，通过给应用题补条件或问题来提高学生的能力。

（2）练习课教学中应注重培养学生"思"的能力

在练习课教学中，培养学生"思"的能力，一般的做法有设计类比、联想练习，可以诱发学生的直觉思维。直觉、灵感，是人在认识过程中逻辑中断的突然飞跃，它产生的机制至今仍不清楚，它们是尚未被认识的、富于创造性的思维过程。直觉产生的猜想，有时不一定正确，还必须通过检验。直觉产生的猜想，其价值在于提供了可检验的途径设计"开放式"习题，以发展学生的发散思维。那么，训练学生的数学思维要注意些什么呢？训练学生的数学思维时应注意以下几点：训练学生的数学思维要准备合理的材料；训练学生的数学思维要有方向；训练学生的数学思维应有规律。

数学思维中的规律包括形式逻辑规律和辩证逻辑规律以及数学本身的特殊规律，它们之间又是相互联系的，存在着形式和内容、具体与抽象、特殊与一般的关系。要使学生学习富有成效，必须揭示知识的内在的联系与规律，规律揭示得越基本、越概括，则学生的理解越容易、越方便，教学的效果也越好。因此，教师在新知识教学时，要充分利用迁移的功能，让学生用已有的知识和思维方法去解决新的问题。

总之，只有当数学思维的材料是丰富的、广泛的、可变的；方向是明确的、清晰的、相对稳定的；内容是系统有序的、开放的、综合的；结构是有规律的、辩证的、层次的；才能发展学生思维的整体性，使思维具有灵活性、深刻性、批判性、目的性、敏捷性其至创造性，有利于促进思维的整体结构形成，培养学生良好的思维能力。

3. 练习课教学中应注重培养学生"用"的能力

"学习数学的唯一方法是用数学。"用数学就是运用数学知识和方法从事数学练习和解决问题的实践活动，这是学生理解和掌握数学知识、探索和认识世界的有效途径，也是发展思维能力和创造性解决问题能力的有效途径。

（1）结合生活实际组织教材，提高学生用数学思想看待实际问题的能力

数学教育是要学生获得作为一个公民所必需的基本数学知识和技能，为学生终身可持续发展打好基础，必须开放小教室，把生活中的鲜活题材引入学习数学的大课堂。然而，现行教材的练习课习题中，往往出现题目老化、数据过时、离学生的生活实际较为遥远的情况。如人民币当中"分"的认识等方面的知识，与信息技术发展迅猛的今天相比，显然不能适应新形势的要求。因此，教师在教学中要联系生活实际，吸收并引进与现代生活、科技等密切相关的具有时代性、地方性的数学信息资料来处理教材、整理教材，重组教材内容。

例如，在上《小数应用题练习课》这一节课，教师围绕"今天我当家"这样一个小主题，根据当家必须买菜、做饭、打扫卫生等具体事情，结合钱、时间、如何安排等具体情况，设计了一系列的小数应用题。如要如何统筹安排买菜做饭的时间、买菜的时候用同样的钱可以买哪些不同的菜……

这样就把教材中缺少生活气息的题材改编成了学生感兴趣的、活生生的题目，使学生积极主动地投入学习生活中，让学生发现数学就在自己身边，从而提高学生用数学思想来看待实际问题的能力。

（2）注重实践活动，培养学生发现数学问题的能力

为了在学生学习数学知识的同时，初步接触和逐渐掌握数学思想，不断增强数学意识，就必须在数学教学过程中加强实践活动，使学生有更多的机会接触生活和生产实践中的数学问题，认识现实中的问题和数学问题之间的联系与区别。例如，在教学《利息和利率练习课》这一课时，可以在新课教学之后利用活动课的时间带学生到银行去参观，并以自己的压岁钱为例，让学生模拟储蓄、取钱，观察银行周围环境，特别要记录的是银行的利率。比如，学生活动的时候就开始产生问题了："利率是什么啊？""为什么银行的利率会不同啊"……对于学生这些问题微笑不答，表扬他们观察得很仔细，然后就让他们带着问题去练习相关的习题。到上课的时候，由于是学生自己发现问题、自己解决问题，从而找到符合实际需要的储蓄方式。这样的练习课，培养学生养成留心周围事物、有意识地用数学的观点去认识周围事物的习惯，并自觉把所学习的知识与现实中的事物建立联系。学生自己发现的问题富有魅力，对于提高学生应用数学知识的能力和增强学生的积极性都重要。

（3）创设生活情景，提高学生解决问题的能力

数学教材中的问题都是经过简单化或数学化了的问题，为了使学生更好地了解数学的思考方法，提高学生分析问题、解决问题的能力，教师必须善于发现和挖掘生活中的一些具有发散性和趣味性的问题。例如，在教学《工程问题》之后的练习课上，可以出一道这样的题目：徐老师带了一些钱去买一套上、下两册的书，她带的钱如果只买上册，恰好能买 20 本；如果只买下册，恰好能买 30 本，那么她带的钱能买几套这样的丛书？这道题目突破了常规"工程问题"的命题方式，提高了命题的趣味性和生活性，学生在思考这类问题的时候，能够举一反三、学以致用，提高了解决问题的灵活性。这样可以让学生从生活中学，激发学生学习的兴趣，提高解题的技巧，培养学生根据实际情况来解决问题的能力。

教学问题解决的方法很多，它们之间既有联系也有差别，教学中教师应该结合生活实际，抓住典型事例，教给学生思考方法，让学生真正体会到数学学习的趣味性和实用性，使学生发现生活数学、喜欢数学，让数学课堂教学适应社会生活实际，从而培养出一批真正适应未来社会需要的人才。

（四）练习课研究的思考

其实"练习课"也是"别有一番趣味在里头"。只要能认真分析教材，厘清每一节

练习课内容的前后顺序，找寻知识进展轨迹，结合自己的特长和学生的实际，灵活而大胆地组织教学，手段不拘一格、有开拓性，就能使自己在练习课上做到"粗细分明、游刃有余"。当然，还要随时准备"牺牲自己"，让学生"充分表现"，要善于学会捕捉学生的思维"火花"，培养学生的创造性思维。

由于练习课课堂效率的提高，在课堂上绝大部分的学生都能按要求完成作业，学生课业负担大大减少，加之教法的改进，学生在课堂上有练、有评、有议，习题设计的多样化更是激发了学生学习数学的浓厚兴趣。正如学生们反映的，他们喜欢上数学课，因数学作业在课堂上都做完了，错题在课堂上也改正了，他们有时间玩了。家长反映自学校开展数学练习课改革以来，孩子在家自由活动时间多了，孩子的数学学习成绩也比以前提高了。

练习课教学在小学数学教学中具有重要的地位，必须在教学中继续认真对待，精心设计练习课，努力改进教学方法，不断地总结、研究和发展。虽任重而道远，但依然会热情饱满地继续实践探索。

三、小学数学"自助作业模式"实践研究

众所周知，作业是学生在校期间最经常、最重要的活动，也是教师教学工作的重要环节之一。目前，小学生的课业负担重，已成为社会关注的焦点问题之一，而造成学生课业负担过重的主要原因，是作业的量过大，还有缺乏针对性。学生在"题海战术"中做了大量的无用功，弄得筋疲力尽。

对数学学习既要关注学生学习的结果，更要关注他们学习的过程；既要关注学生数学学习的水平，更要关注他们在数学活动中所表现出来的情感与态度，帮助学生认识自我，建立信心。对于这样的新理念，大家都能接受，然而在实际的教学中教师们怕减少作业量会降低教学质量，于是希望凭"题海"战取胜，结果学生负担过重，导致厌倦作业、事倍功半。虽然有些教师提出过"一日无作业""作业总量由班主任掌握""分层作业"等措施，但"一日无作业"减轻学生负担的可信性差，"作业总量由班主任掌握"的主观想法是好的，但实际操作的可行性差，"分层作业"尽管解决了每个层次作业的难度问题，但无法解决每个学生作业的不同需要量这一深层次的操作问题，所以这些措施没有从根本上减轻作业的负担。

如果学生作业的布置为统一的要求，学生必然缺少自主学习的积极性，学习程度好的同学重复简单的机械运算，面临"吃不饱"的问题，学习成绩中差水平的学生冥思苦想后还是"吃不了"，造成消化不良。这不仅降低了学习效率，阻碍了学生的个性发展，严重的还会打击学生学习的积极性，产生厌学或恐惧的心理，从而影响学生的身心健康。

那么，新课程理念下，应该怎样合理安排学生的作业呢？作业布置如何兼顾知识的巩固、能力的发展、情感的体验？作业评价如何关注学生的差异、发挥教育功能，促进学生在原有水平上的发展呢？有效的作业不在于量多，而取决于作业的典型性、针对性，要减轻学生的课业负担，改革日常作业的弊端是一种相对易行的途径。

（一）完善了"教师推荐—学生自选"自助作业模式

1. "教师推荐—学生自选"自助作业模式的设计思想

对学生减负决不能以降低教学质量为代价，要争取以最小的教学付出，去换取最大的收获，即要实现"量的减负""质的增效"。

作业的设计要考虑满足每个学生的需要，允许学生选择自己力所能及的任务，同时，作业的评价反馈能关注到学生的解题过程、思维品质、作业习惯、态度、情绪等。根据学生发展变化的具体情况进行调节，使作业在起到巩固练习的同时又能发挥评价引导的作用。

2. "教师推荐—学生自选"自助作业模式的基本结构

作业内容分为规定题和自选题两大部分。

（1）规定题

配合本课时学习内容，按学生掌握所需练习的最低量确定，注重基础学力培养，内容、要求最基础。这部分练习每个学生都必须完成。

（2）自选题

题目按学生的不同层次合理配置，分为A、B两组。A组题：配合本课时巩固学习内容，或按学习困难学生所需练习的足够题量安排。B组题：题目具有一定综合性，知识延伸拓展，增加思维锻炼力度，每次配备不超过3题。

这样，把作业分为规定题和自选题两大类后，更有利于学生主体性的发挥。例如，"传统模式"布置作业时题量为10题，"教师推荐—学生自选"自助作业模式下，教师可精选其中4题作为"基本题"模块，这对于数学优秀的学生来说不仅巩固了知识，同时也减轻了机械练习的负担；教师可将剩下的6题作为A组题，"吃不饱"的中等生或学习困难生可以根据自己的学习情况来选择需要的题量进行练习；另外，数学优秀的学生在完成规定题后，可以不做A组题而从B组题中选择题目进行练习，达到"吃饱"的需求。

3. "教师推荐—学生自选"自助作业模式的基本特征

（1）层次性

作业分为规定题和自选题两大类，改变了以往"会与不会"都必须完成、"会多会少题量一样"的状况，满足了每个学生的需求。

（2）自主性

对自选题，学生有权做认为适合自己的那组题及题量。教师提供的自选题由学生进行自主选择，题目的难易、多少由学生自定。

（3）动态性

动态性可从两个方面进行分析：

①作业分为规定题和自选题两大类后，每个学生能根据每天学习的不同状况来调整、确定每次作业的自选题量。另外，也提供了学生一个"从习惯于解答简单题目→敢

于向难题挑战"的学习平台。

②作业分自选题为 A、B 两组后，教师能通过有效地调控习题配置，更好地按题目的功能与学生的实际结合，做到"因人施教""因时施教"。

（4）"教师推荐—学生自选"自助作业模式的评价方式

"教师推荐—学生自选"自助作业模式中"记录表"形式的评价方法，使评价更注重"过程"。主要体现在：

①评价维度的多元化。通过表格的登记，首先，可知学生掌握知识和技能情况；其次，更重要的是能了解学生整个阶段学习的发展变化过程；最后，还能了解学生学习的态度、习惯等，这使作业的反馈功能更具显性化。

②评价的过程互动化。利用表格中登记的作业情况信息，教师可以将评价的主动权下放一部分给学生，展开有效的生生互动，也可以形成包括教师、学生、家长等一起组成的评价共同体，利用表格记录情况可以更真实地评价学习的过程与结果。

③评价的内容整体化。新课程标准下的作业评价更注重整体性，由对纯知识结果的关注转向对学生生命的整体关怀。在记录练习情况时，通过表格中符号的使用、语言的激励让学生体会到了教师对自己的关心与尊重，从而带来内心的快乐。特别是学困生从"分数"压力中解放出来，不再因经常面对"不及格"而感到自卑。

（二）产生了"教师推荐—学生自选"自助作业模式的实践效果

在实际操作中，一般每节课都安排 6 ~ 10 分钟让学生独立做作业，教师巡视了解学生的掌握情况，特别挤出时间对未掌握的个别学生进行面批或个别辅导。一般来说，基本题课内都能完成，快的同学并还能做完部分自选题，余下未做的题留作家庭作业，这样确保了控制回家作业时间的落实。

1. 练习由"外驱"转为"内需"

通过表格登记每次作业的情况，便于教师帮助学生形成"好成绩缘于平时自己的努力"的归因。

以往不少同学在测验后，只停留在分数高低的关注上，每当遇到评价为什么人家的成绩比我高时，常说道："哎呀，他（她）脑子比我聪明"，并没有深入地分析原因。有了表格后，教师可以将日常作业和学业考查有机结合起来，每次考查后，要求学生先认真看一看有没有审题漏看条件、抄错等情况而导致失分，要求学生把这些分数累加起来，写在所得成绩的右上角。然后，将这个成绩与作业登记表格结合起来引导学生："请你看一看，今天的失分与你平时的作业有没有关系，关系在哪里？"学生马上能相应地找出自己的原因，比如有学生反映到："唉，怪我平时粗心，老是抄错题，害得这次考试也犯了老毛病——抄错 3 个地方，一共丢了 12 分，要不然可得 95 分！从今以后可一定得改掉这个坏毛病，要不然会吃大亏！"这使学生真正认识到了成绩的好坏与平时的努力是分不开的，也使教师的教育不止停留在表面的说教上。

2. 学生学会了学习的自主管理

靠外在的诱惑或威胁来维持学生的学习活动，使之对作业产生兴趣、热情，可以提高学习效果，但缺乏自主的精神，其后果是压抑学生作为人所必须具备的主动性和能动性的发展，影响学生积极主动人生态度的形成，不能真正体验学习生活的愉悦，体会到因主动性发挥而得到的精神满足和能力的发展。作业的推荐让每个学生都进行了自主的选择，使"苦学"变成了"乐学"，也逐步养成了学生探索、分析问题的综合能力以及促进生生之间的交流合作。

随着班级学生学习的自主性的提升，这一措施的实施面逐步推开，这使学生作业由原来的外部调控真正转变为学生自我需要的主动参与。此项措施"从无到有"再"从有到无"的演变的过程，是从作业管理引导到作业管理自主的革命，同时也反映了学生经过这段时间的培养，已具有一定良好习惯 —— 即使升入中学，没有这样的作业管理形式与要求，学生也能具备端正的作业态度，自觉地提高作业的质量，以良好的学习态度主动投入自我提高的学习过程中去。

参 考 文 献

[1] 郭力丹.小学数学情境教学研究 [M].福州：福建教育出版社有限责任公司，2022.

[2] 刘东旭.小学数学"好活动"思与行 [M].北京：首都师范大学出版社，2022.

[3] 孟庆云.小学数学概念思维能力教学研究 [M].济南：山东大学出版社，2022.

[4] 邵汉民，钱亚芳，陈芳.小学数学整体设计的思与行：小学乘法教学 [M].上海：上海教育出版社，2022.

[5] 陈红霞.小学数学大单元整体教学这样做 [M].杭州：浙江工商大学出版社，2022.

[6] 许卫兵.小学数学整体建构教学 [M].上海：上海教育出版社，2021.

[7] 郑祥旦，陈慧芳，吴昌琦.小学数学一课一探究 [M].福州：福建教育出版社有限责任公司，2021.

[8] 冀凡.小学数学解题大王 [M].石家庄：河北少年儿童出版社，2021.

[9] 汤强，高明.实践取向的小学数学教学研究 [M].成都：西南交通大学出版社，2021.

[10] 王庄姬.小学数学教学实践与探索 [M].福州：海峡文艺出版社，2021.

[11] 陈雯.解析小学数学学习路径 [M].长春：吉林大学出版社，2020.

[12] 平国强，潘红娟，田小勤，等.小学数学评价与命题 [M].上海：文汇出版社，2020.

[13] 东洪平.小学数学教学与研究 [M].兰州：兰州大学出版社，2016.

[14] 边淑文.小学数学四步教学法的探索与实践 [M].济南：山东大学出版社，2020.

[15] 苏新富，李小航，刘兆宗.小学数学课程与教学双色 [M].镇江：江苏大学出版社，2020.

[16] 段立伟.小学数学思想的课程构建研究 [M].石家庄：河北科学技术出版社，2020.

[17] 孙国春.小学数学教学设计 [M].上海：复旦大学出版社，2019.

[18] 陈真真.小学数学教学的思与行 [M].厦门：厦门大学出版社，2019.

[19] 许贻亮.小学数学"通融课堂"的教学实践 [M].福州：福建人民出版社，2019.

[20] 王娟.新课改下小学数学教学新视角 [M].长春：吉林人民出版社，2019.

[21] 林传忠.学记智慧照亮小学数学课堂 [M].厦门：厦门大学出版社，2019.

[22] 焦渊.小学数学巧妙解法 [M].延吉：延边大学出版社，2018.

[23] 张辉蓉，朱德全.小学数学教学论 [M].重庆：西南师范大学出版社，2018.

[24] 郭兆明.小学数学学习心理学 [M].镇江：江苏大学出版社，2016.

[25] 牟天伟，朱维宗.小学数学广角教学研究 [M].北京：北京理工大学出版社，2018.

[26] 徐国海.小学数学单元作业管理的实践与研究 [M].北京：光明日报出版社，2018.

[27] 荀光玲, 姜宏彬, 冷有梅. 小学数学课程与教学案例分析 [M]. 济南: 山东教育出版社, 2018.

[28] 林碧珍. 数学思维养成课小学数学这样教修订本 [M]. 福州: 福建教育出版社, 2018.

[29] 卢映芬. 小学数学问题解决能力培养实践研究 [M]. 广州: 广东高等教育出版社, 2018.